USER
사용자
STORIES
스토리
APPLIED

USER
사용자 스토리
STORIES

고객 중심의 요구사항 기법

마이크 콘 지음 | 한주영·심우곤·송인철 옮김

APPLIED

안사이트
insight

USER STORIES APPLIED: FOR AGILE SOFTWARE DEVELOPMENT
by Mike Cohn

Authorized translation from the English language edition, entitled USER STORIES APPLIED:
FOR AGILE SOFTWARE DEVELOPMENT, 1st Edition, 0321205685 by COHN, MIKE, published
by Pearson Education, Inc, Copyright © 2004

All rights reserved. No Part of this book may be reproduced or transmitted in any form or by any
means, electronic or mechanical, including photocopying, recording or by any information storage
retrieval system, without permission from Pearson Education, inc.

KOREAN language edition published by INSIGHT PRESS, Copyright © 2006

KOREAN translation rights arranged with PEARSON EDUCATION, INC., through AGENCY ONE,
SEOUL KOREA

이 책의 한국어판 저작권은 에이전시 원을 통해 저작권자와의 독점 계약으로 인사이트에 있습니다.

저작권법에 의해 한국 내에서 보호를 받는 저작물이므로 무단전재와 무단복제를 금합니다.

사용자 스토리: 고객 중심의 요구사항 기법

초판 1쇄 발행 2006년 2월 20일 **6쇄 발행** 2022년 6월 27일 **지은이** 마이크 콘 **옮긴이** 한주영, 심우곤, 송인철 **펴낸이** 한기성
펴낸곳 (주)도서출판인사이트 **제작·관리** 이유현, 박미경 **용지** 월드페이퍼 **인쇄** 에스제이피앤비 **후가공** 이레금박 **제본** 서정
바인텍 **등록번호** 제2002-000049호 **등록일자** 2002년 2월 19일 **주소** 서울특별시 마포구 연남로5길 19-5 **전화** 02-322-5143
팩스 02-3143-5579 **이메일** insight@insightbook.co.kr **ISBN** 978-89-91268-13-7 책값은 뒤표지에 있습니다. 잘못 만들어진 책
은 바꾸어 드립니다. 이 책의 정오표는 http://blog.insightbook.co.kr에서 확인하실 수 있습니다.

고객 중심의 요구사항 기법

사용자 스토리

차 례

:: 추천의 말_김창준 ● 13
:: 옮긴이의 말 ● 15
:: 한국어판에 보태는 말 ● 19
:: 추천의 말_켄트 벡 ● 21
:: 머리말 ● 23

1부 시작하기 ········ 27

1장_ 개 요 ········ 29
사용자 스토리란 무엇인가? ········ 30
세부사항은 어디에 있는가? ········ 32
"얼마나 길어야 하나요?" ········ 35
고객 팀 ········ 36
프로세스는 어떤 모습인가? ········ 36
릴리즈와 이터레이션 계획하기 ········ 38
인수 테스트는 무엇인가? ········ 41
왜 바꾸어야 하는가? ········ 42
요약 ········ 44
연습문제 ········ 45

2장_ 스토리 작성하기 ········ 47
독립적이다 Independent ········ 47
협상 가능하다 Negotiable ········ 49
사용자와 고객 혹은 구매자에게 가치 있다 Valuable ········ 52
추정 가능하다 Estimatable ········ 53
작다 Small ········ 55
테스트 가능해야 한다 Testable ········ 59
요약 ········ 61
개발자 책임 ········ 61
고객 책임 ········ 62
연습문제 ········ 62

3장_ 사용자 역할 모델링 · 63
- 사용자 역할 · 63
- 역할 모델링 절차 · 65
- 도움이 되는 기법 두 가지 · 71
- 만약 현장 사용자가 있다면? · 74
- 요약 · 74
- 개발자 책임 · 75
- 고객 책임 · 75
- 연습문제 · 76

4장_ 스토리 수집하기 · 77
- 끌어내기, 잡아내기는 불법 · 77
- 작은 것이라도 충분하다, 정말 그럴까? · 79
- 기법 · 80
- 사용자 인터뷰 · 80
- 설문 · 83
- 관찰 · 84
- 스토리 작성 워크숍 · 85
- 요약 · 90
- 개발자 책임 · 90
- 고객 책임 · 91
- 연습문제 · 91

5장_ 대리 사용자와 일하기 · 93
- 사용자들의 관리자 · 94
- 개발 팀 관리자 · 95
- 영업사원 · 96
- 해당 분야 전문가 · 97
- 마케팅 그룹 · 98
- 이전 사용자 · 98
- 고객 · 99
- 교육 담당 및 기술 지원 · 100
- 비즈니스 분석가 또는 시스템 분석가 · 101
- 대리 사용자와 일할 때 조심할 점 · 101
- 개발자가 직접 할 수 있을까? · 104
- 고객 팀 조직하기 · 104
- 요약 · 105

개발자 책임 ……………………………………………… ● 106
　　　고객 책임 ………………………………………………… ● 106
　　　연습문제 ………………………………………………… ● 107

6장_ 사용자 스토리 인수 테스트 ……………………… ● 109
　　　코딩하기 전에 테스트부터 작성하기 ………………… ● 110
　　　고객이 테스트를 명시한다 …………………………… ● 112
　　　테스트 수행은 프로세스의 일부다 …………………… ● 112
　　　테스트는 얼마나 필요한가? …………………………… ● 113
　　　FIT ………………………………………………………… ● 113
　　　테스트의 종류 …………………………………………… ● 115
　　　요약 ……………………………………………………… ● 116
　　　개발자 책임 ……………………………………………… ● 117
　　　고객 책임 ………………………………………………… ● 117
　　　연습문제 ………………………………………………… ● 117

7장_ 좋은 스토리를 위한 지침 ………………………… ● 119
　　　목적 스토리로 시작하라 ……………………………… ● 119
　　　케이크 자르듯 나누어라 ……………………………… ● 120
　　　닫힌 스토리를 작성하라 ……………………………… ● 121
　　　제약사항 기록하기 ……………………………………… ● 122
　　　스토리의 크기는 시간축에 맞추어라 ………………… ● 123
　　　되도록 사용자 인터페이스를 배제하라 ……………… ● 125
　　　스토리가 아닌 것들 …………………………………… ● 126
　　　스토리에 사용자 역할을 포함하라 …………………… ● 126
　　　한 명의 사용자를 대상으로 작성하라 ………………… ● 127
　　　능동태로 작성하라 …………………………………… ● 127
　　　고객이 작성하라 ………………………………………… ● 127
　　　스토리 카드에 번호를 부여하지 말라 ………………… ● 128
　　　목적을 잊지 말라 ……………………………………… ● 128
　　　요약 ……………………………………………………… ● 128
　　　연습문제 ………………………………………………… ● 129

2부 추정과 계획 ……………………………………………… ● 131

8장_ 사용자 스토리 추정 ………………………………… ● 133

스토리 점수 …………………………………………… 133
　　　팀 전체가 함께 추정한다 …………………………… 134
　　　추정하기 ……………………………………………… 135
　　　삼각측량 ……………………………………………… 137
　　　스토리 점수 활용 …………………………………… 138
　　　짝 프로그래밍을 하는 경우 ………………………… 140
　　　잊지 말아야 할 몇 가지 ……………………………… 141
　　　요약 …………………………………………………… 142
　　　개발자 책임 …………………………………………… 142
　　　고객 책임 ……………………………………………… 142
　　　연습문제 ……………………………………………… 143

9장_ 릴리즈 계획 …………………………………………… 145
　　　언제 릴리즈할 것인가? ……………………………… 146
　　　어떤 것들을 포함시킬 것인가? …………………… 147
　　　스토리 우선순위 매기기 …………………………… 147
　　　혼합된 우선순위 …………………………………… 149
　　　리스크 높은 스토리 ………………………………… 150
　　　기반구조에 대한 우선순위 ………………………… 151
　　　이터레이션 길이 선택 ……………………………… 152
　　　스토리 점수로부터 예상 기간 산정하기 ………… 153
　　　초기 속도 ……………………………………………… 154
　　　릴리즈 계획 생성하기 ……………………………… 155
　　　요약 …………………………………………………… 157
　　　개발자 책임 …………………………………………… 157
　　　고객 책임 ……………………………………………… 157
　　　연습문제 ……………………………………………… 158

10장_ 이터레이션 계획 …………………………………… 159
　　　이터레이션 계획 개요 ……………………………… 159
　　　스토리 토의 ………………………………………… 160
　　　작업 단위 나누기 …………………………………… 161
　　　책임 맡기 ……………………………………………… 164
　　　추정과 승인 …………………………………………… 164
　　　요약 …………………………………………………… 166
　　　개발자 책임 …………………………………………… 166
　　　고객 책임 ……………………………………………… 167

연습문제 ·········· 167

11장_ 속도 측정 및 모니터링 ·········· 169
속도 측정 ·········· 169
계획 속도와 실제 속도 ·········· 172
이터레이션 소멸 차트 ·········· 173
이터레이션 진행 중의 소멸 차트 ·········· 177
요약 ·········· 179
개발자 책임 ·········· 180
고객 책임 ·········· 181
연습문제 ·········· 181

3부 자주 논의하는 주제 ·········· 183

12장_ 스토리가 아닌 것 ·········· 185
사용자 스토리는 IEEE 830이 아니다 ·········· 185
사용자 스토리는 유스케이스가 아니다 ·········· 190
사용자 스토리는 시나리오가 아니다 ·········· 195
요약 ·········· 198
연습문제 ·········· 199

13장_ 왜 사용자 스토리인가? ·········· 201
구두 의사소통 ·········· 202
사용자 스토리는 이해하기 쉽다 ·········· 205
사용자 스토리는 계획 수립에 적합한 크기다 ·········· 206
사용자 스토리는 반복적 개발에 효과적이다 ·········· 207
스토리는 세부사항을 나중에 고려할 수 있게 해준다 ·········· 209
스토리는 기회주의적 개발을 지원한다 ·········· 209
스토리는 참여적 설계를 유도한다 ·········· 211
스토리는 암묵적 지식을 구축한다 ·········· 212
왜 스토리를 택하지 않나? ·········· 212
요약 ·········· 213
개발자 책임 ·········· 214
고객 책임 ·········· 215
연습문제 ·········· 215

14장 _ 스토리 냄새 카탈로그 … 217
너무 작은 스토리 … 217
상호 의존적인 스토리 … 218
금도금 … 218
너무 상세한 스토리 … 220
사용자 인터페이스와 관련된 세부사항을 너무
일찍 포함시키기 … 220
너무 앞서 생각하기 … 221
스토리를 너무 많이 나누기 … 222
고객이 우선순위 부여를 어려워 함 … 222
고객이 스토리를 작성하거나 우선순위를 부여하지
않으려고 함 … 224
요약 … 224
개발자 책임 … 225
고객 책임 … 225
연습문제 … 225

15장 _ 스크럼에서 사용자 스토리 사용하기 … 227
스크럼은 반복적이고 점진적이다 … 227
스크럼의 기본 … 229
스크럼 팀 … 229
제품 백로그 … 230
스프린트 계획 회의 … 231
스프린트 검토 회의 … 233
일일 스크럼 회의 … 234
스크럼에 스토리 추가하기 … 237
사례 연구 … 239
요약 … 240
연습문제 … 241

16장 _ 그 밖의 주제 … 243
비기능 요구사항 처리하기 … 243
종이? 소프트웨어? … 245
사용자 스토리와 사용자 인터페이스 … 248
스토리 보관하기 … 252
버그 스토리 … 254
요약 … 254

개발자 책임 ·· 255
고객 책임 ·· 255
연습문제 ·· 256

4부 예제 ··· 257

17장_ 사용자 역할 ······································ 259
프로젝트 개요 ·· 259
고객 식별하기 ·· 260
초기 역할 식별하기 ·· 260
통합하고 세분화하기 ······································ 261
역할 모델링 ·· 264
등장인물 추가하기 ·· 266

18장_ 스토리 작성 ······································ 269
테레사 관련 스토리 ·· 269
론 선장 관련 스토리 ······································· 273
'초급 선원' 관련 스토리 ·································· 274
'비항해 선물 구매자' 관련 스토리 ···················· 274
'보고서 열람자' 관련 스토리 ··························· 275
몇 가지 관리자 스토리 ···································· 276
정리 ·· 277

19장_ 스토리 추정 ······································ 279
첫 스토리 ·· 280
고급 검색 ·· 283
평가점수를 매기고 서평 작성하기 ···················· 284
사용자 계정 ·· 285
추정치 마무리하기 ·· 286
최종 추정 결과 ··· 288

20장_ 릴리즈 계획 ······································ 291
속도 추정하기 ·· 291
스토리에 우선순위 매기기 ······························· 292
완료된 릴리즈 계획 ·· 293

21장_ 인수 테스트 · 295
  검색 테스트 · 295
  장바구니 테스트 · 296
  도서 구입 · 298
  사용자 계정 · 299
  시스템 관리 · 300
  제약사항 테스트하기 · 301
  마지막 스토리 · 302

5부 부록 · 303

부록 A_ 익스트림 프로그래밍의 개요 · 305
  역할 · 305
  12가지 실천법 · 306
  4가지 가치 · 315
  요약 · 316

부록 B_ 연습문제 해답 · 319
  1장_ 개요 · 319
  2장_ 스토리 작성하기 · 321
  3장_ 사용자 역할 모델링 · 322
  4장_ 스토리 수집하기 · 323
  5장_ 대리 사용자와 일하기 · 324
  6장_ 사용자 스토리 인수 테스트 · 325
  7장_ 좋은 스토리를 위한 지침 · 325
  8장_ 사용자 스토리 추정 · 327
  9장_ 릴리즈 계획 · 328
  10장_ 이터레이션 계획 · 328
  11장_ 속도 측정 및 모니터링 · 329
  12장_ 스토리가 아닌 것 · 330
  14장_ 스토리 냄새 카탈로그 · 333
  15장_ 스크럼에서 사용자 스토리 사용하기 · 333
  16장_ 그 밖의 주제 · 334

:: 참고문헌 · 337
:: 감사의 말 · 343
:: 찾아보기 · 345

추천의 말

본인은 애자일 방법론 컨설팅을 주업으로 하고 있다. 그 경험으로 보건대, 한 조직의 생산성을 향상시키는 데는 개인의 실력을 향상하는 근본적 방법도 있지만 사람들 간에 상호작용 하는 방법을 바꿈으로서 개선하는 방법도 있다. 후자의 경우 종종 단기간에 꽤 놀라운 성과를 보인다.

대다수 조직에서 병목지점은 기술적인 문제보다 사람 문제인 경우가 많다. 계획을 누구와 어떻게 세우고 또 그 계획을 어떤 식으로 조율하고, 어떻게 공유하는지 등을 바꾸면 숨겨진 다른 문제들이 하나 둘 드러나기 시작한다. 이것은 가장 큰 병목이 해결되었기 때문이므로, 긍정적인 변화로 보아야 한다. 문제가 많은 조직은 대부분, 표면적으로는 오히려 문제가 없는 것처럼 보이기 마련이다. 다들 쉬쉬하고 당연하게 받아들이며 덮어두기 때문이다. 하지만 일단 문제점이 부상하면 개선은 훨씬 쉬워진다.

XP에는 계획 게임(Planning Game)이라는 실천방법이 있다. 그리고 계획에 대한 책도 일찍이 출판되었다(『Planning Extreme Programming』, 켄트 벡, 마틴 파울러). 하지만 상대적으로 XP의 기술적인 실천방법에 비해 고객과 어떤 식으로 일해야 하는지, 요구사항은 어떻게 추출하는 것이 좋은지, 계획은 어떻게 만들어 나가는 것이 좋은지 등은 크게 조명 받지 못했던 것 같다. JUnit을 아는 사람은 많아도, 사용자 스토리(User Story)를 아는 사람은 그렇게 많지 않을 것이다. 왜 그럴까?

나는 두 가지 정도의 이유를 생각한다. 우선, 관련된 정보가 적었다.

Planning XP 책이 오래전에 출간되긴 했으나 좀더 상세하고 최근의 흐름을 반영한 업데이트된 자료가 필요했다. 또 하나는 사람들의 성향이다. 각자 개인의 문제만 해결하려고 하고 공동의 문제는 긁어 부스럼으로 여겨 기피하는 성향.

개발자들은 안전한 공간을 원한다. 아늑하고 어두운 구석에서 홀로 프로그래밍만 하기를 원한다. 하지만 용감해질 필요가 있다. 주어진 제약조건 하에서만 최적을 찾으려고 하면 오히려 전체적으로는 생산성이 떨어지게 된다. 나와 연결된 노드들과 함께 고민해야 한다.

이 책은 프로젝트 관리자는 물론, 그런 '함께 고민해 바꾸기' 결심을 하고 있는 사람들에게 큰 도움이 될 것이다. 또한 이 책이 설명하는 기법들은 방법론을 불문하고 모든 조직에서 활용할 수 있는 것이라고 생각하며, 우리나라에서 대다수를 차지하는 소규모 개발팀에도 잘 맞는다 - 현업에서 쓰이거나 소프트웨어 공학 전문서적에 나온 요구사항 기법들은 지나치게 비대하고 무거운 느낌이다. 책 제목을 '실용주의적 요구사항 관리법'이라고 해도 크게 틀리지 않을 정도로 이 책의 방법들은 중소규모의 팀에서 큰 부담 없이 곧바로 도입해 쓸 수 있고, 효과를 바로 느낄 수 있다.

이 책이 국내 개발 조직의 생산성 향상에 큰 도움이 될 것이라고 믿는다.

애자일 컨설팅 대표
김 창 준

옮긴이의 말

공식만 외워서 문제를 풀다가 원리를 깨우쳤을 때, 누구나 알고 있는 것 같은 생활 속 일들에서 원리를 깨달았을 때 느껴지는 지적(知的) 희열을 이 책을 처음 접했을 때 느낄 수 있다고 하면 과장일까?

애자일(Agile) 소프트웨어 개발 커뮤니티에서 요구사항을 수집하고 계획/평가하는 일련의 작업으로 널리 알려진 '사용자 스토리(User Story)' 기법은, 얼핏 상식적으로는 단순한 개념이라고 생각했는데 막상 적용하려고 하면 손에 잡히지 않는 신기루와 같았다.

고객과 함께 하는 공동 작업이며 애자일 소프트웨어 개발에서 가장 중요한 첫 단계인 계획 게임(Planning Game)에서 '사용자 스토리'를 제대로 적용했는지 자신할 수 없다는 것은, 첫 단추를 잘못 끼운 채로 프로젝트를 계속 진행하는 것처럼 늘 우리를 불안하게 만들었다.

우리가 이 책을 접하기 전, 커뮤니티에는 사람들마다 견해가 무성할 뿐 '사용자 스토리'에 대해 명쾌하게 설명해 주는 사람이 없었다. 사실 사람들의 말이 다 옳았지만 직접 해보기에는 부족한 점이 많았다. 그런데 당시 아마존에서 10여 명의 평가자에게 별 다섯 개(만점)를 받았을 뿐만 아니라 켄트 벡 시그니처 시리즈(표지에 켄트 벡의 사인이 새겨진, 그 자신의 이름을 걸고 만드는 시리즈 도서)인 이 책을 발견하고 시선을 뗄 수 없었다.

이 책을 접한 여러분도 사용자 스토리를 어떻게 작성하고 적용하는지에 대한 통찰력을 얻게 될 거라고 확신한다. 단! 대개 직접 해보기 전까지는 쉬워 보이고, 대수롭지 않아 보이기 마련이다. 이 책을 펼치기 전에 자신만의 프로젝트에 사용자 스토리를 적용해 보려고 고민해 보았으면 한다. 그러면 그냥 처음부터 책을 읽는 것보다 훨씬 더 많은 것을 얻을 수 있을 것이다.

번역하면서, 애자일 소프트웨어 개발과 관련한 국내 표준용어가 미비하여 어려움을 겪었다. 저자의 의도를 빠짐없이 전달하려고 노력하였지만 어색하게 느껴지는 부분이 있다면 순전히 역자들의 잘못일 것이다. 날카롭게 지적해 주신다면 이 책도 기민하게 반응해 완성도가 날로 높아갈 수 있지 않을까 기대해 본다.

출간 예정일보다 많이 뒤쳐졌음에도 불구하고 격려해 주시고 이끌어 주신 한기성 사장님과 이지현 씨, 문형숙 씨께 지면을 빌어 진심으로 감사하다는 말씀을 드리고 싶다.

한주영_ 번역 기간 동안 힘이 되어준 혜정에게 고마운 마음을 전하고, 멀리서도 건강을 염려해 주신 부모님께도 감사드린다.
심우곤_ 나를 아껴주시는 부모님과 동생, 그리고 늘 배려하고 가르쳐 주시는 팀원 분들께 이 자리를 빌어 고맙다는 말씀을 전하고 싶다.
송인철_ 언제나 지원을 아끼지 않는 부모님과 형에게 이자리를 빌어 감사의 말을 전하고 싶다. 더불어 항상 옆에서 큰힘이 되어 주는 사랑스런 미정에게도 고마움을 전한다.

한주영, 심우곤, 송인철

http://xper.org/wiki/xp/FindPage?=&goto=UserStoriesApplied

한국어판에 보태는 말

2004년 출간된 이 책의 원서 『User Stories Applied』와, 한국어 번역이 진행되는 동안 출간된 『Agile Estimating and Planning』 두 책에 대한 저자의 의견을 보태고자 한다. 이는 본문의 내용에 시의성을 더하고 새 책의 내용을 소개하기에 적절하다고 생각한다. 다음 내용은 옮긴이의 질문에 대한 지은이의 답변이다.

지은이_ 안녕하세요. 한국 독자 여러분.

옮긴이_ 이 책을 출간한 후 현업에서 많은 경험과 피드백을 얻으셨을 것 같습니다. 그간 새롭거나 보강할 만한 아이디어를 얻으셨나요? 혹은 책에서 놓쳤던 부분을 발견하셨나요?

예, 물론입니다. 책을 쓴 이후에 많은 통찰력을 얻었습니다.

먼저, 저는 요즘 다양한 규모의 회사와 여러 도메인과 기술이 뒤섞인 환경에서 사용자 스토리를 사용하여 일하고 있습니다. 이 팀들과 함께 일하면서 대다수 프로젝트의 요구사항 수집에 사용자 스토리가 적합하다는 믿음은 더욱 확고해졌습니다. 사용자 스토리는 놀랄만한 혜택을 주었습니다. 사용자 스토리는 간단하고, 고객과 제품 소유자를 포함한 팀 전원의 자발적 참여를 유도하며, 요구사항을 제때에 맞출 수 있게 도와줍니다.

다음으로, 저는 '나는 〈사용자 유형〉의 입장에서, 〈구체적인 이유〉를 위한 〈목표〉를 원한다(As a 〈type of user〉, I want to 〈goal〉 so that 〈reason〉).' 라는 형태의 사용자 스토리 작성 템플릿에 푹 빠져 있습니다. 맨 처음 이 템플릿을 사용하려고 할 때, '도서를 검색한다'와 같이 간단히 작성할 수 있는 스토리를 템플릿에 맞춰 작성하는 것이 가끔 불필요해 보였습니다. 하지만 저는 꽤 많은 팀에서 이 템플릿이 유용했다는 보고를 받았습니다. 템플릿을 사용함으로써(사용자 권한 유형을 스토리에 포함하여) 사용자 관점에서 생각하게 하였으며, 팀이 프로젝트 초기에 스토리를 사용하는 이점을 깨닫게 합니다.

마지막으로, 저는 업무를 적절한 작은 단위로 나누는 것이 애자일 프로세스를 도입하려는 팀의 결정적 성공요인이라고 확신하게 되었습니다. 많은 팀들이 애자일 방법론을 적용하면서 초기에 악전고투하는 이유는, 2~4주의 짧은 이터레이션 내에 사용자나 고객에게 가치 있는 무언가를 전달하는 방법을 알지 못하기 때문입니다. 이점에 대해서는 사용자 스토리를 통하여 팀이 좀더 쉽게 접근하도록 할 수 있습니다. 허나 사용자 스토리를 여러 작은 스토리로 나눌 때는 추가적인 지도를 받기 바랍니다.[1] 『Agile Estimating and Planning(애자일한 추정과 계획)』에서는 이 주제에 대하여 장 하나를 통째로 할애하였습니다. 스토리를 작은 단위로 나누는 것은 우리가 어떻게 프로젝트 계획을 수립해야 하는지에도 영향을 미치기 때문입니다.

---

1) 역자 주: 이 책 14장 참고.

『사용자 스토리』와 이번에 저술하신 『애자일한 추정과 계획』은 어떤 차이가 있습니까? 보강한 내용은 어떠한 주제에 관한 것입니까?

『사용자 스토리』의 2부에서 다룬 추정과 계획이라는 주제는, 사용자 스토리를 가지고 어떻게 일할 것인지, 왜 프로젝트 초기에 사용자 스토리를 작성하는지와 밀접한 관련이 있습니다. 하지만 『사용자 스토리』원고를 쓰던 도중 저는 추정과 계획이라는 주제에 대해 너무 깊이 파고들었다는 것을 깨달았습니다. 애초에 애자일 프로젝트의 요구사항 기법으로 사용자 스토리를 부각시키는 것이 주된 목적이었기 때문에 조심스러웠습니다. 『애자일한 추정과 계획』은 이 책에서 깊이 있게 다루지 않고 남겨 두었던 아이디어의 연장선에 있습니다. 모든 사람들이 스토리 작성 워크숍 운영 방법 외에 '이상적 작업일'과 '스토리 포인트'의 차이점이 무엇인지, 어느 것이 더 나은지에 대한 것까지 알고 싶어하진 않을 것입니다. 『애자일한 추정과 계획』은 그러한 주제를 좀더 심화하여 다룹니다. 여러 측면에서 『사용자 스토리』의 속편이라고 할 수 있습니다. 『애자일한 추정과 계획』을 읽기 전에 반드시 『사용자 스토리』를 읽어야 할 필요는 없지만, 적어도 독자들이 사용자 스토리에 친숙하다는 가정 하에 새로운 책을 썼습니다.

산업체에 사용자 스토리를 적용할 때 주된 장벽은 무엇이었나요?

여느 요구사항 기법이 처음 등장할 때와 마찬가지로 인식의 문제인 것 같습니다. 새로운 기법은 처음에 사용하기 어렵고, 요구사항을 식별하고 작성하는 데 다소 복잡한 프로세스가 존재할 수 밖에 없겠죠. 이 책 『사용자 스토리』에 제가 체득한 최고의 실무 사례들을 정리하였습니다. 사용자 스토리를 식별하고 스토리를 사용하여 일하는 방식뿐만 아니라, 사용자와 대화하고, 그들을 개발 프로세스에 참여시키고, 그들의 요구사항을 함께 식별하고 지속적으로 정련해 나가는 것이 무엇보다 중요합니다. 제가 제안한 템플릿과 이 책에서 다룬 좋은 스토리의 여섯 가지 특징[2]이 도움을 줄 것입니다. 하지만 시작하기에 앞서 이 책의 기법들을 모두 마스터할 필요는 없습니다. 이 점이 유스케이스와 같은 낡은 기법들과의 차이입니다. 만약 여러분께서 유스케이스를 막 시작하셨다면 첫 유스케이스부터 완벽하게 작성하고 싶을 것입니다. 작성한 유스케이스가 전체 프로젝트의 개괄적인 유스케이스의 일부가 되기 때문입니다.

사용자 스토리를 적용한 애자일 프로젝트에서는, 초기에 작성한 스토리 카드는 찢어버리기 때문에 시작하는 데 상대적으로 부담이 아주 적습니다.

[2] 역자 주: 7장 참고.

한국의 독자들에게 하고 싶은 말씀이 있다면?

삼촌이 한국에서 수년간 생활하셔서 가끔 이야기를 들었지만, 한국의 소프트웨어 개발과 애자일 개발 환경에 대해서는 안타깝게도 아는 바가 많지 않습니다. 제가 알려드리고자 한 것은 이미 다 말씀 드린 것 같군요.

Foreword

추천의 말

소프트웨어가 작동하는 방식을 어떻게 결정하는가? 그리고 그 결정사항을 다양한 부류의 사람들과 어떻게 공유하는가? 이 책은 이와 같이 복잡한 문제를 다룬다. 이 문제가 어려운 이유는 각 참여자마다 요구사항이 다르기 때문이다. 프로젝트 관리자는 진척 사항을 추적하기를 원한다. 프로그래머는 시스템을 구현하기를 원한다. 제품 관리자는 제품의 유연성을 원하기도 한다. 테스터는 시스템의 각 부분을 측정하려 한다. 사용자는 쓸모 있는 시스템을 원한다. 이러한 관점의 차이에서 생산적으로 의견을 조율해 모든 사람이 지지할 수 있는 하나의 집합적 의견(single collective decision)을 이끌어 내고, 몇 달 혹은 몇 년 동안 그러한 균형을 유지하는 것은 결코 쉽지 않은 문제다.

이 책, 『User Stories Applied』에서 마이크 콘(Mike Cohn)이 설명하는 해법은 표면적으로 요구사항, 유스케이스, 시나리오와 같이 기존에 시도했던 여러 기법들과 차이가 없어 보인다. 뭐가 이렇게 많고 복잡할까? 여러분은 하고자 하는 내용을 작성하고 그대로 하면 된다. 그럼에도 이런 저런 기법들이 만연하는 것은 문제가 보기보다 간단하지 않다는 것을 의미한다. 각 기법의 차이는 어떤 내용을 언제 작성하는 가다.

사용자 스토리는 단 두 가지 정보를 작성하는 것으로 프로세스를 시작한다. 두 가지 정보는, 시스템을 통해 이루고자 하는 목적과 그것을 달성하기 위한 개략적인 비용이다. 사용자 스토리는 단지 문장 몇 개로 표현할 수 있지만, 다른 기법들이 제공하지 못하는 정보까지 담을 수 있다. '필요한 마지막 순간(last responsible moment)' 원칙[1]에 따라, 각 기능의 세부사항을 작성하는 것은 실제로 구현에 들어가기 바로 전까지 연기한다.

이 간단해 보이는 시점 이동을 통해 두 가지 중대한 효과를 얻을 수 있다. 첫째, 팀은 아직 다른 기능들이 명확하게 정의되지 않은 개발 초기부터 '가장 수지맞는(juiciest)' 기능을 먼저 구현할 수 있다. 각 기능의 세부사항을 명세하고 있는 자동화된 테스트를 통해, 개발을 진행하면서 새로운 기능을 추가하더라도 초기에 구현한 기능들이 제대로 동작하는 것을 보장받을 수 있다. 둘째, 조기에 각 기능에 투입될 비용을 고려함으로써 처음부터 우선순위에 따라 진행할 수 있다. 프로젝트 막바지에 인도일(delivery date)을 맞추느라 눈물을 머금고 중요한 기능을 제외하는 일을 피할 수 있다.

사용자 스토리에 대한 마이크의 오랜 경험에서 나온 풍부한 조언은 여러분의 개발팀에서도 사용자 스토리를 잘 적용할 수 있도록 도와줄 것이다. 여러분도 명료하고 자신감 있게 개발하기를 기원한다.

켄트 벡(Kent Beck)
Three Rivers Institute

---

[1] 역자 주: Lean Enterprise Institute에서 만든 말이다. '린 생산'에서 나온 개념으로 고객에게 전달하는 가치를 최대화하기 위해 디자인 결정사항을 생산이 늦어지지 않는 마지막 순간까지 늦추는 것을 말한다. 「Lean Software Development」에서는 린 생산 방식을 소프트웨어 개발에 접목해, 의사 결정은 최대한 늦추고 제품 인도는 최대한 빨리 한다는 원칙을 설명한다.

Introduction

머리말

1990년대 중반, 나는 자책감을 떨칠 수 없었다. 내가 일하던 회사는 해마다 한 업체 꼴로 기업매수(acquisition)를 했다. 새로 사들인 회사의 소프트웨어 개발 그룹을 운영하는 일은 매번 나에게 할당되었다. 그리고 대부분의 개발 그룹은 훌륭하고 멋진 장문의 요구사항 문서를 가지고 있었다. 원래 내가 일하던 그룹은 그렇게 멋진 요구사항 명세서를 만들지 않았다는 데 대해 자책감을 느낄 수 밖에 없었다. 하지만 '소프트웨어를 생산해 내는 일'에 있어서는 우리 그룹이 새로 인수한 회사들보다 분명히 더 나은 결과를 꾸준히 보여주었다.

우리가 일하는 방식에 문제가 없다는 것은 알고 있었다. 하지만 화려한 장문의 요구사항 문서를 작성하면 더 나은 결과를 얻을 수 있을 것 같은 느낌이 계속 남아 있었다. 무엇보다 당시의 책과 기사들이 그렇게 말하고 있었다. 성공한 소프트웨어 개발 팀이 훌륭한 요구사항 문서를 만들고 있으니 우리도 그렇게 해야만 할 것 같았다. 하지만 우리에겐 시간이 없었다. 프로젝트는 너무 중요하고 급박했기에 시작하는 순간부터 잠시도 지체할 수 없었다.

우리는 멋진 장문의 요구사항 문서를 작성할 만한 시간이 없었기 때문에, 고객과 직접 이야기를 나누면서 일하는 방식을 취하기로 했다. 시간이 부족하기 때문에 일일이 기록하고 문서를 주고 받으며 협상하는 대신, 이야기를 주고 받았다. 화면 시안을 종이에 그리고, 가끔은 프로토타입을 만들었으며, 조금씩 자주 코드를 작성하여 실제 사용자들에게 우리가 만든 것을 보여주었다. 적어도 한 달에 한 번 사용자 대표 집단에게 개발한 내용을 꾸밈없이 보여주었다. 사용자와 밀접한 관계를 유지하고 세부적인 진행 상황을 공개함으로써, 멋지고 화려한 요구사항 문서를 만들지 않고도 성공적으로 일하는 방법을 찾았던 것이다.

그럼에도 불구하고, 나는 '정해진' 방식대로 일하지 않은 것에 대해 자책감을 느꼈다.

1999년에 켄트 벡의 책, 『Extreme Programming Explained: Embrace Change』가 출간되었다. 하룻밤 사이에 잘못하고 있다는 느낌은 완전히 사라졌다. 문서를 작성하고, 협상하고, 다시 문서를 작성하는 등의 작업보다 개발자와 고객이 이야기를 나누는 것이 좋다고 말하는 사람이 여기 있는 것이다. 켄트는 명확한 논리와 경험을 근거로 소프트웨어 개발의 새로운 방향을 제시했다. 하지만 무엇보다도 내가 개인적인 경험으로 배운 내용들에 대한 정당성을 보여주었다.

프로젝트 초기에 선행되는 과도한 요구사항 수집과 문서화는 여러 가지 방식으로 프로젝트를 망쳐버릴 수 있다. 그 중에서 가장 대표적인 경우는 요구사항 문서 자체가 목적이 되어 버리는 경우다. 요구사항 문서는 진정한 목적인 소프트웨어 구축에 도움이 될 때에만 작성해야 한다.

프로젝트를 망치게 되는 또 다른 경우는 문서로 작성했을 때 잘못 해석하기 쉽다는 사실에서 기인한다. 몇 년 전에 들었던 어떤 아이의 목욕시간 이야기가 떠오른다. 아이의 아버지는 목욕물을 받아 놓고 아이가 욕조에 들어가도록 하였다. 서너 살 정도의 이 아이는 발끝을 살짝 넣어보더니 재빨리 발을 빼내면서 아버지에게 '더 따뜻하게' 해달라고 말했다. 아버지는 손을 넣어 보고는 놀랐다. 물은 차갑지 않았고 오히려 평소보다 따뜻했다.

아이의 요청에 대해 잠시 생각하고 나서야 아버지는 의사소통에 문제가 있었으며 같은 단어를 서로 다른 의미로 사용했다는 것을 깨달았다. 어른들은 '더 따뜻하게' 라는 말을 당연히 '온도를 높인다' 는 의미로 받아들인다. 반면 이 아이는 '더 따뜻하게' 를 '내가 따뜻하다고 말하는 온도에 더 가깝게'라는 의미로 사용한 것이다.

소프트웨어처럼 복잡한 대상의 요구사항을 표현하는 수단으로, 말은 (특히 문서로 작성되었을 때에는) 매우 부족한 매개체다. 잘못 해석할 가능성을 극복하기 위해 개발자, 고객, 사용자는 대화를 자주 나누어야 한다. 사용자 스토리는 잊어버리지 않기 위해 필요한 만큼만 기록해 두고 추정이나 계획을 수립할 때 의사소통을 이끌어 낼수 있는 좋은 수단이다.

이 책의 1부를 읽고 나면 여러분은 모든 세부사항을 철저히 문서화하는 방식으로부터 떠날 준비가 되어 있을 것이다. 이 책을 끝까지 읽고 나면 여러분의 환경에 맞는 스토리 주도(story-driven) 프로세스를 도입하기 위해 필요한 모든 내용을 알게 될 것이다. 이 책은 총 네 부(部)와 두 부록으로 구성되어 있다.

- **1부 시작하기**: '오늘' 부터 바로 스토리 작성을 시작하는 데 필요한 모든 것을 설명한다. 사용자 스토리의 목적 중 하나는 문서 작성보다는 사람들로 하여금 이야기를 나누도록 하는 데 있다. 1부의 목적은 가능한 빨리 이야기를 나누도록 하는 것이다. 1장은 사용자 스토리가 무엇인지, 어떻게 사용하는지에 대한 개요를 다룬다. 2장부터는 사용자 스토리 작성, 사용자 역할 모델링을 통한 스토리 수집, 실제 최종 사용자를 만날 수 없을 때 스토리를 작성하는 방법, 사용자 스토리 테스트 등에 대해 자세히 설명한다. 1부 끝에서는 더 좋은 사용자 스토리를 작성하기 위한 지침을 제공한다.
- **2부 추정과 계획**: 사용자 스토리를 준비하고 나서 가장 먼저 직면하는 질문은 '개발하는 데 얼마나 걸리는가'다. 2부에서는 스토리를 스토리 점수로 추정하는 방법, 3개월에서 6개월 정도 기간의 릴리즈를 계획하는 방법, 릴리즈를 구성하는 이터레이션을 계획하는 방법, 마지막으로 여러분이 원하는 방향으로 프로젝트가 진행되고 있는지를 평가하고 측정하는 방법을 설명한다.
- **3부 자주 논의하는 주제**: 12장에서는 유스케이스, 소프트웨어 요구사

항 명세서, 상호작용 설계 시나리오와 같은 다른 요구사항 관련 기법들과 사용자 스토리가 어떻게 다른지 설명한다. 13장부터는 사용자 스토리의 특별한 장점, 일이 잘못되고 있음을 확인하는 방법, 애자일 프로세스 중 하나인 스크럼에서 사용자 스토리를 사용하는 방법을 설명한다. 3부 끝에서는 스토리를 인덱스 카드에 작성할 것인지 소프트웨어 시스템을 이용할 것인지에 대한 문제, 비기능 요구사항을 어떻게 처리할 것인지에 대한 문제와 같은 다양한 문제들을 살펴본다.

- **4부 예제:** 모든 내용을 하나로 묶어주는 확장된 예제를 보여준다. 사용자 스토리를 사용하면 개발자들이 고객의 요구사항을 가장 잘 이해할 수 있다는 주장을 뒷받침하기 위해, 사용자 스토리의 모든 측면을 보여주는 하나의 예를 들며 이 책을 마감한다.

- **5부 부록:** 사용자 스토리는 익스트림 프로그래밍에서 유래되었다. 이 책을 읽기 위해 여러분이 익스트림 프로그래밍을 잘 알 필요는 없다. 하지만 부록 A에서는 익스트림 프로그래밍에 대해 간단히 소개한다. 부록 B는 각 장 끝에 있는 연습문제에 대한 답안이다.

1부
시작하기

1부에서는 사용자 스토리가 무엇이고 어떻게 사용하는지 간단하게 살펴본다. 이어서 사용자 스토리를 어떻게 작성하는지, 스토리를 찾아내기 위해 시스템의 사용자 유형을 어떻게 이용하는지, 사용자들을 직접 만나보기 어려운 상황에서 사용자 역할을 대신할 사람들과 어떻게 작업을 진행하는지, 스토리를 성공적으로 구현했는지 알기 위한 테스트를 어떻게 작성하는지에 대해 좀더 자세히 살펴볼 것이다. 1부 마지막에는 좋은 스토리를 작성하기 위한 지침을 살펴본다.

1부를 마치면 여러분만의 스토리를 찾아내고, 작성하고, 테스트하기에 충분한 내용을 숙지하게 될 것이다. 그리고 2부에서 다루게 될 내용인 사용자 스토리를 이용한 추정과 계획에 대해 살펴볼 준비를 마치게 될 것이다.

1장

개 요

소프트웨어 요구사항은 의사소통(communication)의 문제다. 소프트웨어를 사용하거나 팔기를 원하는 사람은 그것을 만드는 사람들과 의사소통을 해야 한다. 프로젝트가 성공하기 위해서는 다양한 사람들의 머리에서 나오는 정보가 필요하다. 일부는 고객, 사용자, 때로는 분석가, 해당 분야 전문가, 소프트웨어를 사업적, 조직적 시각에서 바라보는 사람들이며, 그 반대편은 기술팀이다.

만일 어느 한쪽이 의사소통에서 우위를 차지한다면 프로젝트는 실패하게 된다. 비즈니스 쪽 사람들이 우위를 차지하게 되면, 그들은 기능과 마감시한을 동시에 요구할 것이다. 개발자들이 이 두 가지 목표를 달성할 수 있는지, 요구사항을 정확히 이해했는지 등에 대해서는 별로 고려하지 않을 것이다. 반면 개발자들이 의사소통에서 우위를 차지하게 되면, 비즈니스 언어 대신 기술적인 용어들이 난무하게 될 것이고 개발자들은 정작 필요한 것이 무엇인지 알 수 없게 될 것이다.

우리에게 필요한 것은 함께 일하는 방법이다. 그리하여 어느 한쪽이 우위를 점하지 않으며, 감정적으로 흐르거나 혹은 정치적일 수 있는 자원 할당 문제[1]를 공동의 문제로 공유하는 것이다. 자원 할당 문제를 어느 한쪽에만 떠맡기는 프로젝트는 실패한다. 개발자에게 짐을 씌운다면(이는 주로 "어떻게 하는지는 모르고, 6월까지 모든 기능을 완성하시오." 와 같은 말로 표현된다), 그들은 추가 기능을 구현하기 위해 품질은 뒤로 미룰지도

---

1) 역자 주: 프로젝트는 자원 할당(resource allocation) 문제로 볼 수 있다. 간단히 예를 들어 기능 목록이 있고 개발 자원이 있을 때 어떤 자원을 어떤 기능에 할당함으로써 최상의 가치를 얻어내는가 하는 문제다. 이 밖에도 다양한 형태의 자원 할당 문제가 발생한다.

모른다. 혹은 기능을 일부만 구현한다거나, 고객과 사용자들이 꼭 참여해서 함께 결정해야 할 사항을 독단적으로 처리하는 경우가 발생할지도 모른다. 반대로 고객과 사용자에게 자원 할당 문제의 짐이 맡겨진다면, 프로젝트의 초기에 지루한 논의만 계속하다가 기능들을 점차 제거하게 될 것이다. 그리고 결국 완성된 소프트웨어에는 이렇게 줄어든 기능 목록보다도 훨씬 적은 기능만 구현되어 있을 것이다.

우리는 지금까지의 경험으로 소프트웨어 개발 프로젝트가 어떻게 진행될지 완벽하게 예측하는 것이 불가능한 일임을 잘 안다. 사용자들은 소프트웨어의 초기 버전을 보고 나면 새로운 아이디어를 가져오고, 처음과 생각도 달라진다. 소프트웨어의 무형성 때문에 개발자들은 프로젝트가 얼마나 걸릴지 추정하는 데 많은 어려움을 겪는다. 이런 저런 요인들 때문에 프로젝트에서 수행할 모든 작업을 보여주는 완벽한 퍼트(PERT)[2]차트를 펼쳐 놓는 것은 불가능하다.

그렇다면 어떻게 해야 할까?

우리는 당장 손에 잡히는 정보를 가지고 결정을 내려야 한다. 그리고 자주 그렇게 해야 한다. 프로젝트를 착수하는 시점에 모든 것을 포괄하는 결정을 하기보다, 프로젝트 전 기간에 걸쳐 의사를 결정해야 한다. 이렇게 하기 위해서는 가능한 자주, 신속하게 필요한 정보를 가져다 주는 프로세스가 있어야 한다. 사용자 스토리(user story)는 이를 위한 것이다.

---

[2] 역자 주: PERT(Program Evaluation and Review Technique) 프로젝트 일정 계획, 분석 및 추적에 사용하기 위한 네트워크 도형의 일종이다.

사용자 스토리란 무엇인가?

사용자 스토리는 소프트웨어의 사용자나 구매자에게 가치를 줄 수 있는 기능을 서술한 것이다. 사용자 스토리는 다음 세 측면으로 구성된다.

- 서술(written description): 스토리는 서술 형태로 기록되며, 계획하거나 기억하기 위한 단서로 사용된다.
- 대화(conversation): 스토리는 대화를 통해 세부사항을 구체화한다.

● 테스트(test): 스토리는 테스트를 통해 세부사항을 문서화하고 전달하며, 스토리의 완료 여부를 판단한다.

사용자 스토리의 서술은 관행적으로 종이 인덱스 카드에 손으로 작성하기 때문에, 론 제프리즈(Ron Jeffries)는 위 세 개의 측면에 카드(Card), 대화(Conversation), 확인(Confirmation)이라는 근사한 두운(頭韻)을 가진 이름을 붙였다(Jeffries 2001). 카드가 사용자 스토리에서 가장 눈에 띄는 시각적 표현물일지는 모르지만, 셋 중에 가장 중요한 것은 아니다. 레이첼 데이비스(Rachel Davies 2001)는 카드가 "고객의 요구사항을 '문서화' 하기보다는 '표현' 하기 위한 것"이라고 했다. 사용자 스토리를 가장 잘 설명한 표현은 다음과 같을 것이다. '카드' 는 스토리의 본문(text)을 담고 있지만, 세부사항은 '대화' 를 통해 결정되며 구현을 '확인' 하기 위한 테스트를 포함한다.

다음의 스토리 카드 1.1은 사용자 스토리의 예제로, BigMoneyJobs라는 가상의 구직·채용 웹 사이트에 관한 것이다.

> 사용자는 자신의 이력서를 웹 사이트에 게시할 수 있다.

◀ 스토리 카드 1.1 인덱스 카드에 작성된 사용자 스토리

일관성을 위해 주로 BigMoneyJobs 웹 사이트에 대한 예제를 사용할 것이다. 위의 스토리 외에도 BigMoneyJobs를 설명하는 예제 스토리로는 다음과 같은 것이 있다.

● 사용자는 채용 정보를 검색할 수 있다.
● 기업은 채용 정보를 게시할 수 있다.
● 사용자는 자신의 이력서를 열람할 사람을 제한할 수 있다.

사용자 스토리는 사용자에게 가치를 평가 받을 수 있도록 기능을 표현해

야 한다. 따라서 다음과 같은 항목은 사용자 스토리로 적절하지 않다.

- 소프트웨어는 C++로 작성한다.
- 프로그램은 커넥션풀을 통해 데이터베이스에 연결한다.

BigMoneyJob의 사용자는 사이트 개발에 사용된 프로그래밍 언어가 무엇인지 상관하지 않을 것이다. 따라서 처음 예제는 좋은 사용자 스토리라 할 수 없다. 하지만 API 개발과 같이 특별한 경우에는 시스템의 사용자(아마도 다른 프로그래머들일 것이다)가 '소프트웨어는 C++로 작성한다' 는 사용자 스토리를 작성할 수도 있을 것이다.

두 번째 사용자 스토리를 보자. 이 시스템의 사용자들은 데이터베이스에 어떻게 연결하는지에 대한 기술적 세부사항을 전혀 상관하지 않는다. 따라서 이 스토리도 좋은 스토리라 할 수 없다.

여러분 중에 이렇게 소리치는 분이 있을지도 모른다. "하지만 잠깐, 커넥션풀을 이용하는 것은 우리 시스템의 요구사항이야!" 그렇다면 잠시 진정하고, 스토리는 고객이 가치를 평가할 수 있도록 작성해야 한다는 점을 되새겨 보기 바란다. 고객에게 가치 있게 스토리를 표현하는 방법이 있을 것이다. 2장 「스토리 작성하기」에서 그러한 예제들을 살펴볼 것이다.

세부사항은 어디에 있는가?

"사용자는 채용 정보를 검색할 수 있다"고 말하는 것과, 그것만을 참고로 코딩과 테스트를 시작할 수 있느냐는 것은 별개다. 세부사항은 어디에 있는가? 다음 문제에 대한 답은 어떻게 할 것인가?

- 사용자는 무엇을 대상으로 검색하는가? 주(state)? 도시? 직업 명? 키워드?
- 사용자는 웹 사이트에 회원가입을 해야 하는가?

- 검색 매개변수는 저장되어야 하는가?
- 일치하는 채용 정보에 대해 어떤 정보를 보여 주어야 하는가?

이런 많은 세부사항을 추가 스토리로 작성할 수도 있다. 사실 스토리가 너무 큰 것보다는 스토리가 많은 것이 더 낫다. 예를 들어 BigMoneyJobs 사이트는 다음과 같이 큰 스토리 두 개로 설명할 수 있을 것이다.

- 사용자는 채용 정보를 검색할 수 있다.
- 기업은 채용 정보를 게시할 수 있다.

확실히 이 두 스토리는 이것만으로 일을 진행하기에 너무 크다. 2장 「스토리 작성하기」에서 스토리의 크기에 대해 충분히 설명하겠지만, 간단히 말하면 스토리는 한두 명의 개발자가 반나절에서 길어야 2주일 안에 구현하고 테스트할 수 있는 정도의 크기가 적당하다. 그런데 대충 보아도 위의 두 스토리는 BigMoneyJobs 사이트의 대부분을 포함할 정도로 크기 때문에 일반 프로그래머들이 구현하자면 일주일은 훌쩍 넘을 것 같다.

스토리가 너무 큰 경우에 가끔 '에픽(epic)'이라고 말하기도 한다. 에픽은 더 작은 스토리로 나눌 수 있다. 예를 들어 '사용자는 채용 정보를 검색할 수 있다'는 에픽은 다음과 같이 3개로 나눌 수 있다.

- 사용자는 위치, 급여 수준, 직업 명, 회사 명, 게시 날짜 등의 속성값으로 채용 정보를 검색할 수 있다.
- 사용자는 검색 조건과 일치하는 채용 정보를 볼 수 있다.
- 사용자는 채용 정보를 게시한 기업에 대한 세부 정보를 볼 수 있다.

하지만 스토리를 나눌 때 모든 세부사항을 하나 하나 스토리로 만들지는 않는다. '사용자는 검색 조건과 일치하는 채용 정보를 볼 수 있다'는 스토리는 아주 합리적이고 현실적이다. 이것을 더 나누어 다음과 같이 만들 필요는 없다.

- 사용자는 채용 정보에서 설명을 볼 수 있다.
- 사용자는 채용 정보에서 급여 수준을 볼 수 있다.
- 사용자는 채용 정보에서 위치를 볼 수 있다.

이와 비슷하게, 사용자 스토리를 전형적인 요구사항 문서 형식처럼 번호를 부여하여 다음과 같이 만들 필요는 없다.

4.6) 사용자는 검색 조건과 일치하는 채용 정보를 볼 수 있다.
    4.6.1) 사용자는 채용 정보에서 설명을 볼 수 있다.
    4.6.2) 사용자는 채용 정보에서 급여 수준을 볼 수 있다.
    4.6.3) 사용자는 채용 정보에서 위치를 볼 수 있다.

이러한 모든 세부사항들까지 스토리로 작성하는 것보다, 개발팀과 고객이 이런 세부사항에 대해 논의하는 것이 더 낫다. 즉 세부사항이 정말 중요한 시점이 되었을 때 그에 관해 대화를 나누는 것이다. 스토리 카드 1.2처럼 의논한 내용을 주석으로 달아두는 것은 문제되지 않는다. 다만 대화를 나누는 것이 핵심이지 스토리 카드에 달아 놓은 주석이 중요한 것은 아니다. 개발자나 고객 중 누구도 세 달쯤 지나 카드를 가리키며 "하지만 여기 보면 내가 그렇게 얘기하지 않았습니까" 하고 말해서는 안 된다. 스토리는 계약과 같은 구속이 아니다. 앞으로 살펴보겠지만, 합의된 내용은 스토리가 정확하게 개발되었는지를 증명하는 테스트 형태로 문서화된다.

▶ 스토리 카드 1.2 주석이 달린 스토리 카드

> 사용자는 검색 조건과 일치하는 채용 정보를 볼 수 있다
>
> 주)마르코는 설명, 급여, 위치 정보를 보여 주어야 한다고 함

"얼마나 길어야 하나요?"

나는 고등학교 문학 시간에 작문 과제가 나올 때면 항상 "얼마나 길어야 하나요?"라는 질문을 했었다. 선생님들은 이 질문을 한 번도 좋아하지 않았지만, 나는 답을 통해 그들이 기대하는 수준을 알 수 있었고 아직까지도 그것이 정당한 질문이었다고 생각한다. 마찬가지로 프로젝트에서도 사용자들이 기대하는 바를 이해하는 것은 중요하다. 그러한 기대는 인수 테스트(acceptance test)의 형태로 표현하는 것이 가장 효과적이다.

종이로 된 인덱스 카드를 이용한다면, 카드의 뒷면을 이용하여 이러한 기대사항을 표현할 수 있다. 기대사항은 스토리 1.3처럼 스토리를 어떻게 테스트할 것인가를 기억하기 위한 단서(reminder)로서 작성된다. 카드 대신 소프트웨어 시스템[3]을 이용한다면 거기에는 아마도 인수 테스트를 위한 단서를 입력할 수 있는 곳이 있을 것이다.

> 채용 정보를 입력하지 않고 시도해 본다
> 채용 정보를 아주 길게 넣어 본다
> 급여 정보가 빠진 경우를 확인해 본다
> 여섯 자리 급여로 시도해 본다

3) 역자 주: 사용자 스토리를 도입하는 데 컴퓨터의 도움을 받고 싶다면, 스토리 주도 개발 프로세스 전체를 지원하는 전문화된 도구를 이용하는 것이 낫다. 여기서 말하는 시스템도 그러한 시스템을 의미한다.

◀ 스토리 카드 1.3 스토리 카드의 뒷면에는 스토리를 어떻게 테스트할 것인가에 대한 단서를 기록한다.

테스트 서술은 간결해야 한다. 테스트는 어느 때라도 추가하거나 제거할 수 있다. 이 과정의 목적은 스토리에 대한 부가 정보를 통해 개발자가 자기 일을 끝냈다는 것을 알 수 있도록 하는 것이다. 선생님의 기대 수준은 모비 딕에 대한 작문을 어디서 끝내야 할지 결정하는 데 유용했다. 마찬가지로 개발자들이 고객의 기대를 아는 것은 일의 완료 여부를 아는 데 유용하다.

고객 팀

이상적인 프로젝트라면, 어느 한 사람이 개발자들이 해야 할 일의 우선순위를 모두 매겨 주고, 온갖 질문에 전지전능하게 답을 해 주고, 소프트웨어 개발이 완료되면 그것을 사용하며, 필요한 모든 스토리를 작성해 줄 것이다. 하지만 이것은 대개 무리한 요구다. 그래서 우리는 고객 팀(customer team)을 구성한다. 고객 팀에는 소프트웨어가 사용자의 요구를 만족하는지 보증해 줄 사람들이 포함된다. 여기에는 테스터, 제품 관리자(product manager), 실제 사용자, 상호작용 설계자(interaction designer) 등이 포함될 것이다.

프로세스는 어떤 모습인가?

스토리를 이용하는 프로젝트는 여러분이 익숙한 것과는 다른 느낌과 리듬일 것이다. 전통적인 폭포수(waterfall) 방식의 프로세스에서는 요구사항 작성, 요구사항 분석, 설계, 구현, 테스트까지가 하나의 주기다. 아주 가끔 이런 종류의 프로세스에서도 고객과 사용자가 프로젝트의 초기에 참여하여 요구사항을 함께 작성하고 마지막에는 소프트웨어를 인수(accept)하기도 한다. 그러나 대부분은 요구사항 분석 단계와 인수 단계 사이의 과정에 사용자 및 고객이 참여하는 일은 거의 없다. 이렇게 되면 일이 잘 진행되지 않는다는 것을 우리는 경험을 통해 잘 알고 있다.

스토리 주도(story-driven) 프로젝트[4]를 수행할 때 여러분이 처음으로 주목하게 되는 것은 고객과 사용자의 참여가 프로젝트를 하는 기간 내내 계속 된다는 것이다. 누구도 그들이 프로젝트 진행 중에 사라지길 바라지 않는다. (혹은 그것을 허락하지 않는다.) 팀에서 익스트림 프로그래밍(Extreme Programming, XP)[5], 애자일 버전의 UP, 스크럼(Scrum)[6]과 같은 애자일 프로세스, 혹은 자사 고유의 스토리 주도 애자일 프로세스 중 어떤 것을 이용하느냐에 관계없이 이 사실은 변함없다.

새로운 소프트웨어의 고객과 대상 사용자는 스토리 작성에 적극적으로

---

4) 역자 주: 사용자 스토리를 중심으로 요구사항 분석, 계획, 구현, 테스트 등의 단계를 진행하는 프로젝트를 말한다.

5) 역자 주: 부록 A 「익스트림 프로그래밍의 개요」 참고.

6) 역자 주: 15장 「스크럼에서 사용자 스토리 사용하기」 참고.

> ### 왜 고객이 스토리를 작성하는가?
>
> 개발자 대신 고객 팀이 사용자 스토리를 작성하는 데는 두 가지 주된 이유가 있다. 첫째, 각 스토리는 기술적 전문 용어가 아닌 비즈니스 언어로 작성해야 한다. 그래야 고객 팀에서 스토리를 어느 이터레이션이나 릴리즈에 포함시킬지 우선순위를 결정할 수 있다. 둘째, 제품의 주된 기획 주체로서 고객 팀은 제품의 동작을 가장 잘 설명할 수 있다.

참여해야 한다. XP를 사용한다면 더욱 그러하다. 스토리 작성 과정은 대상 시스템을 사용할 사용자의 유형을 고려하는 데서 시작하는 것이 가장 좋다. 예를 들어 여러분이 여행 예약 웹 사이트를 만든다면, 단골 여행 고객, 휴가를 계획하는 고객 등의 사용자 유형을 고려해야 할 것이다. 고객 팀에는 현실적으로 가능한 많은 사용자 유형을 대표할 수 있는 사람들이 포함되어야 한다. 하지만 그렇지 못할 때에는 사용자 역할 모델링이 도움을 줄 것이다. (더 자세한 내용은 3장 「사용자 역할 모델링」 참고)

스토리는 주로 스토리 작성 워크숍에서 처음 작성하게 되지만, 프로젝트 진행 중에도 아무 때나 추가로 작성할 수 있다. 스토리 작성 워크숍에서는 참여자들이 브레인스토밍을 거쳐 가능한 많은 스토리를 찾아낸다. 초기 스토리를 마련하고 나면 개발자는 각각의 크기를 추정한다.

고객 팀과 개발자가 협력하여 이터레이션 길이(iteration length)를 1~4주 정도 범위에서 선택한다. 선택한 이터레이션 길이를 프로젝트가 끝날 때까지 변경하지 않고 사용한다. 개발자들은 이터레이션마다 소프트웨어의 일부 기능만이라도 그 자체로 쓸모 있는 코드를 인도해야 하는 책임이 있다. 고객 팀은 이터레이션 동안 긴밀하게 참여하고 개발자와 해당 이터레이션에서 개발하는 스토리에 대해 대화를 나누어야 한다. 또한 고객 팀은 테스트할 것들을 지정하고 개발자와 함께 테스트를 자동화하고 실행하도록 한다. 추가로, 프로젝트가 올바른 방향으로 꾸준히 나아가는지 확인해야 한다.

이터레이션 길이를 선택했으면, 개발자는 이터레이션마다 얼만큼 일할 수 있을지에 대해 추정해야 한다. 우리는 한 이터레이션 동안의 작업량을 '속도(velocity)'라고 부른다. 일을 시작하기 전에 속도를 미리 알 수 있는 방법이 없으므로 팀에서 처음 추정한 속도는 틀릴 것이다. 그렇다고 해도 우리는 초기 추정치를 이용하여 각 이터레이션에서 어떤 작업들을 할지, 몇 번의 이터레이션이 필요할지에 대한 릴리즈 계획(release plan)을 세울 수 있을 것이다.

릴리즈 계획을 세우기 위해서는 먼저 스토리들을 여러 개의 묶음으로 분류하는데, 각 묶음은 하나의 이터레이션을 나타낸다. 각 묶음에 포함된 스토리들의 추정치를 더하여 속도 추정치를 넘지 않도록 한다. 가장 우선순위가 높은 스토리들을 첫 번째 묶음에 포함한다. 묶음이 가득 차면, 그 다음으로 우선순위가 높은 스토리들로 두 번째 묶음(두 번째 이터레이션을 의미한다)을 만든다. 묶음이 많아져 프로젝트 기간을 넘어가거나 묶음이 새로운 릴리즈를 나타낼 때까지 이 과정을 계속한다. (9장 「릴리즈 계획」과 10장 「이터레이션 계획」 참고.)

각 이터레이션을 시작하기 전에 고객 팀은 진행 중인 릴리즈 계획을 수정할 수 있다. 한 이터레이션이 끝나면 개발 팀의 실제 속도를 알게 되며, 앞으로는 추정 속도가 아닌 실제 속도로 계획을 세울 수 있다. 각 스토리 묶음에서 더하거나 빼거나 하여 재조정할 필요가 있을지도 모른다. 게다가 남아 있는 어떤 스토리들이 예상보다 쉬운 것으로 판명되어 해당 이터레이션에 다른 스토리를 추가하게 될 수도 있다. 또 어떤 스토리는 예상보다 어려워서 일부 작업들을 다음 이터레이션으로 넘기거나 아예 릴리즈에서 빼 버릴 수도 있다.

릴리즈와 이터레이션 계획하기

릴리즈는 하나 이상의 이터레이션으로 이루어진다. 릴리즈 계획

(release planning)은 프로젝트 일정과 구현할 기능 집합의 균형을 결정하는 일이다. 이터레이션 계획(iteration planning)은 이번 이터레이션에 포함할 스토리를 선택하는 일을 말한다. 고객 팀과 개발자 모두 릴리즈 계획과 이터레이션 계획에 참여한다.

릴리즈 계획은 고객 팀이 스토리에 우선순위를 매기는 것으로 시작한다. 우선순위를 부여할 때 다음 사항들을 고려해야 할 것이다.

- 사용자나 고객 다수가 원하는 기능인가?
- 다수는 아니지만 중요한 사용자나 고객이 바라는 기능인가?
- 이 스토리가 다른 스토리들과 응집성(cohesiveness)이 있는가?[7]

7) 저자 주: 예를 들어 도면 조회 시스템에서 '축소 보기(zoom out)' 기능의 스토리는 그 자체로 우선순위가 높지 않지만 '확대 보기(zoom in)' 기능의 스토리는 우선순위가 높을 경우, 둘의 상호 보완적 관계 때문에 두 스토리 모두 우선순위를 높게 다룰 수 있다.

개발자는 스토리의 우선순위를 다르게 보는 경우가 많다. 스토리에 기술적 리스크가 있거나 다른 스토리와의 상호 보완성을 고려하여 우선순위를 조절해야 한다고 제안할지도 모른다. 고객 팀은 개발자들의 목소리를 들어야 하지만, 우선순위를 매길 때는 조직에 최대의 가치를 가져오도록 신경 써야 한다.

우선순위를 부여할 때 스토리에 대한 개발 비용을 고려하지 않을 수 없다. 나는 지난 여름 휴양지를 선택할 때 타히티(Tahiti) 섬을 일순위로 생각하고 있었다. 비용을 고려하기 전까지는 그랬다. 결국 다른 장소의 우선순위가 더 높아졌다. 스토리 개발에 드는 비용 역시 우선순위를 부여할 때 고려할 요인이다. 스토리 개발 비용은 개발자들이 스토리에 부여하는 추정치다. 각 스토리에 '스토리 점수(story point)'를 추정치로 할당한다. 어떤 스토리를 스토리 점수 4점으로 추정한 것은, 그 스토리를 개발하는 데는 2점으로 추정한 다른 스토리보다 두 배 정도 시간이 걸릴 것을 예상한다는 의미다.

릴리즈 계획은 릴리즈에 포함된 각 이터레이션에 스토리들을 할당함으로써 수립된다. 개발자들은 자신들이 예상하는 속도(한 이터레이션 동안 완수할 수 있다고 생각하는 스토리 점수)를 말한다. 그러면 고객은 스토리들을 각 이터레이션에 배치하고, 어떤 이터레이션도 할당된 스토리 점수의 합이 팀 전체의 속도 추정치를 넘지 않게 한다.

표1.1 예제 스토리와 비용

스토리	스토리 점수
스토리 A	3
스토리 B	5
스토리 C	5
스토리 D	3
스토리 E	1
스토리 F	8
스토리 G	5
스토리 H	5
스토리 I	5
스토리 J	2

예를 들어 표 1.1에 여러분의 프로젝트에서 필요한 모든 스토리가 우선순위에 따라 내림차순으로 정렬되어 있다고 가정해 보자. 팀은 속도를 이터레이션당 스토리 점수 13점으로 추정했다. 이때 스토리는 표 1.2에 보이는 것처럼 배치될 것이다.

표1.2 표 1.1의 스토리에 대한 릴리즈 계획

이터레이션	스토리	스토리 점수
이터레이션 1	A, B, C	13
이터레이션 2	D, E, F	12
이터레이션 3	G, H, J	12
이터레이션 4	I	5

팀에서 속도를 13으로 예측했기 때문에 어떤 이터레이션도 스토리 점수의 합이 13점을 넘게 계획할 수 없다. 즉 두 번째와 세 번째 이터레이션은 12점만 가지도록 계획한다. 그렇다고 걱정할 것은 없다. 이 정도 차이가 의

미 있을 정도로 추정이 정확한 경우는 아주 드물다. 또한 계획보다 더 빠르게 진행한다면 개발자들은 다른 작은 스토리를 더 달라고 요청할 것이다. 세 번째 이터레이션에서 고객 팀이 우선순위가 더 높은 스토리 I 대신 스토리 J를 포함시켰다는 점에 주목하라. 스토리 I는 5점이라 세 번째 이터레이션에 포함하기에는 너무 크다.

큰 스토리를 임시로 건너 뛰고 더 작은 스토리를 그 자리에 배치하는 방법 대신, 큰 스토리를 작은 스토리로 나누는 방법도 있다. 스토리 점수가 5점인 스토리 I를 스토리 Y(3점)와 스토리 Z(2점)로 나누었다고 하자. 스토리 I에서 가장 중요한 부분을 담은 스토리 Y는 이제 표1.3처럼 세 번째 이터레이션에 딱 맞게 들어간다. 스토리를 언제, 어떻게 나누는지에 대해서는 2장 「스토리 작성하기」와 7장 「좋은 스토리를 위한 지침」을 참고하기 바란다.

이터레이션	스토리	스토리 점수
이터레이션 1	A, B, C	13
이터레이션 2	D, E, F	12
이터레이션 3	G, H, Y	13
이터레이션 4	J, Z	4

표1.3 더 나은 릴리즈 계획을 만들기 위해 스토리를 나누었음

인수 테스트는 무엇인가?

인수 테스트는 스토리를 개발한 뒤 그것이 고객이 기대하는 대로 정확히 동작하는지를 입증하는 과정이다. 이터레이션이 시작되면 개발자는 코드를 작성하고, 고객 팀은 테스트를 작성한다. 고객 팀 구성원들의 기술 숙련도에 따라서, 테스트 명세를 스토리 카드 뒷면에 작성하거나 자동화된 테스트 도구에 입력할 것이다. 이 작업의 기술적인 내용을 돕기 위해 고객 팀에는 숙련된 전담 테스터가 포함되어야 한다.

가능하면 테스트는 각 이터레이션의 초기에 작성해야 한다. (다음 이터

레이션에 대해 추정하기 쉽다면 심지어 이터레이션을 시작하기 전에 작성할 수도 있다.) 초기에 테스트를 작성하게 되면 고객이 가정하는 것, 기대하는 것 등을 더 많이, 더 빨리 개발자에게 전달할 수 있기 때문에 큰 도움이 된다. '사용자는 장바구니에 담긴 아이템을 구매할 때 신용 카드로 결제할 수 있다'는 스토리를 보자. 고객은 스토리 카드의 뒷면에 다음과 같은 간단한 테스트들을 작성한다.

- 비자, 마스타카드, 아메리칸익스프레스카드 테스트(통과).
- 다이너스클럽카드 테스트(실패).
- 비자직불카드 테스트(통과).
- 정상/비정상 카드 ID 테스트. 분실 카드 ID 테스트.
- 유효 기간 만료된 카드 테스트.
- 다양한 구매액 테스트(카드 한도 초과액 포함).

이 테스트들은 시스템이 비자, 마스타카드, 아메리칸익스프레스카드를 처리해야 하며, 기타 다른 카드는 받아들이지 않을 거라는 고객의 기대 사항을 드러낸다. 이 테스트들을 프로그래머에게 일찍 전달함으로써, 고객 팀은 그들의 기대를 분명히 말하게 될 뿐만 아니라, 개발자들이 그러한 사항을 잊지 않게 할 수 있다. 예를 들어 어떤 개발자는 만료된 카드에 대한 고려를 깜박할지도 모른다. 개발을 시작하기 전에 그것을 스토리 카드 뒷면에 테스트로 나타내 둠으로써 개발자는 시간을 절약할 것이다. 스토리 카드에 대한 인수 테스트를 작성하는 것은 6장「사용자 스토리 인수 테스트」를 참고하라.

왜 바꾸어야 하는가?

이쯤 되면 여러분은 왜 사용자 스토리를 사용해야 하는지 물어볼지도 모른다. 왜 스토리 카드를 작성하고, 이런 대화들을 기록해 두어야 하는가? 왜 요구사항 문서나 유스케이스를 계속 작성하면 안 되는가? 사용자 스토리는 다른 방법들보다 장점이 많다. 더 자세한 내용은 13장 「왜 사용자 스토리인가?」에서 설명하지만, 여기서 몇 가지 이유를 제시한다.

- 사용자 스토리는 문서보다 구두 의사소통을 강조한다.
- 사용자 스토리는 고객이나 개발자 모두 이해할 수 있다.
- 사용자 스토리는 계획 수립에 적당한 크기다.
- 사용자 스토리는 반복적 개발(iterative development)에 효과적으로 사용된다.
- 사용자 스토리는 무엇이 필요한지 잘 알 때까지 세부사항을 뒤로 미룰 수 있게 해 준다.

사용자 스토리는 문서 작성보다 얘기 나누는 것을 강조하기 때문에, 잘 읽지도 않을 문서에 중요한 결정사항을 남기지 않는다. 오히려 스토리의 중요한 측면들이 자동화된 인수 테스트로 정의되어 자주 실행되게 된다. 게다가 다음 문장처럼 불명확한 문서 작성을 피할 수 있다.

시스템은 주소와 직장 전화 번호 혹은 휴대폰 번호를 저장해야 한다.

이것이 무슨 의미인가? 이 문장이 다음 중 어떤 것을 뜻하는지 모호하다.

(주소와 직장 전화 번호) 혹은 휴대폰 번호
주소와 (직장 전화 번호 혹은 휴대폰 번호)

사용자 스토리는 기술 용어를 사용하지 않으므로(고객 팀이 작성한다는 점을 기억하라), 고객은 물론 개발자도 이해할 수 있다.

각 사용자 스토리는 개별적 단위 기능, 즉 사용자가 특정 환경에서 수행할 수 있는 기능을 의미한다. 이러한 특성 때문에 계획을 수립할 때 사용자 스토리를 사용하는 것이 유리하다. '시스템은 …… 해야 한다(The system

8) 역자 주: 'The system shall…'은 기능 요구사항을 기술하기 위해 IEEE 830에서 권장하는 문장 형태다. IEEE 830을 따르는 요구사항 명세서와 사용자 스토리의 비교에 관한 내용은 12장 「스토리가 아닌 것」을 참고하라.

shall…)'⁸⁾는 문장은 대개 기능의 한 측면만을 설명하는 경우가 많기 때문에 계획을 세울 때 해당 문장을 넣거나 빼는 것이 미치는 영향을 파악하기 쉽지 않다.

반복적 프로세스(iterative process)는 연속적인 정련(refinement)을 통해 발전해 간다. 개발 팀은 일부 (혹은 많은) 영역에 대해 불완전할 수 있다는 것을 인식하면서 시스템에 대한 첫 개발을 시작한다. 그들은 제품이 만족스러울 때까지 불완전한 영역을 계속 다듬어 나간다. 소프트웨어는 이터레이션마다 더 많은 세부사항들이 추가되면서 개선된다. 사용자 스토리를 반복적으로 다듬으면서 진행할 수 있기 때문에, 사용자 스토리는 반복적 개발에서 효과적으로 사용된다. 다시 말해, 최종적으로는 필요하지만 당장은 중요하지 않은 기능을 처음에는 에픽으로 골격만 작성해 두었다가, 정말 그 기능이 시스템에 추가될 준비가 되었을 때, 스토리를 다듬고 세부사항을 더하여 에픽을 빼내고 작업하기 쉬운 더 작은 스토리들로 나누어 대체할 수 있을 것이다.

특정 스토리 모음에 대해 반복적으로 개발하는 것이 가능하므로 사용자 스토리의 세부사항을 뒤로 미룰 수 있다. 오늘은 자리매김용 에픽만 작성해 두고, 정말 그 부분을 개발할 필요가 있을 때까지 세부적인 내용을 작성할 필요가 없다. 어떤 기능이 정말 필요하다고 판단될 때까지 그 기능에 대해 생각하는 시간을 절약할 수 있으므로 세부사항을 뒤로 미루는 것은 중요하다. 스토리를 이용하면, 사전에 모든 내용을 파악하여 문서화할 수 있다고 자신을 속일 필요가 없다. 그 대신 고객 팀과 개발자가 논의를 바탕으로 소프트웨어를 반복적으로 정련해 나가는 프로세스를 따르면 된다.

▌요약

- 스토리 카드는 사용자나 고객에게 가치를 제공할 수 있는 기능을 간략히 서술한 것이다.
- 스토리 카드가 직접 눈에 보이는 부분이긴 해도 가장 중요한 부분은

스토리에 대해 고객과 개발자가 대화를 나누는 것이다.
- 고객 팀에는 사용자들에게 필요한 기능에 맞게 소프트웨어가 개발되는지 보증해 줄 사람들을 포함해야 한다. 여기에는 테스터, 제품 관리자, 실제 사용자, 상호작용 설계자 등이 포함된다.
- 스토리 카드는 고객 팀이 작성한다. 그 이유는 요구하는 기능에 대해 고객 팀이 가장 잘 설명할 수 있으며, 나중에 개발자와 함께 세부사항에 대해 논의하고 스토리의 우선순위를 결정할 수 있어야 하기 때문이다.
- 스토리는 조직에 가져올 가치를 토대로 우선순위를 매긴다.
- 릴리즈 계획과 이터레이션 계획은 스토리를 이터레이션에 할당하는 것이다.
- 속도는 개발자들이 한 이터레이션 동안 끝마칠 수 있는 작업량이다.
- 한 이터레이션에 할당된 스토리에 대한 추정치의 합계는 개발자가 그 이터레이션에 대해 추정한 속도를 초과할 수 없다.
- 스토리가 이터레이션에 할당하기에 너무 크면 더 작은 단위로 나눈다.
- 인수 테스트는 고객 팀이 스토리를 작성할 때 생각한 기능이 제대로 구현되었는지 입증해 준다.
- 사용자 스토리는 사용할 가치가 있다. 스토리는 구두 의사소통을 강조하고, 고객과 개발자 모두 이해할 수 있으며, 이터레이션 계획에 사용 가능하고, 반복적 개발 프로세스에서 유효하게 작용하고, 세부사항을 미룰 수 있도록 장려하기 때문이다.

연습문제

1.1 사용자 스토리를 구성하는 세 가지는 무엇인가?
1.2 고객 팀에는 누가 포함되는가?
1.3 다음 중 좋지 않은 스토리는 무엇인가? 이유는 무엇인가?
  1) 사용자는 Windows XP와 Linux에서 시스템을 구동할 수 있다.

2) 모든 그래프와 차트는 서드파티 라이브러리를 이용한다.

3) 사용자는 50번까지 '실행취소' 할 수 있다.

4) 소프트웨어는 6월 30일까지 출시된다.

5) 소프트웨어는 Java로 개발한다.

6) 사용자는 드롭다운 리스트에서 국가를 선택할 수 있다.

7) 시스템은 Log4J를 이용하여 모든 오류 메시지를 파일에 기록한다.

8) 사용자가 15분 동안 저장하지 않으면 작업 내용을 저장할 것인지 물어본다.

9) 사용자는 'XML로 내보내기' 기능을 선택할 수 있다.

10) 사용자는 XML로 데이터를 내보낼 수 있다.

1.4 요구사항에 대해 대화를 나누는 것은 요구사항을 문서화하는 것에 비해 어떠한 장점이 있나?

1.5 왜 테스트를 작성할 때 스토리 카드의 뒷면을 이용하는가?

2장

스토리 작성하기

이번 장에서는 스토리를 작성하는 것에 초점을 맞춘다. 좋은 스토리를 작성하기 위해서는 다음에 열거한 '좋은 스토리의 여섯 가지 특성'에 집중해야 한다.

- 독립적이다(Independent)
- 협상 가능하다(Negotiable)
- 사용자 및 고객에게 가치가 있다(Valuable)
- 추정 가능하다(Estimatable)
- 작다(Small)
- 테스트 가능하다(Testable)

『Extreme Programming Explored』와 『Refactoring Workbook』의 저자인 윌리엄 웨이크는 위 여섯 가지 특성의 영문 첫 글자를 따서 INVEST라는 이름을 제안하였다(Wake 2003a).

독립적이다 Independent

가능하면 스토리 간에 의존성을 배제하도록 신경 써야 한다. 스토리 사이에 의존성이 있으면 우선순위 결정과 계획 수립에 문제를 야기한다. 예를 들어 고객이 우선순위를 높게 잡은 스토리가 우선순위가 낮은 스토리에 의존하는 상황을 생각해 보라. 의존성은 추정(estimation)을 필요 이상으로 어렵게 만들 수도 있다. 예를 들어 BigMoneyJobs 란 취업 사이트를 개발한다고 하자. 사이트에 채용 공고를 게시하려는 기업의 지불 방법에 대한 스토리를 작성해야 한다. 이렇게 작성할 수 있을 것이다.

1. 기업은 채용 공고를 게시할 때 비자카드로 결제할 수 있다.
2. 기업은 채용 공고를 게시할 때 마스터카드로 결제할 수 있다.
3. 기업은 채용 공고를 게시할 때 아메리칸익스프레스카드로 결제할 수 있다.

개발자는 어느 종류든 처음 한 종류의 신용카드에 대한 지원을 추가하는데 3일이 필요하다고 추정하고, 다른 두 종류를 지원하기 위해서는 각각 하루가 필요하다고 추정할 수 있다. 이렇게 상호 의존성이 높은 스토리에 대해서는 스토리별로 추정하기가 어려울 것이다. 위 경우 어느 스토리에 작업 추정치 3일을 부여할 것인가?

이런 형태의 의존성이 나타날 때에는 두 가지 방법을 시도해 볼 수 있다.

- 의존성이 있는 스토리들을 합쳐 좀더 큰 하나의 독립적인 스토리로 만든다.
- 스토리들을 다른 방식으로 분리한다.

이 경우는 모두 더해서 5일 정도의 크기이기 때문에 신용카드 종류별로 나누어진 스토리들을 하나의 스토리('기업은 채용 공고를 게시할 때 신용카드로 결제할 수 있다')로 합치는 방식이 적절하다. 만일 합친 스토리가 이 경우보다 크다면, 스토리들을 다른 방식으로 분리하는 것이 더 나은 방법이다. 신용카드 결제에 대한 작업 추정치가 좀더 길다면, 다음의 방식으로 스토리를 나눌 수 있다.

1. 고객은 한 종류의 신용카드로 결제할 수 있다.
2. 고객이 결제할 수 있는 신용카드는 두 종류가 더 있다.

의존적인 스토리들을 합치는 것이 맘에 들지 않거나, 다른 방식으로 분리하는 것이 어렵다면, 각 스토리에 작업 추정치를 두 개씩 부여하는 방법도 있다. 하나는 다른 스토리보다 먼저 개발되는 경우, 다른 하나는 나중에 개발되는 경우의 추정치다.

협상 가능하다 Negotiable

스토리는 협상 가능해야 한다. 스토리는 계약서나 요구사항 명세서처럼 꼭 구현해야 한다고 기록된 것이 아니다. 스토리는 기능에 대한 짧은 설명일 뿐, 세부사항은 고객과 개발 팀이 대화를 통해 협상해야 한다. 스토리 카드는 대화를 이끌기 위한 단서지, 그 자체로 완성된 상세한 요구사항이 아니기 때문에, 필요한 모든 세부사항까지 포함할 필요가 없다. 그럼에도, 스토리를 작성하는 시점에 중요한 세부사항을 안다면, 그것을 스토리 카드 2.1처럼 주석으로 추가해 두어야 한다. 세부사항을 꼭 필요한 만큼만 포함하는 것을 배우는 것은 쉽지 않다.

> 기업은 채용 공고를 게시할 때 신용카드로 결제할 수 있다.
>
> 주) 비자마스터카드, 아메리칸익스프레스카드를 지원한다. 디스커버카드는 검토.

◀ 스토리 카드 2.1 부가적인 세부사항을 주석으로 작성한 스토리 카드

스토리 카드 2.1은 개발자와 고객에게 적절한 양의 정보를 제공한다. 개발자는 이 스토리로 코딩을 시작할 때, 주요 카드 세 가지를 지원하기로 결정한 사항을 떠올릴 수 있으며, 고객에게 디스커버카드를 지원하기로 결정하였는지도 확인할 수 있다. 스토리 카드의 주석은 개발자와 고객이 이전

에 했던 대화를 재개하도록 도와준다. 이상적인 경우라면 스토리 카드를 작성한 개발자나 고객이 아니더라도, 나중에 스토리 카드만으로 대화를 쉽게 재개할 수 있어야 한다. 이러한 점을, 스토리를 작성할 때 세부사항을 어느 정도 추가해야 하는가에 대한 지침으로 이용하자.

한편, 주석을 너무 많이 달아 놓은 스토리 카드의 경우를 생각해 보자. 스토리 카드 2.2는 주석이 과도하게 붙어 있을 뿐 아니라('카드의 유효 기간 연/월을 수집한다'), 별도의 스토리로 나눌 수 있는 스토리('시스템은 다음 사용에 대비하여 카드 번호를 저장해 두어야 한다')를 합쳐 놓았다.

▶스토리 카드 2.2 주석이 너무 많은 스토리 카드

> 기업은 채용 공고를 게시할 때 신용카드로 결제할 수 있다.
>
> 주) 비자, 마스터카드, 아메리칸익스프레스카드를 지원한다. 디스커버카드는 검토. 100달러 이상 구매 시 카드 뒷면의 ID번호를 확인한다. 시스템은 카드 번호의 첫 두 자리로 카드의 종류를 알 수 있다. 시스템은 다음 사용에 대비하여 카드 번호를 저장해 두어야 한다. 카드의 유효 기간 연/월을 수집한다.

스토리 카드 2.2처럼 작성된 스토리로 작업하는 것은 정말 어렵다. 이런 스토리 카드를 읽는 사람들은 추가된 세부사항을 보고 스토리 카드가 그만큼 정밀하게 작성된 거라고 잘못 인식하는 경우가 많다. 그러나 대개 너무 이른 시점에 세부사항을 명시하는 것은 작업량을 증가시킬 뿐이다. 예를 들어 '기업은 채용 공고를 게시할 때 신용카드로 결제할 수 있다' 는 간단히 작성된 스토리를 가지고 의논하는 개발자들이 있다고 하자. 그들은 자신들의 의논이 다소 추상적일 수 있다는 점을 놓치지 않을 것이다. 세부사항들이 너무 많이 누락되어 있기 때문에, 자신들이 의논한 대로 확정된다거나 작업 추정치가 정확할 거라고 잘못된 판단을 하는 경우는 별로 없을 것이다. 반면, 스토리 카드 2.2처럼 많은 세부사항이 명시되어 있다면, 스토리에 대한 논의가 훨씬 구체적이고 실제적이라고 생각하기 쉽다. 이것은 결국 스토리 카드가 필요한 모든 세부사항을 포함해서, 고객과 더 의논할 필요가 없을 거라는 그릇된 믿음으로 이어질 수 있다.

스토리 카드는 개발자와 고객이 대화를 재개할 수 있는 단서 역할을 한다. 이러한 점을 생각해 보면, 스토리 카드를 다음의 내용으로 구성하는 것이 유용할 것이다.

- 대화를 재개할 단서 역할을 하는 한두 문장
- 대화 중에 해결된 쟁점에 대한 주석

대화를 통해 세부사항이 결정되었다면 이것들을 테스트로 사용한다. 인덱스 카드 등을 사용한다면 뒷면에다 테스트를 기록해 둘 수 있을 것이다. 스토리 카드 2.2는 스토리 카드 2.3과 2.4와 같이 고쳐 작성할 수 있다. 앞면에는 주석 중에서 대화에 필요한 것만 남겨 두고 나머지 세부사항들을 테스트 형태로 바꾸어 뒷면에 기록하였다.

◀스토리 카드 2.3 앞면, 스토리와 나중에 논의할 질문만 기록

◀스토리 카드 2.4 뒷면, 테스트 케이스가 될 수 있는 세부사항들은 스토리 자체와 분리하여 기록

사용자와 고객 혹은 구매자에게 가치 있다 Valuable

'모든 스토리는 사용자에게 가치가 평가되어야 한다'고 말할 수 있다. 하지만 반드시 그런 것은 아니다. 많은 프로젝트에서 사용자의 가치 평가와는 별개의 스토리도 사용한다. 소프트웨어를 직접 사용하는 '사용자(user)'와 소프트웨어를 구매하는 '구매자(purchaser)'가 다를 수 있다는 사실을 염두에 두고 다음 상황을 생각해 보자. 어느 개발 팀이 한 기업에서 5,000대 가량의 컴퓨터에 배포되는 소프트웨어를 만들고 있다. 이런 제품을 구매할 사람은 5,000대 컴퓨터의 설정이 모두 같도록 만드는 데 관심이 많다. 이러한 요구는 '프로그램 설정 정보를 중앙 저장 위치에서 읽어와야 한다'는 스토리로 작성할 수 있다. 사용자는 설정 정보가 어디에 저장되어 있는지 신경 쓰지 않지만 구매자는 다를 수 있다.

이 외에도 다음과 같은 스토리는 사용자보다는 제품의 구매를 고민하는 구매자에 의해 가치가 평가된다.

- 개발 팀은 개발 프로세스 전체를 통해 ISO 9001 감사에 적합한 문서를 작성한다.
- 개발 팀은 CMM 레벨 3에 부합하게 소프트웨어를 개발한다.

여러분이 정말 피해야 할 스토리는 개발자에게만 가치 있는 스토리다. 예를 들어 다음 스토리들은 피해야 한다.

- 모든 데이터베이스 연결은 커넥션풀을 통해 이루어져야 한다.
- 모든 에러 처리 및 로그 생성은 공통 클래스들을 통해 이루어져야 한다.

이대로만 본다면, 이 스토리들은 세부적인 기술 사항과 프로그래머에게 필요한 내용에 초점을 맞추고 있다. 그러나 이러한 스토리에 내포된 의미는 결국 고객을 위한 것인 경우가 많다. 그런 경우라면 스토리를 위처럼 작성하기보다는 고객이나 사용자에게 제공하는 이점이 드러나도록 작성하여야 한다. 그러면 고객은 이러한 스토리에 대한 개발 일정 상의 우선순위를 높게 잡을 것이다. 앞의 스토리를 고쳐 작성하면 다음과 같다.

- 사용자 라이선스 5개로 50명까지 데이터베이스에 연결하여 사용할 수 있어야 한다.
- 모든 에러는 사용자에게 보여야 하며, 일관된 형태의 로그로 기록되어야 한다.

스토리에서 사용자 인터페이스에 대한 가정을 배제하는 것과 마찬가지 이유로, 어떤 기술을 사용할지에 대한 기술적인 가정도 배제하는 것이 좋다. 수정한 스토리를 보면, 커넥션 풀이나 에러 처리 클래스 같은 기술적 용어를 제거하였다.[1]

각 스토리가 고객이나 사용자에게 가치 있도록 하는 가장 좋은 방법은 고객이 직접 스토리를 작성하게 하는 것이다. 처음에는 고객이 불편해 할 수도 있다. 자신이 만든 문서가 나중에는 개발자가 고객의 탓으로 돌리기 위한 무언가로 바뀌는 데 훈련되어 있기 때문인지도 모른다("음, 요구사항 문서에는 그렇게 쓰여 있지 않습니다."). 스토리 카드가 정식 협약이나 상세 기능 설명이 아니라 나중에 대화를 재개할 수단으로 사용된다는 개념에 익숙해지면, 고객들이 스토리를 자발적으로 작성하기 시작한다.

1) 역자 주: 스토리상에서는 기술적 용어를 제거하였지만, 실제로는 암묵적으로 해당 기술의 사용을 기술하고 있다. 이와 같이 사용자 혹은 구매자에게 의미 있는 문장으로 스토리를 고쳐 쓸 수 있음을 보여준다.

추정 가능하다 Estimatable

개발자들은 각 스토리의 크기 혹은 작업 소요 시간을 추정(적어도 추측) 할 수 있어야 한다. 추정이 쉽지 않은 경우는 보통 다음의 세 가지 원인 때문이다.

1. 해당 분야의 지식(도메인 지식)이 부족하다.

2. 기술적인 지식이 부족하다.
3. 스토리가 너무 크다.

첫째, 개발자가 해당 분야의 지식이 부족할 수 있다. 개발자가 작성된 스토리를 잘 이해하지 못한다면, 그것을 작성한 고객과 직접 의논해야 한다. 다시 말하면, 개발자는 스토리의 모든 세부사항을 이해할 필요는 없지만, 그 스토리에 대해 전반적으로는 이해하고 있어야 한다.

둘째, 스토리와 관련된 기술적인 내용을 개발자가 잘 모를 수 있다. 예를 들어 Java 프로젝트에서 시스템에 CORBA 인터페이스를 제공해야 하는데, 개발 팀에는 경험을 가진 사람이 아무도 없어서 얼마나 걸릴지 추정조차 못하는 경우다. 해답은 한두 명의 개발자를 '스파이크(spike)'[2]를 수행하도록 하는 것이다. 스파이크를 하는 동안 개발자들은 작업을 추정할 수 있을 정도로 내용을 습득할 수 있다. 스파이크 자체는 최대 허용 시간(타임박스)을 정하고 항상 그 시간만큼 부여하는 방식으로 추정할 수 있다. 이렇게 하면, 추정할 수 없었던 스토리를 두 개로 나누게 된다. 하나는 정보 수집을 위한 민첩한 스파이크며, 다른 하나는 실제 작업을 수행하는 스토리다.

2) 역자 주: 개발 예상 기간 추정이 어렵거나 리스크가 높은 스토리를 대상으로 완전하지 않지만 처음부터 끝까지 문제 영역을 살펴보는 작업을 말한다. 이를 통해 실제 스토리의 예상 개발 기간을 추정할 수 있도록 하는 것이 목적이다.

해당 분야 지식 부족

개발자에게 해당 분야의 지식을 요구하는 예를 살펴보자. 만성 환자들을 위한 장기 의료 지원 웹 사이트를 구축하는 프로젝트가 있었다. 고객(베테랑 간호사)은 '신규 사용자는 당뇨 심사(diabetic screening)를 해야 한다' 는 스토리를 작성했다. 개발자들은 이것이 정확히 무엇을 의미하는지 알 수 없었다. 웹을 통한 간단한 설문일 수도 있고, 천식 환자용 제품이 그러했던 것처럼 사용자들이 집에서 직접 심사할 수 있도록 무언가를 발송하는 것일 수도 있다. 개발자들은 고객과 모인 자리에서 그것이 몇 가지 질문으로 구성된 간단한 웹 폼(web form)을 의미한다는 것을 알아냈다.

마지막으로, 스토리가 너무 크기 때문에 추정하기 어려운 경우다. 다시 한 번 BigMoneyJobs 웹 사이트 구축을 예로 들어보자. 이번에는 '구직자는 일자리를 찾아볼 수 있다'는 스토리다. 너무 포괄적이고 커서 추정하기 쉽지 않다. 이 스토리의 작업 시간을 추정하려면 좀더 작은 단위로 나누어야 한다.

스토리가 너무 커서 신뢰할 정도의 추정이 어렵다고는 해도, '구직자는 일자리를 찾아볼 수 있다'와 같은 에픽을 작성하는 것이 쓸모 있는 경우가 있다. 시스템에서 아직 논의되지 않은 부분이 어디인지 상기시켜 주거나, 나중에 세분화된 스토리로 대체하기 위한 자리매김 역할을 해 주기 때문이다. 여러분이 의식적으로 시스템의 특정 부분을 잠시 덮어두고자 한다면, 에픽을 한두 개 작성하는 것으로 해당 부분을 일단 마감하는 방법도 고려해 볼 만하다. 에픽에는 근거가 없더라도 큰 추정치를 부여할 수 있다.

작다 Small

편안한 침대를 찾는 금발머리[3]처럼, 어떤 스토리는 너무 크고, 어떤 스토리는 너무 작고, 어떤 스토리는 딱 적당하다. 스토리가 너무 크거나 너무 작으면 계획 단계에서 사용할 수 없기 때문에 스토리의 크기는 아주 중요하다. 예를 들어 에픽은 작은 스토리를 여러 개 포함하고 있어서 그대로 작업 대상으로 삼기에는 적절치 않다. 여행 예약 시스템을 개발하는 경우에 '사용자는 휴가 계획을 세울 수 있다'는 스토리는 에픽에 해당한다. 휴가 계획 세우기는 여행 예약 시스템에 없어선 안 될 아주 중요한 기능이지만, 거기에는 많은 하위 작업들이 포함된다. 이 스토리는 좀더 작은 단위의 스토리들로 나뉘어야 한다. 어떤 스토리가 적절한 크기인가 그렇지 않은가 하는 문제는 개발 팀의 역량이나 사용하는 기술에 따라 결정된다.

[3] 역자 주: '금발머리와 곰 세 마리'란 동화에 나오는 소녀, 골디락스(Goldilocks)를 말한다.

스토리 나누기

에픽은 다음 두 가지 중 하나다.

- 복합적인 스토리
- 복잡한 스토리

복합적인 스토리는 작은 스토리를 여러 개 포함하는 에픽이다. BigMoneyJobs 시스템의 예에서 '사용자는 자신의 이력서를 게시할 수 있다' 는 스토리가 여기에 해당한다. 시스템의 초기 계획 단계에서는 이 정도 수준의 스토리도 적절하게 사용될 수 있지만, 개발에 앞서 개발자와 고객이 논의 할 때가 되면 '이력서 게시' 가 여러 가지 작은 작업으로 구성된다는 것을 알게 된다.

- 이력서는 학력, 업무 경력, 희망 급여, 출판 경력, 발표 경력, 단체 활동, 향후 목표를 포함한다.
- 사용자는 이력서를 비활성 상태로 표시할 수 있다.
- 사용자는 이력서를 여러 개 만들 수 있다.
- 사용자는 이력서를 수정할 수 있다.
- 사용자는 이력서를 지울 수 있다.

개발 기간이 얼마나 걸릴지에 따라 위의 각 항목은 그 자체로 하나의 스토리가 될 수 있다. 하지만 너무 많이 나누면 과도하게 작은 스토리만 남게 된다. 사용하는 기술, 팀의 역량 및 크기에 따라 다르지만, 다음과 같이 나눈 스토리는 너무 작다.

- 구직자는 이력서의 단체 활동 칸에 날짜를 입력할 수 있다.
- 구직자는 이력서의 단체 활동 칸의 날짜를 수정할 수 있다.
- 구직자는 이력서의 업무 경력 칸에 기간을 입력할 수 있다.

- 구직자는 이력서의 업무 경력 칸의 기간을 수정할 수 있다.

일반적으로 위와 같은 작은 스토리는 묶어서 다음과 같이 작성하는 것이 낫다.

- 사용자는 학력, 업무 경력, 희망 급여, 출판 경력, 발표 경력, 단체 활동, 향후 목표를 포함하는 이력서를 만들 수 있다.
- 사용자는 이력서를 수정할 수 있다.
- 사용자는 이력서를 삭제할 수 있다.
- 사용자는 이력서를 여러 개 만들 수 있다.
- 사용자는 이력서를 활성화/비활성화할 수 있다.

복합적인 스토리를 나누는 방법은 많다. 앞의 방법은 일반적으로 사용되는 생성, 수정, 삭제라는 일련의 작업 단위에 따라 나눈 것이다. 이 경우 (이력서를 만드는) 생성 스토리가 적당한 크기이기 때문에 나누는 방식이 적절해 보인다. 또 다른 방법은 데이터의 경계에 따라 스토리를 나누는 것이다. 이 예제에서 이력서의 각 항목이 개별적으로 추가, 수정될 수 있다고 볼 때, 다음과 같이 전혀 다른 방식으로 스토리를 나눌 수 있다.

- 사용자는 학력 정보를 추가, 수정할 수 있다.
- 사용자는 업무 경력을 추가, 수정할 수 있다.
- 사용자는 희망 급여를 추가, 수정할 수 있다.
- 사용자는 출판 경력을 추가, 수정할 수 있다.
- 사용자는 발표 경력을 추가, 수정할 수 있다.
- 사용자는 단체 활동 정보를 추가, 수정할 수 있다.
- 사용자는 향후 목표를 추가, 수정할 수 있다.
- ……

복합적인 스토리와 달리, 복잡한 스토리는 크기가 크면서도 작은 스토리들로 나누기가 쉽지 않다. 대개 스토리 자체에 대한 불확실성 때문에 복잡해지는 경우가 많은데, 이런 경우에는 문제를 조사하는 스토리와 기능을 개발하는 스토리로 나눌 수 있다. '기업은 채용 공고를 게시할 때 신용카드로 결제할 수 있다' 는 스토리가 있고, 개발 팀에는 신용카드 처리를 해본 개발자가 없는 경우를 보자. 다음의 두 스토리로 나눌 수 있다.

- 웹에서 신용카드를 처리하는 방법을 조사한다.
- 사용자는 신용카드로 결제할 수 있다.

첫 번째 스토리는 한두 명의 개발자가 스파이크를 수행하는 것을 의미한다. 복잡한 스토리를 이러한 방식으로 나눌 때에는 조사를 위해 스토리(스파이크)에 부여할 타임박스를 정의해 두어야 한다. 스파이크에 대해 정확히 추정할 수는 없지만 정해진 주제를 연구하고 조사하는 데 필요한 최대 허용 시간을 정해 두는 것은 가능하다.

복잡한 스토리는 알고리즘을 새로 개발하거나 기존의 알고리즘을 확장해야 하는 경우에 자주 발생한다. 어느 바이오테크 기업의 개발 팀이 기댓값 최대화(expectation maximization)라는 표준 통계 기법을 새롭게 확장해야 하는 경우를 보자. 이러한 복잡한 스토리는 기댓값 최대화 기법의 확장 가능성을 연구하는 스토리와 제품에 실제로 기능을 추가하는 스토리, 이렇게 두 개로 나누어 작성할 수 있을 것이다.

> ### 스파이크는 다른 이터레이션에 할당
>
> 가능하면 조사하는 스토리를 실제 작업 스토리보다 한두 이터레이션 앞에 할당하는 것이 나을 것이다. 보통은 조사하는 스토리만 추정이 가능하고, 실제 작업 스토리는 그렇지 않다. 따라서 두 스토리를 같은 이터레이션에 포함할 경우 불확실성이 더 높아지게 된다.

추정이 어려운 스토리를 분할할 때 얻는 가장 큰 이점은, 고객이 새 기능 뿐 아니라 조사 작업에 대해서도 별도로 우선순위를 부여할 수 있도록 한다는 점이다. '기대값 최대화 기법을 새롭게 확장' 하라는 복잡한 스토리와 그 추정치만 가지고 있다면, 고객은 정확하지도 않은 추정치만 보고 기능이 그 기간 내에 구현될 거라고 생각할 수 있다. 반면, '기대값 최대화 확장을 위한 가능성 조사' 라는 스파이크 스토리가 포함되어 있다면, 고객은 스파이크 스토리가 기능을 구현하는 것이 아니라 조사만 실시한다는 것을 인식하고 우선순위를 결정할 수 있을 것이다.

스토리 합치기

가끔은 스토리가 너무 작을 수도 있다. 너무 작은 스토리란 것은, 그것을 작성하고 작업량을 추정하는 것이 내용을 변경하는 것보다 더 오래 걸릴 것 같은 스토리다. 주로 버그 보고서나 UI 변경에 대한 스토리들이 여기에 해당한다. 이런 작은 스토리들을 취급해야 한다면, 이것들을 더 큰 스토리로 합쳐서 반나절에서 며칠 정도의 작업량이 되도록 만드는 것이다. 익스트림 프로그래밍 개발 팀에서 주로 사용하는 방법이다. 합쳐진 스토리에는 새 이름을 부여하고 일정 계획이나 작업 시에 다른 스토리들과 동일한 방법으로 다루면 된다.

예를 들어 버그 다섯 개와 검색 화면의 색상을 좀 바꿔야 하는 경우를 보자. 개발자는 이 작업 전체를 대상으로 작업량을 추정하고 하나의 스토리처럼 다룬다. 종이로 된 스토리 카드를 사용한다면, 작은 스토리들을 모아 표지 카드를 더해 스테이플러로 철하면 될 것이다.

테스트 가능해야 한다 Testable

스토리는 테스트 가능하도록 작성해야 한다. 테스트를 성공적으로 통과해야 그 스토리가 성공적으로 개발되었다고 말할 수 있다. 스토리가 테스트할 수 없게 작성되었다면, 개발자가 언제 코딩을 그만 두어야 할지 알 수 있을까?

테스트가 불가능한 스토리들은 비기능 요구사항에서 주로 나타난다. 소프트웨어에 대한 요구사항이긴 하지만 기능과 직결되지 않는 비기능 요구사항은 다음과 같은 스토리로 나타날 수 있다.

- 사용자가 소프트웨어를 쉽게 사용할 수 있어야 한다.
- 어떤 화면도 사용자를 오래 기다리게 해선 안 된다.

이런 식으로 작성되면 테스트를 할 수 없다. 가능하면, 테스트를 자동화할 수 있도록 작성해야 한다. 10% 정도가 아니라 99% 자동화하도록 노력해야 한다. 대개의 경우 여러분이 생각하는 것보다 더 많은 부분까지 자동화할 수 있다. 제품을 점진적으로 개발하다보면, 모든 것이 빠르게 바뀌고 어제까지 동작하던 코드가 오늘은 동작하지 않는 경우가 빈번하다. 여러분은 이런 것들을 최대한 빨리 발견하기 위해서 자동화된 테스트를 원하게 될 것이다.

아주 적지만 자동화하기 불가능한 테스트도 있긴 하다. '신규 사용자가 별도의 교육 없이 작업을 완료할 수 있어야 한다'와 같은 스토리는 테스트 가능하지만 자동화할 수는 없다. 이러한 스토리는 신규 사용자를 대표할 만한 무작위 실험군을 정하고 작업하는 것을 관찰하는 등의 실험을 통해 테스트될 것이며, 여기에는 인간공학 전문가가 참여해 테스트를 설계해야 할 것이다. 이러한 실험은 시간이 오래 걸리고 비용이 비싸지만, 이 스토리는 테스트 가능하며 어떤 제품에는 꼭 필요한 사항일 수 있다.

'어떤 화면도 사용자를 오래 기다리게 해선 안 된다'는 스토리는 두 가지 이유로 테스트가 불가능하다. 하나는 '어떠한 …… 도 안 된다(never)'는 식의 표현 때문이고, 다른 이유는 얼마나 '오래'인지 정의하지 않았기 때문이다. 어떤 일이 '절대' 발생하지 않는다는 식의 스토리를 입증하는 것은 불가능하다. 훨씬 쉽고 더 합리적인 것은, 어떤 일이 '거의' 발생하지 않는다는 것을 보이는 일이다. 이 스토리는 '새 화면은 95%의 경우에 2초안에 나타나야 한다' 고 다시 작성할 수 있다. 게다가 새로 작성한 스토리는 자동화된 테스트도 가능하다.

요약

- 이상적으로, 스토리는 다른 것으로부터 독립적이다. 그렇지 못하면, 적어도 어느 순서로 개발되든지 상관없도록 작성되어야 한다.
- 사용자와 개발자 사이에 협상을 통해 스토리의 세부사항이 결정된다.
- 스토리는 사용자와 고객에게 어떤 가치가 있는지 명확하게 드러나도록 작성해야 한다. 가장 확실한 방법은 고객이 직접 스토리를 작성하는 것이다.
- 스토리는 세부사항에 대한 주석을 포함할 수 있다. 하지만 너무 많은 주석은 스토리가 전달하고자 하는 의미를 흐리게 한다. 또한 개발자와 고객의 대화가 더 이상 필요 없다는 잘못된 인상을 줄 수 있다.
- 스토리에 세부사항을 추가하는 좋은 방법은 테스트 케이스를 작성하는 것이다.
- 복합적인 스토리나 복잡한 스토리와 같이 큰 스토리는 이를 구성하는 작은 스토리들로 나눌 수 있다.
- 스토리가 너무 작다면, 몇 개를 모아 하나의 큰 스토리로 합칠 수 있다.
- 스토리는 테스트 가능해야 한다.

개발자 책임

- 고객이 직접 스토리를 작성하는 것을 도울 책임이 있다. 스토리는 고객과 의견을 주고받기 위한 약속이지 상세한 명세서가 아니다. 또한 스토리는 사용자와 고객에게 가치를 주어야 하며, 독립적이고, 테스트 가능하고, 적당한 크기로 작성되어야 한다.
- 기술과 관련되거나 시스템의 기반 구조 개발에 관한 스토리가 필요하

다고 생각한다면, 그것들을 직접 언급하는 대신 사용자와 고객에게 가치를 제공하는 측면에서 설명할 책임이 있다.

▌ 고객 책임

- 스토리를 작성할 책임이 있다. 스토리는 의견을 주고받기 위한 약속이지 상세한 명세서가 아니다. 또한 스토리는 사용자나 여러분에게 가치를 주어야 하며, 독립적이고, 테스트 가능하고, 적당한 크기로 작성되어야 한다.

▌ 연습문제

2.1 다음 각 스토리의 좋고 나쁨을 표시하고, 이유를 설명하라.
    1) 사용자는 시스템에 빨리 숙달할 수 있어야 한다.
    2) 사용자는 이력서 내용에서 주소를 수정할 수 있다.
    3) 사용자는 이력서를 여러 개 추가, 수정, 삭제할 수 있다.
    4) 시스템은 정규 변량(normal variable) 이차 함수 분포에서 안장점(saddle point)의 근사값을 계산할 수 있다.
    5) 실행 중에 발생하는 모든 오류는 일관되게 로그로 기록되어야 한다.

2.2 '사용자는 자동화된 취업 정보 검색 에이전트를 만들고 수정할 수 있다' 는 에픽을 적절한 크기의 스토리로 나누어라.

# 3장

사용자 역할 모델링

많은 프로젝트에서 오직 한 유형의 사용자만 존재하는 것처럼 스토리를 작성하는 경우가 많다. 모든 스토리가 그 사용자 유형의 관점에서만 작성된다. 그러나 이런 식으로 단순화하는 것은 잘못된 생각이며, 자칫 시스템 주요 사용자 유형에 포함되지 않는 사용자들에게 필요한 스토리를 놓칠 수도 있다. 사용례 중심 설계(usage-centered design)(Constantine and Lockwood 1999)와 상호작용 설계(interaction design)(Cooper 1999)에서 이야기하는 규칙들을 보면, 스토리 작성에 앞서 사용자 역할 및 등장인물(persona)을 식별하는 것이 어떤 이득을 가져다 주는지 알 수 있다. 이번 장에서는 사용자 역할, 역할 모델링, 사용자 역할 지도(map), 등장인물에 대해 살펴보고, 이러한 사전단계들을 취함으로써 더 나은 스토리를 작성하고 더 나은 소프트웨어를 개발하는 데 어떤 도움을 얻게 되는지 알아본다.

▌사용자 역할[1]

취업 정보 사이트 BigMoneyJobs를 개발하는 경우를 살펴보자. 이런 종류의 사이트는 사용자 유형이 다양하다. 우리가 '사용자' 스토리에 대해 언급할 때, 어떤 사용자를 말하는 것인가? 현재 직장이 있지만 항상 더 나은 일자리를 염두에 두고 있는 애쉬시(Ashish)를 말하는 것인가? 이제 갓 졸업하고 첫 직장을 구하는 로라(Laura)를 말하는 것인가? 마우이(Maui)로

[1] 저자 주: 이번 장의 사용자 역할에 대한 논의는 많은 부분 래리 콘스탄틴(Larry Constantine)과 루시 록우드(Lucy Lockwood)의 책에 바탕을 두고 있다. 더 깊이 있는 내용을 원한다면, 이들의 웹사이트 www.foruse.com나 『Software for Use』(1999)를 참고하기 바란다.

가서 오후에 윈드서핑을 즐길 수만 있으면 어떤 일자리도 마다하지 않을 앨런(Allan)을 말하는 것인가? 아니면 현재 일자리가 싫지는 않지만 이직할 때가 되었다고 생각하는 스캇(Scott)을 말하는 것인가? 어쩌면 6개월 전 해고당한 뒤로 좋은 일자리를 찾고 있지만, 이제는 미국 동북부 지방의 어떤 곳이라도 취직하고 싶은 킨드라(Kindra)를 말하는지도 모른다.

혹은 채용 공고를 게시하는 기업 측의 사용자도 생각해야 하지 않을까? 그렇다면 사용자는 인사 팀에서 일하면서 구인 공고를 게시하려는 마리오(Mario)일지 모른다. 역시 인사 팀에서 이력서 검토를 담당하는 딜레이니(Delaney)일지도 모른다. 어쩌면 좋은 일자리와 좋은 인력을 모두 찾고 있는 헤드헌터인 서배너(Savannah)일 수도 있다.

확실히 한 시각만으로는 스토리를 작성할 수 없다. 여러 사용자의 경험, 배경, 목적 등이 스토리에 반영되도록 해야 한다. 회계사인 애쉬시는 매달 한 번 정도 사이트를 방문하여 자신이 선택할 수 있는 일자리들을 알아볼 것이다. 웨이터 앨런은 마우이에 있는 일자리가 게시되면 자동으로 통보해 주는 알리미 기능이 필요할 것이다. 어려운 것을 싫어하는 앨런을 위해 알리미 조건을 쉽게 만들도록 개발해야 한다. 킨드라는 하루에도 몇 시간씩 일자리를 찾을 것이고 점차 검색 범위를 늘려 갈 것이다. 대기업에 다니는 마리오와 딜레이니는 필요 인력을 충원하느라 사이트에서 매일 네 시간 이상을 보낼 것이다.

사용자들은 제각기 다른 배경과 목적으로 소프트웨어를 사용하겠지만, 비슷한 유형의 사용자들을 모아 '사용자 역할(user role)'로 부를 수 있을 것이다. 사용자 역할은 특정 사용자 집단이 시스템과 어떤 상호작용을 하는지 규정하는 속성의 집합이다. 표 3.1은 앞 예제에 등장한 사용자들을 그룹지어 역할에 대응한 것이다.

역할	사용자
구직자	스캇
최초 구직자	로라
해고 피해자	킨드라
지역 선호자	앨런
관찰자	애쉬시
채용 공고 게시자	마리오, 서배너
이력서 조회자	딜레이니, 서배너

표 3.1 BigMoneyJobs 프로젝트 사용자 역할 목록의 예시

물론 사용자 역할 사이에는 서로 겹치는 부분이 있다. 구직자, 최초 구직자, 해고자, 지역 선호자, 관찰자는 모두 사이트의 채용 공고 검색 기능을 사용할 것이다. 그들이 서로 다른 방법과 빈도로 검색 기능을 사용할지도 모르지만 시스템을 사용하는 방법은 대체적으로 비슷할 것이다. 이력서 조회자와 채용 공고 게시자는 좋은 후보자를 찾는다는 공통의 목적이 있으므로 겹치는 부분이 많을 것이다.

표 3.1과 같은 사용자 역할 분류 방식이 BigMoneyJobs 사이트가 취할 수 있는 유일한 방식은 아니다. 예를 들어 상근(full-timer), 비상근(part-timer), 계약직(contractor)과 같이 분류할 수도 있을 것이다. 이제 어떻게 역할 목록을 작성하고, 그것을 좀더 유용하게 사용할 수 있도록 수정하는지 살펴볼 것이다.

역할 모델링 절차

여기서는 효과적인 사용자 역할 목록을 만들기 위해 다음 절차를 따를 것이다.

- 사용자 역할 목록 초안을 위한 브레인스토밍(brainstorming)
- 목록 초안 조직화

- 역할 통합하기
- 역할 다듬기

사용자 역할 목록 초안을 위한 브레인스토밍

사용자 역할을 식별하기 위해서 고객과 함께 가능한 많은 개발자들이 한 방에 모여 회의를 하도록 한다. 회의실에는 커다란 테이블이나 벽이 있어서 카드를 늘어 놓거나 테이프, 핀 등으로 붙일 수 있어야 한다. 사용자 역할 모델링 회의에는 팀의 모든 구성원이 참여하는 것이 이상적이지만 반드시 그래야 하는 것은 아니다. 적당한 개발자 대표와 고객이 참여한다면, 그 걸로도 회의를 성공적으로 진행할 수 있다.

각 참석자는 테이블의 중앙에 놓인 인덱스 카드를 한 묶음씩 가지고 간다. (사용자 역할을 컴퓨터에 저장하기로 마음 먹었더라도 처음에는 직접 작성하는 것이 좋다.) 회의는 각자 생각나는 사용자 역할을 카드에 작성하고 테이블에 올려놓는 것으로 시작한다.

새로 작성한 역할 카드를 테이블에 놓으면서 작성자는 새 역할의 이름을 말한다. 다른 것은 말할 필요가 없다. 이 과정은 브레인스토밍이기 때문에 카드를 가지고 토론을 한다거나 역할이 적절한지 평가한다거나 할 필요가 없다. 그 대신 각자 자신이 생각할 수 있는 한 많은 카드를 작성하도록 한다. 여기에는 순번도 없고, 테이블을 돌면서 새로운 역할은 없는지 물어볼 필요도 없다. 참석자들은 각자 자신이 생각한 사용자 역할을 카드에 적기만 한다.

브레인스토밍을 진행하는 동안, 회의실에서는 사각사각 펜 소리와 이따금 누군가 카드를 하나 작성하고서 그 역할의 이름을 말하는 소리만 들릴 것이다. 더 이상 진척이 별로 없고 참석자들이 새 역할을 생각해내기 어려워질 때까지 이 과정을 계속한다. 이 과정에서 모든 역할을 식별하지 못할 수도 있지만, 그것으로도 충분하다. 이 과정은 보통 15분을 넘기지 않는다.

> ### 사용자 역할 하나는 한 명의 사용자
>
> 프로젝트에서 사용자 역할에 대해 브레인스토밍할 때는, 구체적인 사용자를 나타내는 역할을 식별하도록 유의한다. 예를 들어 BigMoneyJobs 프로젝트에서 누군가가 '기업은 채용 공고를 게시할 수 있다'는 스토리를 작성하고 싶어할지 모른다. 하지만 여기서 기업 자체는 실제로 시스템을 사용하는 주체가 될 수 없다. 이 경우 특정 사용자 개인을 나타내는 역할(예를 들어 기업의 인사 담당자)을 이용하여 작성한다면 더 나은 스토리가 될 것이다.

목록 초안 조직화

회의 참석자들의 역할 식별이 끝나면, 그것들을 조직화할 차례다. 조직화한다는 것은 테이블 혹은 벽에 널려있는 카드들을 이리 저리 옮겨 역할들 사이의 관계에 따라 위치를 조정하는 것이다. 중복되는 역할은 카드를 겹쳐 놓는다. 역할이 조금만 중복되면 조금만 겹치도록 하는 식이다. 완전히 중복되는 역할은 해당 카드를 완전히 겹쳐 놓는다. 그림 3.1의 예제를 보자.

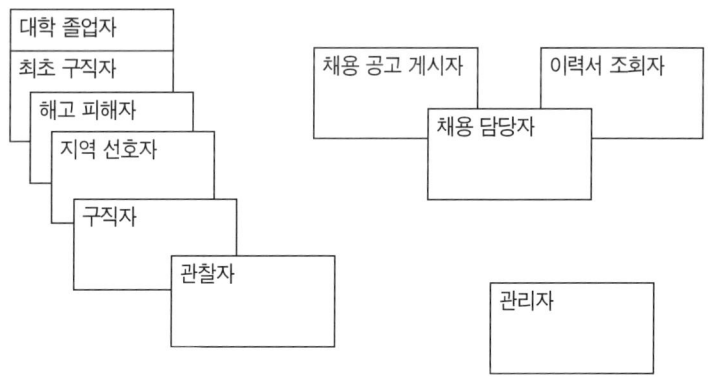

그림 3.1 사용자 역할 카드를 테이블 위에서 조직화한 모양

그림 3.1을 보면 대학 졸업자와 최초 구직자가 상당히 겹쳐 있다. 이는 각각을 작성한 사람들이 의도한 바가 많이 중복되기 때문이다. 그보다는 적지만, 구직을 위해 웹 사이트를 이용하는 사람들을 나타내는 다른 카드들도 서로 겹쳐 있다. 관찰자 역할 카드는 비교적 현재 일자리에는 만족하면서 단지 다른 일자리에 대해서도 가능성을 열어두는 정도기 때문에 아주 조금 겹쳐 있다.

그림 3.1의 오른쪽에는 채용 공고 게시자, 채용 담당자, 이력서 조회자 카드가 놓여 있다. 채용 담당자는 채용 공고를 게시하기도 하고 이력서를 조회하기도 하기 때문에 역할 카드가 채용 공고 게시자와 이력서 조회자 카드 양 쪽에 겹쳐 있다. 관리자 역할도 있는데, 이 역할은 BigMoneyJobs 내부 사용자로서 시스템 운영을 지원하는 역할이다.

시스템 역할

가능하면 사용자 역할을 정의할 때, 시스템과 연동되는 다른 시스템보다는 시스템을 사용하는 사람에 초점을 맞추어야 한다. 하지만 때때로 비인간(non-human) 사용자 역할이 필요하다고 생각되면 그것을 역할로 식별할 수도 있다. 다만, 사용자 역할을 식별하는 이유가 새로운 시스템을 통해 만족시켜야 할 사용자들에 대해 진지하게 생각해 보기 위한 것임을 명심해야 한다. 상상할 수 있는 모든 사용자 역할을 일일이 찾아낼 필요는 없지만, 프로젝트의 성공과 실패를 좌우할 중요한 사람들에 대해서는 역할을 찾고 정의할 필요가 있다. 이러한 측면에서, 또 다른 어떤 시스템이 우리 시스템을 직접 구매하는 대상이 될 수는 없기 때문에, 시스템의 성공과 실패를 결정할 일도 거의 없을 것이다. 여기에는 당연히 예외가 있을 수 있고, 비인간 사용자 역할을 추가하는 것이 도움이 된다면 그렇게 하라.

역할 통합하기

역할들을 그룹으로 묶은 다음에는 역할들을 통합하여 응집시켜라. 먼저 앞 단계에서 완전히 겹쳐진 카드들을 가지고 시작한다. 겹쳐진 카드를 작성한 사람들이 차례로 그 역할 이름으로 나타내고자 한 것이 무엇인지 설명한다. 간단한 토론을 거쳐 역할들이 정말 동등한 것인지 결정한다. 동등하다면 그것들을 (중복되는 두 역할 중에서 이름을 선택하는 방식으로) 하나로 통합하거나 혹은 둘 중 하나를 꺼내 찢어 버린다.

그림 3.1을 보면 대학 졸업자와 최초 구직자의 역할이 많이 겹쳐 있다. 대학 졸업자 역할에 대한 어떤 스토리든 최초 구직자 역할에 대한 스토리와 동일할 것이기 때문에 참석자들은 대학 졸업자 카드를 찢어 버리기로 결정하였다. 최초 구직자, 해고 피해자, 지역 선호자, 구직자 등도 상당히 중복되지만 참석자들은 그 역할들이 BigMoneyJobs 웹 사이트를 이용하는 방식에서 조금은 다른 형태를 보이고 방문한 목적 또한 다를 것이며, 각각이 중요한 사용자 유형을 이룬다고 보았다.

일단 여기서는 그림 3.1의 오른쪽에 있는 채용 정보 게시자와 이력서 조회자를 구분할 이유가 없다고 판단하였다. 채용 담당자 역할이 두 역할을 모두 포함한다고 보고 두 역할 카드를 찢어 버렸다. 그 대신 (특정 회사에서 일하는) 내부 채용 담당자와 (일자리와 구직자 후보들을 연결하는) 외부 채용 담당자를 구분하기로 결정하였다. 회의 참석자들은 내부 채용 담당자와 외부 채용 담당자 카드를 새로 만들고 이들을 채용 담당자 역할에 대한 상세 버전으로 사용하였다.

중복되는 역할들을 통합하는 것과 함께, 회의 참석자들은 시스템을 성공적으로 구축하는 데 중요하지 않을 것같은 역할에 대한 카드는 모두 찢어 버려야 한다. 예컨대 관찰자 역할 카드는 채용 시장에 귀를 열어 두고 있는 누군가를 나타낸다. 하지만 관찰자는 앞으로 3년 동안 일자리를 옮기지 않을지도 모른다. BigMoneyJobs 사이트는 이와 같은 사용자들에게 신경을 쓰지 않고도 꽤 잘 운영될 것이다. 참석자들은 구직자나 채용 담당자 같이 회사의 성공과 밀접한 관련이 있는 역할에 집중하기로 결정하였다.

역할 카드들을 통합한 다음에는 역할 사이의 관계가 드러나도록 그것들을 테이블 혹은 벽에 정렬한다. 그림 3.2는 BigMoneyJobs의 역할 카드를 배치해 놓은 것이다. 여기에는 구직자, 채용 담당자와 같은 포괄적인 역할들이 그 역할의 상세 버전 위에 놓여 있다. 물론 참석자들이 중요하다고 생각하는 관계를 보여줄 수 있다면 다른 방법으로 카드를 배치해도 된다.

그림 3.2 역할 카드들을 통합한 모습

역할 다듬기

역할들을 통합하고 각 역할이 다른 역할들과 어떤 관계인지도 알게 되면, 각 역할에 대한 속성을 정의함으로써 역할 모델링을 할 수 있다. 역할 속성(role attribute)은 어떤 역할을 수행하는 사용자들에 대한 사실 혹은 사용자와 관련된 유용한 정보다. 다른 역할과 구분할 수 있는 어떤 정보라도 역할 속성으로 사용할 수 있다. 여기서는 일반적인 역할 모델링에서 유용하게 사용될 수 있을 만한 속성들을 소개한다.

- 소프트웨어를 사용하는 빈도
- 해당 분야에 관한 전문 지식 수준
- 컴퓨터 및 소프트웨어에 대한 일반적인 숙련도
- 개발 대상 소프트웨어에 대한 숙련도
- 소프트웨어에 대한 일반적인 사용 목적. 어떤 사용자들은 편리함을

우선시하며, 어떤 사용자들은 풍부한 기능을 선호한다.

이러한 표준 속성 외에도 개발하는 소프트웨어의 성격에 따라 사용자를 잘 설명할 수 있는 속성을 더 찾아보아야 한다. 예를 들어 BigMoneyJobs 웹 사이트의 경우에는 사용자 역할의 상근, 비상근 여부가 중요한 속성이 될 수 있다.

사용자 역할에 대한 흥미로운 속성들을 찾으면서, 역할 카드에 그와 관련된 메모를 작성하도록 하라. 여기까지 마치고 나면, 역할 카드들을 팀원들의 공용 공간에 잘 보이도록 붙여 두어, 기억을 되새길 수 있도록 할 수 있다. 그림 3.3은 사용자 역할 카드의 예제다.

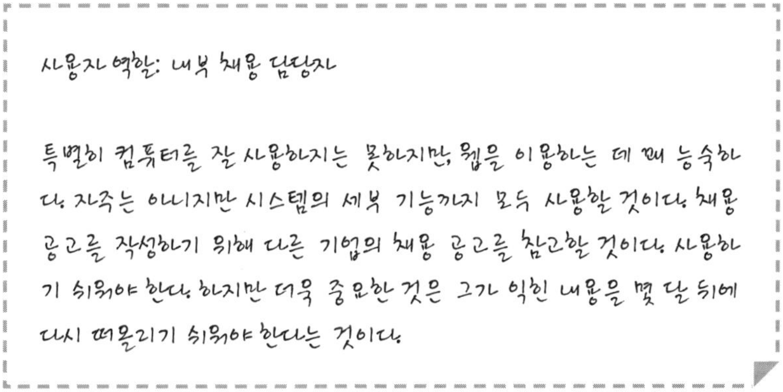

> 사용자 역할: 내부 채용 담당자
>
> 특별히 컴퓨터를 잘 사용하지는 못하지만, 웹을 이용하는 데 꽤 능숙하다. 자주는 아니지만 시스템의 세부 기능까지 모두 사용할 것이다. 채용 공고를 작성하기 위해 다른 기업의 채용 공고를 참고할 것이다. 사용하기 쉬워야 한다. 하지만 더욱 중요한 것은 그가 익힌 내용을 몇 달 뒤에 다시 떠올리기 쉬워야 한다는 것이다.

그림 3.3 사용자 역할 카드 예제

도움이 되는 기법 두 가지

원한다면 이쯤에서 그만둘 수도 있다. 지금까지 한 시간 정도가 지났을 것이다(대개는 이보다 오래 걸리지 않을 것이다). 이것으로도 다른 어떤 소프트웨어 개발 팀보다 여러분의 사용자에 대해 많이 생각해 보았을 것이다. 사실 대부분의 팀은 이 시점에서 중단하는 것이 낫다. 하지만 여기서 한번 짚고 넘어갈 만한 기법이 더 있다. 여기서 소개하는 기법들을 유용하게 사용할만한 프로젝트도 간혹 있을 것이다. 여기서 소개하는 두 가지 기법은 여러분의 프로젝트에 확실히 도움이 될 것으로 예상될 때에만 사용하라.

등장인물

사용자 역할을 식별하는 것이 커다란 성과이긴 하지만, 몇몇 더 중요한 사용자 역할의 경우에는 한 단계 더 나아가 '등장인물(persona)'을 만드는 것이 유용할 것이다. 등장인물은 사용자 역할을 대표할 만한 가상 인물이다. 우리는 이번 장의 앞 부분에서 마리오라는 가상의 내부 채용 담당자를 만났다. 등장인물을 만들기 위해서는 사용자 역할에 단순히 이름을 부여하는 것 이상이 필요하다. 모든 팀원이 그 등장인물을 알고 있는 것처럼 느낄 수 있도록 세부사항을 충분히 묘사해야 한다. 예를 들어 마리오는 다음과 같이 묘사할 수 있다.

마리오는 SpeedyNetworks라는 하이엔드(high-end) 네트워크 컴포넌트 제조 회사의 인사 부서에 있는 채용 담당자다. 그는 SpeedyNetworks에서 6년간 일해 왔다. 마리오는 자유 시간 근무제에 따라 금요일에는 재택 근무를 한다. 마리오는 컴퓨터를 아주 잘 사용하며 자신이 사용하는 프로그램에 대해서는 스스로 파워 유저라고 생각한다. 마리오의 부인, 킴(Kim)은 스탠포드 대학에서 화학 분야 박사 과정을 곧 마칠 것이다. SpeedyNetworks가 지속적으로 성장하고 있기 때문에 마리오는 언제나 좋은 기술자들을 찾고 있다.

여러분의 프로젝트에서 등장인물을 만들기로 결정했다면, 등장인물이 실제 대상 고객을 왜곡하지 않고 나타내도록 시장 및 인구통계에 근거해 충분한 조사가 선행되어야 함을 명심한다.

위의 묘사는 마리오에 대한 소개글로 부족함이 없다. 하지만 백문이 불여일견, 그림보다 나은 묘사는 없다. 여러분은 마리오의 사진을 찾아 등장인물 정의에 포함시켜야 할 것이다. 인물 사진은 웹에 널려 있고, 잡지에서 한 장 오려낼 수도 있다. 사진을 첨부한 견실한 정의를 통해 팀원 모두에게 등장인물을 확실히 소개할 수 있을 것이다.

대부분의 등장인물 정의는 인덱스 카드 한 장에 기록하기에는 너무 길다. 좀더 큰 종이에 기록하여 팀의 공용 공간에 붙여 둘 것을 제안한다. 모든 사용자 역할에 대해 등장인물 정의를 작성할 필요는 없다. 하지만 주요 사용자 역할 한두 개 정도에 대해서는 등장인물 정의를 작성하는 것이 좋다. 개발 중인 시스템이 절대적으로 어떤 사용자 역할을 만족시켜야만 한다면 그들이 바로 등장인물의 후보가 된다.

스토리를 작성할 때 사용자 역할이나 등장인물을 언급하면 훨씬 표현이 풍부해진다. 이미 사용자 역할을 식별해 내고 등장인물도 정의했다면, 이제는 '사용자' 라는 일반적이고 포괄적인 표현 대신 역할이나 등장인물을 이용하여 이야기할 수 있게 된다. 스토리를 작성할 때에도 '사용자는 채용 정보 검색 시 지리적 위치를 지정할 수 있다' 고 작성하기보다는 '지역 선호자는 채용 정보 검색 시 지리적 위치를 지정할 수 있다' 고 할 수 있다. 이런 방식으로 스토리를 작성하면 아마도 팀원들은 마우이의 일자리를 구하는 앨런을 떠올릴 것이다. 스토리를 사용자 역할이나 등장인물 이름으로 작성한다고 해서 다른 역할의 사용자가 그 스토리를 수행할 수 없다는 것은 아니다. 다만, 그렇게 함으로써 토론하거나 코딩할 때 특정 사용자 역할이나 등장인물을 떠올릴 수 있는 이점이 있다.

극단적 인물

두 번째 기법은 자야디닝그랏 외 2명(Djajadiningrat, et al. 2000)이 제안한 것이다. 새로운 시스템을 설계할 때에는 극단적 인물을 사용하라. 그들이 예로 든 PDA 설계의 경우를 보자. 그들의 충고에 따르자면, 시스템 설계자는 늘씬하게 빼 입고 BMW를 타고 다니는 전형적인 모습의 경영 컨설턴트뿐만 아니라, 다소 우스꽝스럽게 과장된 인물들도 고려해야 한다. 저자들은 그 중에서도 마약 상인이나 교황, 그리고 동시에 여러 남자를 사귀는 스무 살의 여성까지 고려한 PDA 설계를 제안한다.

극단적인 인물을 고려하면 여러분이 지나칠 수도 있는 스토리를 발견하게 된다. 예를 들어 마약 상인이나 여러 남자를 만나는 여성에게는 경찰이나 남자 친구가 PDA를 보게 되는 경우에 대비하여 이중으로 관리되는 일정 프로그램이 필요할 거라고 쉽게 상상할 수 있다. 교황이 PDA를 사용한다면 보안 기능은 몰라도 좀더 큰 글꼴을 원할 것이 분명하다.

이처럼 극단적 인물을 고려하면 새로운 사용자 스토리를 찾을 수 있지만, 이것들이 제품에 포함되어야 하는지를 판단하기란 쉽지 않다. 이 과정이 많은 시간을 투자할 만큼의 가치가 없을 수도 있지만, 한번 시험 삼아 해보고 싶어질 것이다. 적어도, 몇 분 정도 투자해서 교황이 여러분의 소프트웨어를 어떻게 사용할지에 대한 재미있는 생각을 해볼 수 있고, 그것으로부터 통찰을 얻게 될지도 모르니 말이다.

만약 현장 사용자 On-Site User 가 있다면?

이번 장에서 설명한 사용자 역할 모델링 기법은 실제 사용자와 같은 건물에서 일하는 상황에서도 유용하다. 실제 사용자와 함께 일할 경우 그들이 원하는 모습으로 소프트웨어를 개발할 수 있는 가능성을 대단히 높여준다. 하지만 실제 사용자라고 해도 여러분이 꼭 필요로 하는 사용자 혹은 사용자 구성원이라고는 볼 수 없다.

중요한 사용자들을 만족시키지 못할 가능성을 낮추기 위해서는, 실제 사용자들이 팀 내부에 있는 있는 프로젝트라 하더라도 간단하게 역할 모델링을 수행하는 것이 좋다.

요약

- 대부분의 프로젝트 팀은 오직 한 유형의 사용자만을 고려한다. 이것은 일부 사용자 유형의 요구를 무시하는 소프트웨어를 낳게 된다.
- 특정 사용자 시각에서 모든 스토리를 작성하지 않기 위해서는 소프트웨어와 상호작용하는 다양한 사용자 역할을 식별해야 한다.

- 사용자 역할마다 적절한 속성들을 정의함으로써, 역할 간의 차이를 더 잘 이해할 수 있다.
- 몇몇 사용자 역할은 등장인물을 묘사함으로써 이해를 도울 수 있다. 등장인물은 사용자 역할을 대표하는 가상 인물이다. 이름, 얼굴, 충분한 관련 세부사항들을 부여하여 프로젝트 구성원들에게 등장인물이 실제 인물처럼 보이도록 한다.
- 어떤 애플리케이션은 극단적 인물들을 설정하면 자칫 지나칠 수 있는 사용자 스토리를 찾는 데 도움이 된다.

개발자 책임

- 사용자 역할을 식별하고 등장인물을 정의하는 과정에 참여할 책임이 있다.
- 각 사용자 역할 및 등장인물, 그리고 그들 간의 차이점을 이해할 책임이 있다.
- 소프트웨어를 개발하는 동안 다양한 사용자 역할이 각각 선호하는 시스템의 동작 방식에 대해 생각할 책임이 있다.
- 사용자 역할을 식별하고 기술하는 것은 개발 과정의 도구일 뿐이라는 점을 이해하고 과도한 시간을 투입하거나 결과물에 지나친 비중을 두지 않도록 할 책임이 있다.

고객 책임

- 사용자 범위 전체를 살펴보고 적합한 사용자 역할을 식별할 책임이 있다.
- 사용자 역할과 등장인물을 식별하는 과정에 참여할 책임이 있다.
- 소프트웨어가 적절하지 않은 일부 사용자만을 대상으로 개발되는 것이 아닌지 확인할 책임이 있다.

- 사용자 스토리를 작성할 때, 각 스토리가 하나 이상의 사용자 역할이나 등장인물과 연관되어야 함을 확실히 할 책임이 있다.
- 소프트웨어를 개발하는 동안 여러분은 다양한 사용자 역할이 각각 선호하는 시스템의 동작 방식에 대해 생각할 책임이 있다.
- 사용자 역할을 식별하고 기술하는 것은 개발 과정의 도구일 뿐이라는 점을 이해하고 과도한 시간을 투입하거나 결과물에 지나친 비중을 두지 않도록 할 책임이 있다.

연습문제

3.1 이베이(eBay) 웹 사이트를 둘러보라. 여러분은 어떤 사용자 역할들을 식별할 수 있는가?

3.2 앞의 문제에서 찾은 역할들을 통합하고 역할 카드를 배치해 보라. 여러분의 답에 대해 설명하라.

3.3 가장 중요한 사용자 역할에 대해 등장인물을 묘사해 보라.

4장

스토리 수집하기

여러분은 스토리를 어떻게 수집하는가? 이번 장에서는 사용자와의 대화에서 스토리를 식별하기 위해 어떻게 작업해야 하는지에 대한 조언을 제공한다. 스토리를 찾기 위한 다양한 접근 방법과 각각의 장점을 설명하며, 특히 적절한 질문을 통해 사용자가 정말 원하는 것이 무엇인지를 알아내는 효과적인 방법을 설명한다.

끌어내기, 잡아내기는 불법[1]

요구사항에 관한 훌륭한 책들조차 요구사항을 식별하는 행위를 끌어내기(elicitation)(Kovitz 1999, Lauesen 2002, Wiegers 1999) 혹은 잡아내기(capture)(Jacobson, Booch and Rumbaugh 1999)라는 단어로 설명한다. 이런 표현은 요구사항이 어딘가에 흩어져 있고 우리가 할 일은 그저 그것들을 끌어내어 잡아서 설명을 붙이고 우리에 넣어 자물쇠를 채우면 된다는 의미를 내포한다. 요구사항은 프로젝트라는 공간의 어딘가에서 잡히기만 기다리고 있지 않는다. 또한, 사용자들이 이미 모든 요구사항을 알고 있어서 우리가 그것들을 끌어내기만 하면 되는 것도 아니다.

수잔 로버트슨과 제임스 로버트슨(Robertson and Robertson, 1999)은 그물질(trawling)이라는 말로 요구사항 수집 과정을 묘사했다. 요구사항을 그물질한다는 것은 배에서 그물을 끌어 당겨 요구사항들을 잡아내는 듯한

[1] 역자 주: 요구사항을 동물에 빗대어 끌어내고 잡아내는 포획 행위는 불법이라고 하여, 그것이 부적절한 표현임을 나타내었다.

이미지를 준다. 이러한 메타포는 다양한 측면에서 적절해 보인다.

첫째, 각기 다른 크기의 요구사항들을 잡아내기 위해 다른 크기의 그물을 사용한다는 발상이 일치한다. 첫 단계에는 요구사항의 바다에서 성긴 그물을 이용해 큰 것들을 잡을 수 있다. 여러분은 큰 요구사항들에서 어떠한 소프트웨어를 만들어야 하는지 감을 잡을 수 있고, 다음 단계에서 조금 촘촘한 그물을 이용하여 중간 크기의 요구사항들을 얻고, 더 작은 요구사항은 다음 단계에서 같은 방식으로 계속 얻어낼 수 있을 것이다. 여기서 '크기'는 비즈니스적인 가치가 얼마인가 혹은 소프트웨어 구현에 얼마나 필요한가 등의 척도로 생각할 수 있다.

둘째, 요구사항 그물질은 요구사항이 물고기처럼 성장하고 죽을 수도 있다는 발상을 표현한다. 어떤 요구사항이 현 시스템에서는 중요하지 않기 때문에 그물을 빠져 나갔을 수 있다. 그러나 시스템이 각 이터레이션의 피드백을 통해 예상하지 못한 방향으로 진행되면서 어떤 요구사항들은 더 중요해질 수 있다. 또한, 중요하다고 판단했던 다른 요구사항들이 중요도가 점차 줄어들어 어느 순간 우리는 그것들을 죽은 것으로 봐야 할 것이다.

셋째, 물고기를 낚을 때 그 지역의 물고기들을 모두 잡지 못하는 것과 마찬가지로, 모든 요구사항을 찾아내지는 못한다. 한편, 물고기 그물질과 마찬가지로 요구사항을 그물질할 때면 표류하는 잡동사니 쓰레기 등이 걸려 들어 요구사항이 쓸데없이 부풀 수도 있다.

마지막으로, 요구사항 그물질이라는 메타포는 요구사항을 찾는 데 숙련된 기술(skill)이 중요한 역할을 한다는 현실을 잘 드러낸다. 요구사항 그물질에 숙련된 어부는 요구사항들을 어디서 찾을지 알고 있는 반면, 그렇지 않은 어부는 엉뚱한 장소에서 시간을 허비할 것이다. 이번 장에서 여러분은 사용자 스토리를 효율적으로 그물질하기 위한 기술을 배울 것이다.

작은 것이라도 충분하다, 정말 그럴까?

어떤 프로젝트가 기존의 명령적 프로세스(prescriptive process)[2] 형태를 따르는지 확인하기 위한 가장 쉬운 방법은 요구사항 문제를 어떻게 접근하는지 살펴보는 것이다. 명령적 프로세스의 특징은 프로젝트 초기에 모든 요구사항을 도출하고 그것들을 문서화하는 데 많은 비중을 둔다는 점이다. 반면, 애자일 프로젝트에서는 한 번에 사용자 스토리를 모두 낚을 수 있을 정도로 촘촘한 그물을 사용하는 것이 불가능하다는 점을 인정한다. 애자일 프로세스는 스토리가 시간축의 영향을 받는다는 사실을 인정한다. 이는 시간이 흐름에 따라, 혹은 이전 이터레이션에서 제품에 어떤 스토리가 추가 구현되었는지에 따라 스토리의 유효성이 달라짐을 의미한다.

그러나 초기에 스토리를 모두 작성하는 것이 불가능함을 인정한다 하더라도, 할 수 있는 만큼은 스토리를 작성하려고 시도해 보아야 한다. 비록 그렇게 작성된 스토리가 고도로 추상화된 형태일지라도 말이다. 스토리를 이용하여 개발을 진행할 때의 장점 중 하나는 그것을 다양한 수준으로 상세화하여 작성하는 것이 매우 쉽다는 점이다. '사용자는 채용 공고를 검색할 수 있다'는 스토리를 보자. 나중을 위해 임시로 작성해 둘 수도 있고, 현 시점에 아는 내용이 이정도뿐이기 때문에 이렇게 작성할 수도 있다. 나중에 이 스토리를 더 작고 좀더 쓸만한 스토리로 나누면서 발전시킬 수 있다. 이러한 점 때문에, 스토리를 이용하면 다른 요구사항 기법들보다 더 적은 노력으로도 애플리케이션의 상당 부분에 해당하는 요구사항을 쉽게 작성할 수 있다.

그렇다고 새 프로젝트를 시작할 때 사용자 스토리를 작성하는 데만 3개월을 보내라고 추천하는 것은 아니다. 오히려 다음에 진행할 (약 3개월에서 6개월 정도 길이의) 릴리즈를 바라보며 시간 범위가 넓어짐에 따라 정밀도가 낮은 개략적인 사용자 스토리를 작성해야 함을 의미한다. 예를 들어 고객 혹은 사용자가 "이번 릴리즈에는 보고서 기능이 필요할 거 같아요."라고 한다면, '사용자는 보고서를 생성할 수 있다'고만 카드에 작성하면 된다. 여기서 끝이다. 그들이 보고서 설정을 변경할 수 있어야 하는지,

[2] 역자 주: 소프트웨어를 어떻게 개발해야 하는지에 대한 구체적인 절차와 방법을 기술한 프로세스로, 여기서는 문서화에 집중하는 전통적이고 관례적인 프로세스를 일컫는다.

보고서를 HTML로 출력해야 하는지, 저장할 수 있어야 하는지 등에 관한 문제를 결정할 필요는 없다.

비슷하게, 사전에 애플리케이션의 규모에 대한 감을 잡는 것이 중요한 경우도 종종 있다. 자금 지원 및 프로젝트 시작 승인을 획득하기 전에 그 프로젝트의 비용이 얼마나 될지, 이익은 얼마나 될지에 대해 개략적으로 아는 것이 필요하다. 이러한 문제의 해답을 얻기 위해서는 적어도 프로젝트 전체를 구성하게 되는 스토리를 작성하는 데 신중을 기해야 한다.

기법

스토리는 프로젝트 기간 동안 발전하고, 나타나고, 사라지기 때문에, 반복적으로 사용할 수 있는 스토리 수집 기법이 필요하다. 이러한 기법들은 지속적으로 적용할 수 있을 만큼 가볍고 불편하지 않아야 한다. 사용자 스토리 작성을 위한 훌륭한 기법 중에서 몇 가지를 뽑아보면 다음과 같다.

- 사용자 인터뷰
- 설문
- 관찰
- 스토리 작성 워크숍

이 기법들은 대개 기존에 업무 분석의 도구로 사용되어 온 것들이다. 비즈니스 분석가가 참여할 수 있는 프로젝트라면 그들을 스토리 그물질에 많이 이용하도록 하자.

위의 각 기법들을 다음 절에서 하나씩 살펴보자.

사용자 인터뷰

사용자와의 인터뷰는 많은 팀이 스토리를 그물질하기 위해 취하는 기본적인 접근 방법이며, 여러분이 사용하길 원하는 방법 중 하나일 것이다. 인터뷰 기법의 성공 포인트는 인터뷰 대상자 선정에 있다. 5장「대리 사용자와 일하기」의 설명처럼 대리 사용자는 많지만 무슨 일이 있어도 꼭 실제 사용자와 인터뷰를 해야 한다. 그리고 각각 다른 사용자 역할에 해당하는 사용자들과 인터뷰를 해야 한다.

사용자에게 "그래서 당신에게 필요한 것이 무엇인가요?" 하고 질문하는 것으로는 충분하지 않다. 대부분의 사용자는 정말 필요한 것이 무언지 제대로 알지 못하며, 특히 그것을 표현하는 것에 익숙하지 않다. 나는 이 사실을 어느 사용자에게 배웠다. 그 사용자는 내 사무실에 들어와서 이렇게 말했다. "당신은 제가 요청했던 것을 정확히 만들었어요. 하지만 그건 제가 원하는 게 아니군요."

한번은 우리 팀이 표본 조사 소프트웨어를 개발한 적이 있다. 각 표본 조사는 전화, 이메일, 자동 응답 시스템 등 다양한 방식으로 진행해야 했다. 다양한 유형의 사용자들이 각기 다른 형태의 표본 조사 방식을 사용할 수 있어야 했다. 표본 조사는 선행 질문의 답변에 따라 다음 질문이 결정되는 다소 복잡한 형태였다. 사용자는 표본 조사 문항을 입력할 수 있는 방법이 필요했고 개발 팀에게 각 문항 및 연결 관계를 작성하기 위한 방법으로 미니언어(mini-language) 기술 방식을 제안하였다. 한 개발자는 사용자들이 제안한 텍스트 표현 방식이 불필요하게 복잡하다고 판단하였다. 그는 텍스트 방식 대신 각 문항을 나타내는 아이콘들을 끌어놓기(drag-and-drop)하고 이를 연결시키는 GUI 방식을 보여주었다. 사용자들은 그들이 제안했던 미니언어를 버리고 개발자들과 함께 GUI방식의 표본 조사 설계 도구를 만들었다. 사용자들에게 해결해야 할 문제가 있다고 해서 그들만이 유일하게 해답을 제안할 수 있는 것은 아니다.

개방형 질문[3]과 문맥 무관 질문

사용자 요구의 핵심에 다가갈 수 있는 최고의 기법은 사용자에게 직접 질문하는 것이다. 내가 참여했던 한 프로젝트에서는 애플리케이션을 웹

3) 역자 주: 개방형 질문은 응답자가 자유롭게 응답하도록 하는 형태를 말하며, 자유 응답 질문이라고도 한다. 반대 개념인 폐쇄형 질문은 질문자가 가능한 응답 목록을 미리 지정해 놓은 형태를 말한다.

기반으로 개발할 것인지 다소 고전적인 방식이지만 플랫폼 전용 프로그램으로 개발할 것인지에 대해 고민한 적이 있다. 당시 개발 팀에서는 웹 기반으로 개발할 때의 배포 편의성, 낮은 교육 비용이라는 장점과 플랫폼 전용 프로그램의 높은 성능 사이에서 논쟁이 벌어졌다. 사용자들은 틀림없이 웹 브라우저 기반 시스템의 장점을 좋아할 것 같았지만, 플랫폼 전용 프로그램이 제공할 더 풍부한 사용자 환경도 무시할 수 없었다.

제품의 대상 사용자들에게 직접 선호도를 조사하자는 제안이 나왔다. 개발할 제품은 기존 제품을 새롭게 업그레이드하는 것이었기 때문에, 마케팅 팀의 도움을 얻어 기존 시스템의 사용자들 중에서 표본을 선정하여 연락을 취하기로 하였다. 조사에 참여한 사용자들에게는 "새 애플리케이션을 웹 브라우저에서 구동하는 것이 좋습니까?" 하고 질문을 했다.

이 질문은 여러분이 좋아하는 레스토랑에서 웨이터가 공짜 식사를 하겠냐고 물어보는 것과 마찬가지였다. 여러분은 "물론이죠!" 하고 대답할 것이다. 물론 당시 조사 대상 사용자들도 새 버전의 소프트웨어가 웹 브라우저에서 구동되길 바란다고 응답했다.

마케팅 팀이 행한 실수는 폐쇄형(closed-ended) 질문을 한 것과 충분한 세부사항을 제공하지 않았다는 것이다. 위 질문은 문제가 된 플랫폼 전용 버전과 웹 브라우저 버전의 장단점에 대한 내용을 언급하지 않았다. 질문을 다음처럼 고칠 수 있을 것이다.

> 당신은 새 애플리케이션이 Windows 전용 프로그램 대신 웹 브라우저에서 구동되는 형태를 바랍니까? 웹 브라우저 버전은 다소 성능이 떨어지고 풍부한 사용자 환경을 제공하지 못하며, 상호 작용성이 부족할 수 있습니다.

이 질문도 여전히 폐쇄형 질문이라는 문제가 있다. 응답자는 단순히 "예, 아니오" 외에 다른 답변을 할 수 있는 여지가 없다. 개방형 질문(open-ended)을 통해 응답자들의 깊이 있는 의견을 끌어내는 것이 훨씬 좋다. 예컨대, "다음 제품이 웹 브라우저에서 구동되도록 하는 대신 어떤 것을 양보할 수 있습니까?"와 같은 질문은 사용자들이 다양한 방향으로 의견을 개진할 수 있게 해 준다. 응답자가 어떠한 형태로 대답하든 그것은 여러분에게 더욱 의미 있는 답변이 될 것이다.

문맥 무관 질문을 하는 것도 중요하다. 문맥 무관 질문(context-free)은 암시적으로 특정 답변을 유도하지 않아야 하며, 질문자의 선호도가 나타나지 않아야 한다. 예를 들어 "당신은 애플리케이션을 웹 브라우저에서 구동하는 대신 제품의 성능과 풍부한 사용자 인터페이스를 포기하고 싶지는 않을 것입니다. 맞습니까?"라는 질문은 적절치 않다. 이런 질문에 대부분의 사람들이 어떻게 응답할지는 너무나 분명하다.

비슷하게, "얼마나 빨리 검색되어야 합니까?"라는 질문보다는 "어떤 형태의 성능이 필요합니까?" 혹은 "애플리케이션에서 성능이 더 중요한 부분이 있습니까?"와 같이 질문하는 것이 좋다. 처음 질문은 검색 성능에 관한 요구사항이 있다는 것을 암시하기 때문에 문맥에 무관하지 않다. 애초에 성능에 관한 요구사항이 없었을 수도 있지만, 이런 질문을 받은 응답자는 그런 요구사항이 있다고 추측하고 답변할 가능성이 높다.

어느 순간에는 문맥 무관 질문에서 아주 구체적인 질문으로 넘어갈 필요가 있을 것이다. 하지만 처음에는 문맥 무관 질문으로 시작함으로써 사용자로부터 넓은 범위의 답변을 얻게 될 가능성을 열어 둘 수 있다. 이렇게 함으로써 여러분은 시작부터 아주 구체적인 질문을 할 경우 알아내지 못할 수도 있는 스토리를 찾을 수 있을 것이다.

설문

설문은 여러분이 이미 가지고 있는 스토리에 대한 정보를 수집하는 효과적인 기법이다. 큰 사용자 집단을 대상으로 한다면, 설문은 스토리에 우선순위를 매기기 위한 정보를 수집하는 아주 훌륭한 방법이다. 설문은 아주 많은 사용자들로부터 특정 질문에 대한 답을 얻을 때도 아주 유용하다.

그러나 스토리를 새로 그물질하는 경우에 설문을 일차적인 수단으로 사용하는 것은 대부분의 경우 적절치 않다. 설문에서는 필요에 따라 추가 질문을 하기가 쉽지 않으며, 또한 대화와 달리 사용자에게 갑자기 떠오르는 내용을 쫓아가는 것도 불가능하다.

현재 사용 중인 소프트웨어에서 어떤 기능을 얼마나 자주 사용하는지, 특정 기능을 사용하지 않는 이유는 무엇인지 등에 대한 조사를 설문 사용의 예로 들 수 있다. 이런 조사를 통해 사용 편의성과 연관된 스토리들의 우선순위가 과거보다 더 높게 매겨질 수도 있다. 또 다른 예로, 제한적이나마 '어떤 새로운 기능을 원합니까?'와 같은 설문을 사용할 수도 있다. 이 질문에 대한 응답 목록을 미리 준다면, 여러분이 생각하지 못한 정말 중요한 새로운 기능을 놓칠지도 모른다. 반면 자유롭게 답변하도록 한다면 설문 결과를 의미있는 표 형태로 정리하기 쉽지 않을 것이다.

설문은 한 방향으로 전달되며 질문과 응답의 시간 간격이 길다는 점에서 스토리를 그물질하기 위한 방법으로 추천하지 않는다. 여러분이 폭넓은 기존 사용자 층을 대상으로 정보를 수집하고, 그 정보를 적용하는 데 한두 개의 이터레이션을 기다릴 수 있는 상황이라면, 설문을 사용할 수도 있을 것이다. 그러나 스토리 수집의 주된 수단으로 사용하지는 말아라.

관찰

사용자가 여러분의 소프트웨어를 사용하는 것을 직접 관찰하는 것은 전반적인 아이디어를 얻을 수 있는 굉장히 좋은 방법이다. 내가 개발한 소프트웨어를 누군가가 사용하는 것을 관찰할 때면 언제나 사용자 인터페이스를 어떻게 개선할지, 생산성을 어떻게 높일지에 대한 아이디어가 넘친다. 불행히도 여러분이 기업 내 사용자를 대상으로 개발하지 않는다면 사용자를 관찰할 수 있는 기회는 그리 흔하지 않을 것이다. 만약 사용자가 여러분의 소프트웨어를 직접 사용하는 것을 관찰할 수 있는 기회가 생긴다면, 꼭 그 기회를 잡도록 하라. 사용자에게 빠르고 직접적인 피드백을 받을 수 있는 이러한 기회는 소프트웨어를 가능한 빨리 자주 출시할 수 있게 해 주는 많은 요인 중 하나다.

    소프트웨어의 주요 사용자가 콜 센터에서 근무하는 간호사들인 회사가 있었다. 전화를 통해 의학 질문에 답변하는 것이 그들의 업무였다. 간호사들은 전화 상담을 마치고 나서 상담 결과를 기록할 큰 텍스트 필드를 원했다. 초기 버전에는 전화 요약 화면에 큰 텍스트 필드가 포함되었다. 초기 버전을 출시한 후, 개발 팀의 각 멤버들은 하루씩 번갈아 가며 사용자들을 관찰했다. 관찰 결과 텍스트 필드에 입력하는 내용 중 상당 부분이 시스템에 의해 자동으로 추적될 수 있는 것이었다. 사용자 관찰을 통해, 시스템에 정말 필요한 것은 간호사들이 시스템을 사용하면서 내린 결정들을 기록하는 것이라는 점이 밝혀진 것이다. 나중에 간호사들이 원했던 큰 텍스트 필드는 상담과정에서 검색한 내용 및 선택한 내용 등을 자동으로 기록하는 기능으로 대체되었다. 사용자들에게 정말 필요한 것, 즉 전화 상담자에게 전달하는 내용을 추적하는 것이 간호사들의 설명에서는 불분명했지만, 관찰을 통해 밝혀진 것이다.

스토리 작성 워크숍

    스토리 작성 워크숍은 개발자, 사용자, 제품 고객, 그 외 스토리 작성에 기여할 수 있는 사람들을 포함하여 진행된다. 워크숍이 진행되는 동안 참가자는 가능한 많은 스토리를 작성한다. 나중에 고객이 우선순위를 매길 기회가 있으니, 이 시점에는 스토리에 우선순위를 매기지 않는다. 내 생각에는 스토리 작성 워크숍이 스토리를 빠르게 그물질하는 데 가장 효과적인 방법이다. 적어도 각 릴리즈를 시작하기에 앞서 스토리 작성 워크숍을 실시할 것을 추천한다. 필요하다면 릴리즈 중간에도 추가로 워크숍을 실시할 수 있지만, 일반적으로 그럴 필요까진 없다.

    올바르게 실시한 스토리 작성 워크숍에서는 많은 스토리를 아주 빠르게 작성할 수 있다. 내 경험으로 볼 때, 좋은 스토리 작성 워크숍은 브레인스토밍과 충실도 낮은 프로토타입(low-fidelity prototype)[4] 의 장점을 모은 것

4) 역자 주: 프로토타입을 분류할 때, 최종 제품과 유사한 정도에 따라 충실도 낮은 프로토타입과 충실도 높은 프로토타입(high-fidelity prototype)으로 분류할 수 있다.

이다. 충실도 낮은 프로토타입은 종이나 인덱스 카드, 화이트보드 등에 그려지는 것으로, 소프트웨어와의 고수준 상호작용을 보여준다. 워크숍을 진행하는 동안 참가자들은 애플리케이션 사용자들이 여러 상황에서 어떤 동작을 취할 것인지에 관하여 브레인스토밍을 하고, 이에 따라 프로토타입은 반복적으로 만들어지고 개선된다. 주의할 점은 전통적인 프로토타입이나 합동 설계(JAD, Joint Application Design) 세션과 달리 여기서는 실제 화면을 정의하려는 것이 아니라는 것이다. 오히려 개념적인 작업흐름을 규정하고자 하는 것이다. 그림 4.1은 BigMoneyJobs 웹 사이트의 충실도 낮은 프로토타입의 초기 버전을 보여준다.

각 박스는 웹 사이트의 컴포넌트를 나타낸다. 굵은 글씨는 해당 컴포넌트의 제목이다. 제목 아래에는 해당 컴포넌트가 수행하는 작업 또는 포함하고 있는 내용에 대한 리스트가 있다. 박스들을 연결하는 화살표는 컴포넌트 간의 연결을 나타낸다. 웹 사이트의 경우, 컴포넌트는 웹 페이지 혹은 그 일부분을 의미한다. 따라서 컴포넌트 간의 연결은 링크를 통해 새 페이지로 이동하거나 현재 페이지에 새로운 페이지의 내용이 나타나는 것을 의미한다. 예를 들어 '채용 정보 검색'은 그 자체로 하나의 페이지거나 페이지 상의 일부분일 수 있다. 지금은 이 구분이 중요하지 않다. 나중에 고객과 개발자가 이런 구체적인 사항들을 의논할 시간이 많을 것이다.

충실도 낮은 프로토타입을 만들려면, 우선 시스템의 어떤 사용자 역할 혹은 등장인물로 시작할지 결정한다. 각 사용자 역할 및 등장인물에 대해 이 과정을 반복할 것이기 때문에 순서는 중요하지 않다. 빈 박스를 그린 다음, 참가자들에게 이것이 소프트웨어의 주 화면이라고 말한다. 그리고 지금 대상으로 하는 사용자 역할 혹은 등장인물을 여기서부터 시작할 수 있는지 물어본다. 회의 참가자들은 사용자 역할 혹은 등장인물이 취할 수 있는 동작에 무엇이 있는지에 대한 생각을 말하기 시작한다. 동작마다 연결선과 새로운 박스를 그리고, 박스에 제목을 붙이고, 스토리를 작성한다.

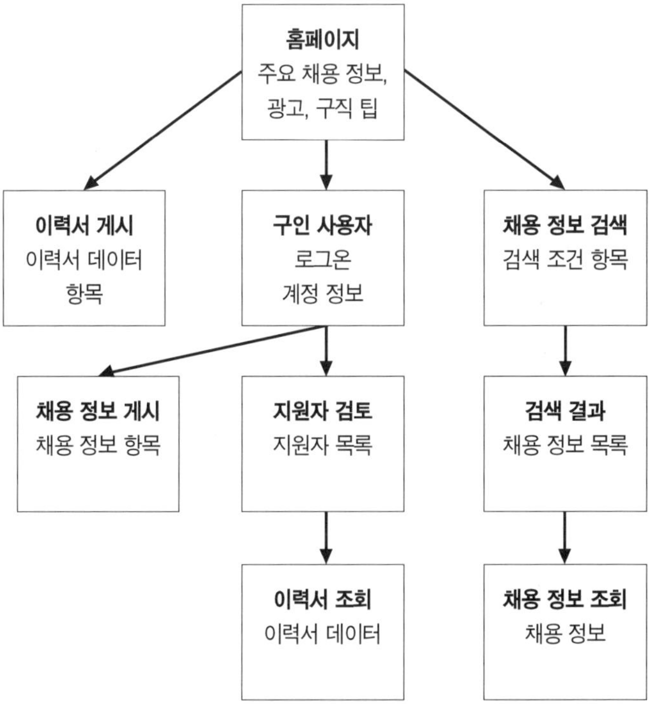

그림 4.1 BigMoneyJobs 웹 사이트의 충실도 낮은 프로토타입.

그림 4.1을 그리면서 다음과 같은 스토리가 작성되었을 것이다.

- 구직자는 이력서를 게시할 수 있다.
- 구인자는 채용 정보를 게시할 수 있다.
- 구인자는 제출된 이력서를 검토할 수 있다.
- 구직자는 채용 정보를 검색할 수 있다.
- 구직자는 검색 조건에 맞는 채용 정보를 볼 수 있다.
- 구직자는 채용 정보의 세부 사항을 볼 수 있다.

위 스토리는 화면이 어떻게 설계되는지 몰라도 상관없다. 그 대신 작업 흐름을 따라감으로써 참가자들이 가능한 많은 스토리를 생각해낼 수 있다. 개인적인 경험으로는 깊이 우선(depth-first) 방식이 가장 효율적이었다.

4장_ 스토리 수집하기　87

> **던져 버려!**
>
> 충실도 낮은 프로토타입은 만들고 나서 며칠 안에 던져 버리거나 지워버려야 한다. 프로토타입은 개발 프로세스에서 장기간 유지할 산출물이 아니다. 여러분은 프로토타입을 유지하다가 혼란을 초래하고 싶지는 않을 것이다. 스토리 작성 워크숍이 끝나고도 아직 뭔가 끝내지 못한 것이 남았다고 생각되면, 프로토타입을 며칠 더 가지고 있으면서 참조하고 빠뜨린 스토리를 작성하라. 그리고는 던져 없애 버려라.
>
> 충실도 낮은 프로토타입은 만든 날 바로 휴지통에 버릴 필요는 없지만, 결국 얼마 지나지 않아 버려야 할 것이다.

첫 컴포넌트에서 두드러진 세부사항들을 적고, 그 컴포넌트에 연결된 다음 컴포넌트로 옮겨가서 다시 세부사항들을 적는다. 그런 다음 처음 컴포넌트에 연결된 다른 컴포넌트를 설명하는 대신, 계속 연결된 다음 컴포넌트로 옮겨가면서 설명하는 것이다. 너비 우선(breadth-first) 방식은 작업의 진행 과정에 대한 흐름을 잃게 되어 혼란스러울 수 있다.

프로토타입을 검토할 때 다음과 같은 질문을 해 보면 빠뜨린 스토리를 식별하는 데 도움이 될 것이다.

- 사용자는 다음에 어떤 동작을 취할까?
- 여기서 사용자가 저지를 만한 실수는 어떤 것이 있을까?
- 이 지점에서 불명확한 것은 무엇인가?
- 어떤 부가 정보가 필요할까?

이 질문을 할 때 사용자 역할과 등장인물을 염두에 두어라. 사용자 역할에 따라 질문의 답이 달라질 수 있다.

다음에 다시 논의할 이슈 목록을 관리하라. 예를 들어 BigMoneyJobs를 논의할 때 누군가 전업 근로자뿐만 아니라 계약직 근로자도 시스템을 사용할 수 있도록 할 것인지 물어볼 수도 있다. 워크숍 전에는 아무도 여기에 대해 생각하지 않았었다면, 일단 어딘가에 메모해 두고 나중에 다시 논의할 수 있도록 한다. 워크숍 후반부나 워크숍이 끝나고 나서 어느 정도 작업이 진행된 다음에 재개하도록 한다.

스토리 작성 워크숍에서는 스토리의 질보다 양에 초점을 두어야 한다. 여러분이 스토리를 관리할 때 데이터베이스 혹은 다른 프로그램을 이용하더라도 스토리 작성 워크숍 동안에는 카드를 사용하도록 하라. 아이디어가 떠오르면 바로 적어둔다. 지금은 별로 좋지 않다고 생각되는 스토리도 몇 시간 뒤에 놀라운 것이 되거나 다른 스토리를 떠올릴 수 있게 할지도 모른다. 다른 스토리와 중복되거나 더 나은 스토리로 대체되어야 하는 스토리가 있다면 바로 찢어 버리기만 하면 된다. 또한 고객은 릴리즈 계획에서 스토리에 우선순위를 매길 때 질이 낮은 스토리에 대해서는 낮은 우선순위를 매길 수 있다.

가끔은 스토리 작성 워크숍 참가자 중 일부가 어떻게 시작하면 좋을지, 문제가 발생했을 때 어떻게 처리하고 다음으로 넘어갈지 등을 어려워하기도 한다. 이런 경우에는 다른 경쟁 제품이나 비슷한 제품을 살펴보는 것이 큰 도움이 될 수 있다.

스토리 작성 워크숍을 하는 동안 누가 많이 기여하는지 유의해라. 참가자 중에는 회의 내내 조용히 있는 사람도 있다. 이런 일이 발생하면, 쉬는 시간에 그 참가자에게 직접 얘기하여 워크숍을 편안하게 생각할 수 있게 한다. 어떤 참가자들은 동료나 상사 앞에서 말하는 것을 좋아하지 않는다. 따라서 워크숍에서는 스토리에 대해 평가하지 않는 것이 중요하다. 그들의 아이디어도 그저 목록에 추가될 뿐 논의의 대상이 되지 않을 것이라는 점을 확실히 하면 참가자들이 워크숍을 좀더 편안하게 받아들이고 기꺼이 더 많이 기여하게 될 것이다.

마지막으로, 스토리 작성 워크숍에서는 아주 높은 수준의 논의가 이뤄져야 한다는 것을 다시 한번 강조한다. 워크숍의 목적은 가능한 짧은 시간에 최대한 많은 사용자 스토리를 작성하고자 하는 것이다. 워크숍은 화면을 설계하거나 문제를 해결하는 시간이 아니다.

요약

- 요구사항에 대한 끌어내기(eliciting), 잡아내기(capturing)와 같은 발상은 적절하지 않다. 이러한 발상은 사용자들이 이미 모든 요구사항을 알고 있으며, 그 요구사항들을 잡아 우리에 가두어 두면 변하지 않고 있을 것이라는 오해를 낳는다.
- 요구사항 그물질(trawling)이라는 메타포는 훨씬 적절하다. 요구사항은 크기가 다양하며, 시간이 흐름에 따라 변하기도 하고, 요구사항을 찾아내기 위한 기술이 필요하다는 점을 잘 표현한다.
- 애자일 프로세스는 요구사항을 처음부터 다 얻어낼 수 없다는 것을 인정하지만, 그렇다고 해도 릴리즈를 시작할 때에는 쉽게 찾아낼 수 있는 사용자 스토리를 작성하는 것으로 시작하는 것이 좋다.
- 사용자 인터뷰, 사용자 관찰, 설문, 스토리 작성 워크숍을 통해 사용자 스토리를 찾을 수 있다.
- 한 가지 방법에 지나치게 의존하기보다는 여러 방법들을 같이 적용함으로써 가장 좋은 결과를 얻을 수 있다.
- 가장 유용한 답변을 얻기 위해서는, 개방형(open-ended) 질문, 문맥 무관(context-free) 질문을 해야 한다. '제목으로 채용 정보를 검색하시겠습니까?' 보다는 '채용 정보를 어떻게 검색하고 싶은지 말씀해 주십시오.' 와 같은 질문이 낫다.

개발자 책임

- 사용자 스토리를 그물질하기 위한 여러 기법들을 이해하고 적용할 책임이 있다.
- 개방형 질문, 문맥 무관 질문을 어떻게 이용하는 것이 가장 좋은지 알

아야 할 책임이 있다.

▌ 고객 책임

- 사용자 스토리를 그물질하기 위한 여러 기법들을 이해하고 적용할 책임이 있다.
- 가능한 한 초기에 많은 스토리를 작성할 책임이 있다.
- 소프트웨어의 사용자를 대표하는 입장에서, 사용자들과 대화를 나누기 위한 다양한 방법들을 이해할 책임이 있다.
- 개방형 질문, 문맥 무관 질문을 어떻게 이용하는 것이 가장 좋은지 알아야 할 책임이 있다.
- 스토리를 작성하는 데 도움이 필요하다면, 여러분은 스토리 작성 워크숍을 계획하고 실행할 책임이 있다.
- 스토리를 그물질하는 동안 모든 사용자 역할이 적절히 나타나도록 할 책임이 있다.

▌ 연습문제

4.1 설문을 통해서만 요구사항을 수집할 경우 어떤 문제가 예상되는가?

4.2 다음 질문을 개방형, 문맥 무관 형태로 바꾸어 보아라.

- 사용자는 비밀번호를 입력해야 합니까?
- 시스템은 사용자의 작업 내용을 자동으로 저장해야 합니까?
- 다른 사용자가 저장한 데이터베이스 내용 항목을 볼 수 있어야 합니까?

4.3 개방형 질문, 문맥 무관 질문이 좋은 이유는 무엇인가?

5장
대리 사용자와 일하기

　소프트웨어 프로젝트에서 고객 팀에 실제 사용자를 포함하는 것은 필수 사항이다. 사용자가 소프트웨어에 원하는 바를 다른 사람이 짐작할 수도 있지만, 실제 사용자만이 정확히 알 수 있다. 불행히도 우리에게 필요한 사용자를 팀에 포함시키기는 쉽지 않다. 예를 들어 개인 사용자들을 대상으로 하는 범용 패키지 제품(shrinkwrap product)을 개발하면서 사용자 몇 명을 데리고 와서 스토리를 작성하게 할 수는 없을 것이다. 여러분의 기업에서 사용할 소프트웨어를 개발하는 경우라도, 누군가 사용자들의 얘기를 듣지 못하게 방해할지도 모른다. 제품에 대해 다양한 의견을 내줄 실제 사용자를 확보하지 못한다면, '대리 사용자(user proxy)'에 의존해야 할 것이다. 대리 사용자는 실제 사용자는 아니지만, 프로젝트상에서 사용자들을 대표하는 데 도움이 될 것이다.

　적절한 대리 사용자를 선정하는 것은 프로젝트 성공에 중대한 영향을 미친다. 대리 사용자를 선정할 때에는 그들의 경력과 사용 동기 등을 반드시 고려하여야 한다. 마케팅 경력이 있는 대리 사용자와 해당 분야 전문가인 대리 사용자는 서로 다른 관점에서 스토리를 작성할 것이다. 이번 장에서는 실제 사용자의 빈 자리를 메워 줄 여러 부류의 대리 사용자들을 살펴볼 것이다.

사용자들의 관리자

기업 내에서 사용하기 위한 개발 프로젝트의 경우, 조직에 따라 여러분이 개별 사용자들과 직접 접촉하는 것을 꺼려하고, 대신 그들의 관리자를 내세우는 경우가 있다. 관리자가 실제 사용자가 아니라면, 미끼 작전(bait-and-switch)을 고려하라.[1] 설령 관리자가 실제 사용자라 하더라도 일반 사용자와는 소프트웨어를 사용하는 패턴이 다를 것이다. 예를 들어 보자. 한 번은 콜 센터 애플리케이션을 개발하던 팀에게 교대조 감독들과의 접촉이 허가되었다. 교대조 감독들도 소프트웨어를 사용하기는 했지만, 그들이 새 버전에서 원하는 기능은 대부분 연결 대기 통화를 관리하고 에이전트에게 전화를 중계해 주는 기능이었다. 이러한 기능들은 실제 사용자 전체를 고려했을 때 중요성이 아주 낮은 것이었다. 개발자들이 에이전트와 같은 실제 사용자와 직접 면회해야 한다고 주장하지 않았다면, 아마도 감독들의 요구에 따라 중요성이 낮고 자주 사용되지도 않는 기능들이 최종 제품에서 부각되었을 것이다.

가끔은 나서기 좋아하는 관리자가 사용자 역할을 하겠다고 자처하는 경우도 있다. 그런 유형의 관리자는 자신이 사용자가 아님을 인정하면서도 무엇이 필요한지 실제 사용자보다 더 잘 안다고 주장한다. 이런 상황에서는 관리자의 기분을 상하게 만들지 않도록 조심해야 할 것이다. 즉, 관리자의 의견을 부분적으로 수용하기는 하되, 프로젝트의 성공을 위해 최종 사용자들에게 다가갈 수 있는 길을 찾아야만 한다. 이 문제에 관한 몇 가지 조언은 101쪽의 「대리 사용자와 일할 때 조심할 점」을 참고하라.

[1] 역자 주: 미끼 작전은 백화점 등 소매상이 어떤 물건을 싼값에 판다고 광고해 놓고 실제로 보면 해당되는 물건이 모두 팔려 없으니 다른 물건을 사가라고 하는 이른바 꼬임판매를 뜻한다. 여기서는 관리자에게 권한을 위임하는 것처럼 하면서 실제 사용자에 접근할 수 있는 방법을 의미한다.

> **1분이 5분으로 둔갑**
>
> 앞에서 이야기한 기업 내 프로젝트에서 내세워진 '사용자'는 그때까지 한 번도 대상 소프트웨어를 사용해 본 적이 없는 부사장이었으며, 부사장과 최종 사용자 사이에는 중간 관리자 층도 있었다. 다음 이터레이션을 위해 스토리의 우선순위를 매기는 과정에서 부사장은 데이터베이스 질의 속도를 높이

는 데 초점을 맞춰 주기를 요구했다. 개발 팀은 속도 향상 스토리를 적고 우선순위를 높게 매기긴 했지만 다소 혼란스러웠다. 개발 팀은 애플리케이션의 성능이 중요하다는 것을 알고 있었으므로, 이를 모니터링할 수 있는 기능을 추가했다. 모니터링 기능은 질의가 실행될 때마다 질의 매개변수, 응답 시간, 질의 사용자를 기록해 두는 것이었다. 부사장의 요구 이후 적어도 하루에 한 번 이상 기록 내용을 검사하였지만 성능 문제는 나타나지 않았다. 하지만 '사용자'는 여전히 질의가 느리며, 심지어 '5분까지' 걸리는 질의가 있다고 하였다.

부사장과의 회의를 마치고, 개발팀은 질의 실행 기록을 검토하였다. 실행 기록에는 두 명의 사용자가 질의를 실행했으며, 응답 시간은 모두 1분이었다. 1분이 기대했던 것보다는 길었지만, 데이터베이스의 규모나 해당 검색의 사용 빈도 등을 고려할 때 받아들이지 못할 수준의 성능은 아니었다. 하지만 사용자들은 1분이 걸리는 질의에 대해 그들의 관리자에게 보고했으며, 관리자들은 다시 그것을 부사장에게 보고했다. 이 과정에서 문제 상황을 부각시켜 부사장의 관심을 끌기 위해 중간 관리자들은 질의에 걸린 시간이 2분이라고 보고한 것이다. 그리고 부사장은 개발자에게 이 사실을 알리면서 그들의 관심을 끌기 위해 문제 상황을 '5분까지' 늘린 것이다.

관리자들은 잘못된 정보를 제공하는 원인이 될 수 있다. 가능하면 그들이 말하는 내용이 사실인지 실제 사용자들에게 확인해야 한다

개발 팀 관리자

여러분이 개발하는 소프트웨어가 개발 팀 관리자를 위한 것이 아니라면 개발 팀 관리자는 대리 사용자로는 최악의 선택이다. 그들의 의도는 나무랄 데 없지만, 실제 사용자와는 목적이 다른 경우가 많다. 예를 들어 개발 팀 관리자가 생각하는 스토리의 우선순위는 실제 사용자의 생각과 다를 수 있다. 그들은 신기술을 시도해 볼 만한 스토리에 더 높은 우선순위를 부여할 것이다. 그뿐 아니라 기업의 목적과 어긋나는 경우도 있다. 개발 팀 관리자의 성과 측정 기준이 프로젝트 종료일과 관계되는 경우, 실제 사용자는 만

족하지 않는데도 프로젝트를 종료하려고 할 수도 있다.

마지막으로, 대부분의 개발 팀 관리자는 정작 자신들이 개발하는 소프트웨어에 대한 실무 경험이 없으며, 해당 분야 전문가도 아니다. 만약 그가 해당 분야의 전문가라면, 더 이상 개발 팀 관리자로 대할 것이 아니라 해당 분야 전문가로 바라보는 것이 낫다. 그리고 대리 사용자로 적합한지 여부를 결정하기 전에 「해당 분야 전문가」 절을 읽어보기 바란다.

영업사원

대리 사용자 역할을 영업사원이 맡는 경우의 위험요소는 그들이 대상 제품의 특정 기능에만 주의를 기울인다는 데 있다. 영업사원에게 가장 중요한 사용자 스토리는 주로 그들의 마지막 거래에서 문제가 된 기능에 관한 것이다. 그들이 실행취소 기능이 없어서 판매 기회를 놓쳤다면, 곧바로 실행취소에 관한 스토리를 스토리 카드 더미의 제일 위에 올려 놓을 것이다. 과거에 놓쳤던 판매 기회의 중요성에 따라 관련 스토리를 한두 개 추가하는 것도 괜찮지만, 그것에 지나치게 매달리는 개발 회사라면 제품에 대한 기업의 전략적, 장기적 비전을 놓치기 쉽다.

그렇지만 영업사원들은 사용자와의 훌륭한 연결고리다. 여러분은 다음과 같은 방법으로 그들을 활용하면 좋을 것이다. 그들의 고객에게 여러분을 소개해 줄 것을 요청하라. 전화를 통해서나 영업 목적의 방문 시에 동행하는 등의 형태로 자연스럽게 고객과 만날 수 있을 것이다. 아니면 관련 산업의 박람회에 참석하거나 전시회 부스에서 일하는 것도 좋은 방법이다.

> ### 사용자와 대화하라
>
> 내가 1995년에 함께 일했던 팀은 일반적인 건강 정보 웹 사이트를 구축하는 프로젝트를 맡았었다. 당시에는 경쟁 웹 사이트가 없었기 때문에 스토리에

대한 아이디어를 구하기 위해 경쟁사를 살펴보는 방법을 사용할 수 없었다. 대리 사용자는 마케팅 경력이 있는 중역이었다. 그는 향후 사용자들이 건강 정보 웹 사이트를 통해 무엇을 원하는지 알기 위해서는 그들과 직접 대화하는 것이 중요하다는 걸 이해하고 있었다. 하지만 웹 사이트를 빨리 오픈해야 한다는 압력에 굴복하여, 그의 개인적인 생각과 느낌에만 의존하여 개발하게 되었다.

여러분도 짐작하겠지만, 프로젝트는 결국 사용자들의 필요를 만족시키지 못했다. 웹 사이트를 오픈한 지 한 달쯤 지났을 때, 그 중역을 만나러 사무실로 찾아가게 되었다. 그는 자신의 모니터를 가리키면서 "여기, 이것 좀 보세요" 하고 말했다. 화면에는 음란 사이트가 떠 있었다. 왜 그것을 보고 있는지 물어보았다. 그는 음란 사이트에 떠 있는 그림들은 쳐다보지도 않았던 것 같다. 방문자 수에만 시선을 고정시킨 채 그는 말했다. "보세요, 오늘의 방문자 수가 100,000입니다. 우리 사이트는 200인데 말이죠."

여러분이 실제로 '사용되는' 소프트웨어를 만들고 싶다면, 그것을 직접 사용할 사람들과 이야기를 나누어야만 한다.

해당 분야 전문가

해당 분야 전문가(domain expert)는 중요한 자원이다. 그들은 소프트웨어가 대상으로 하는 분야에 대해 경험과 지식을 보유하고 있기 때문이다. 그러한 분야 중에는 다른 분야에 비해 특히 이해하기 어려운 분야도 있게 마련이다. 나는 변호사와 법률 보조원을 대상으로 하는 소프트웨어를 많이 개발했다. 프로그램이 꽤 복잡한 경우도 있지만, 보통은 그들이 요구하는 내용을 이해할 수 있는 수준이었다. 한참 뒤, 통계 유전학자들을 위한 소프트웨어를 개발하는 데 참여하게 되었다. 통계 유전학은 표현형(phenotype), 센티모건(centimorgan), 유전자 일배체형(haplotype) 같은 전문 용어로 가득했다. 들어본 적도 없는 이런 용어들로 인해 통계 유전학 분야를 이해하기가 더욱 어려웠다. 개발자들은 다른 어떤 경우보다 해당 분야 전문가들에게 의존하게 되었다.

해당 분야 전문가들이 훌륭한 자원이기는 하지만, 그들이 사용자로서 유용한지 여부는 비슷한 소프트웨어를 사용하는지, 혹은 사용해 본 경험이 있는지에 따라 달라진다. 예를 들어 급여지급 시스템을 개발한다면 여러분은 의심할 여지없이 해당 분야 전문가인 공인회계사와 함께 하기를 바랄 것이다. 하지만 급여지급 시스템의 사용자는 담당 직원이지 공인회계사가 아니기 때문에, 급여 담당 직원에게 더 나은 사용자 스토리를 얻을 수 있을 것이다. 도메인 모델을 개발하고 비즈니스 규칙을 식별해야 할 때는 해당 분야 전문가들이 이상적인 자원이지만, 작업 흐름이나 사용 방법에 대한 문제에서는 실제 사용자들에게 답을 구하는 것이 더 낫다.

해당 분야 전문가를 대리 사용자로 이용할 때의 또 다른 잠재적 문제점은, 최종 소프트웨어가 전문가 정도의 지식 수준에 맞추어질지도 모른다는 것이다. 해당 분야 전문가들은 프로젝트의 개발 방향을 자신들의 수준에 맞게 개발하도록 유도할 수 있는데, 이는 너무 복잡하거나 대상 사용자 층을 잘못 선택하는 결과를 가져올 수 있다.

마케팅 그룹

래리 콘스탄틴과 루시 록우드(Larry Constantine and Lucy Lockwood 1999)는 마케팅 그룹이 사용자를 이해하기보다는 오히려 시장을 더 잘 이해하는 경향을 지적하였다. 이는 곧 마케팅 그룹, 혹은 마케팅 경력이 있는 사람들이 각 기능의 품질보다는 제품에 포함된 기능 목록에 치우치게 됨을 의미한다. 마케팅 그룹이 상대적 우선순위를 매기는 데 유용한 높은 수준의 지침을 제공하는 경우도 많지만, 스토리에 관한 구체적인 세부사항까지 제공할 통찰력을 가지고 있는 경우는 드물다.

이전 사용자

최근 사용 경험이 있는 이전 사용자는 대리 사용자로 최고다. 하지만 다른 대리 사용자들의 경우와 마찬가지로, 여러분은 이전 사용자들의 소프트웨어 사용 목적이나 동기가 이번 실제 사용자들과 완전히 일치하는지의 여부를 신중히 검토해야 할 것이다.

고객

고객은 구매 결정을 내리는 사람들이지, 고객이라고 해서 반드시 소프트웨어를 사용하는 것은 아니다. 수표에 서명을 할 사람은 사용자가 아니라 고객이기 때문에 그들의 요구사항도 반드시 검토해 보아야 한다. (물론 사용자와 고객이 같을 수도 있다.)

기업에서 사용하는 OA 소프트웨어는 고객과 사용자가 다른 전형적인 경우다. 기업의 IT 직원들은 회사 전체에서 사용할 워드프로세서를 결정하게 된다. 이 경우 고객은 구매 결정을 하는 IT 직원들이지만, 사용자는 기업의 전 사원이다. (IT 직원들은 고객이면서 동시에 사용자이기도 하다.) 제품의 기능은 사용자들이 비명을 지르지 않을 정도여야 하지만, 덧붙여 구매를 결정하게 될 고객들이 흥미를 가질 수 있는 기능들이 있어야 할 것이다.

예를 들어 보안 기능은 OA 소프트웨어를 사용하는 대부분의 사용자들에게는 그리 중요하게 받아들여지지 않는다. 반면 IT 직원들(그들이 고객이다)에게는 절대적으로 중요한 문제다.

내가 일했던 한 팀에서 데이터베이스 중심의 애플리케이션을 개발한 적이 있다. 고객의 기존 시스템에서 데이터를 가져와야 했다. 개발자들은 데이터 교환을 위한 파일포맷을 결정할 필요가 있었다. 당시 고객은 고객사의 CIO였고, 이 기능의 사용자는 IT 직원들이었다. 사용자는 새로 만들 데이터 추출 프로그램을 이용하여 기존 시스템에서 데이터를 추출하여 지정한 파일포맷으로 생성해야 했다. 파일포맷에 대해 물어보았을 때, 고객인 CIO는 XML이 이상적일 것이라고 결정하였다. 당시 XML은 새로운 기술이었고 표준이 아니었던 CSV 파일보다 멋져 보인다는 것이 이유였다. 소프트웨어를 인도했을 때, 실제 사용자인 IT 직원들은 전혀 만족하지 않았다. 그들은 아마도 작업하기 훨씬 쉬운 CSV 파일을 더 선호했을 것이다. 개발 팀이 사용자들을 직접 만나 스토리를 얻어냈더라면, 이 점을 미리 알고 XML 포맷을 지원하느라 시간을 낭비하지 않았을 것이다.

사용자와 대화하라, 2탄

어느 기업에서 새 제품에 대한 대리 고객의 역할을 마케팅 그룹이 맡고 있었다. 새 제품은 회사에서 사용 중이던 종이 위주의 제품을 대체하기 위한 것이었다. 그 기업은 병원과 보험사가 합의한 규정을 책으로 만들어 판매하는 데 성공한 이력이 있었다. 병원은 합의된 규정을 어기지 않은 경우 보험사로부터 의료 사고에 대한 보상을 받을 수 있었다. 예를 들어 규정에는 '충수 절제술은 환자의 백혈구 수가 일정 수치 이상일 경우에만 시술되어야 한다' 와 같은 것이 있었다.

마케팅 그룹은 사용자들이 무엇을 요구하는지 알기 위해 규정 책자의 실제 사용자들과 대화하는 데는 관심이 없었다. 그들은 스스로 사용자들이 무엇을 원하는지 정확히 알고 있다고 판단하였고, 마케팅 그룹이 제시하는 방향에 따라 개발이 진행되었다. 마케팅 그룹은 '책' 이라는 메타포(metaphor)를 선택하였다. 소프트웨어로 전환함으로써 얻는 유연함의 장점을 취하기보다는 '자동화된 책' 을 만들기로 한 것이다. 물론 사용자는 만들어진 소프트웨어에 실망하였다. 당시 프로젝트에서 마케팅 부서를 대리 사용자로 이용하는 대신 실제 사용자를 만났다면 훨씬 일찍 이러한 문제점을 발견할 수 있었을 테지만 불행히도 그 팀은 그러지 못했던 것이다.

교육 담당 및 기술 지원

교육 담당자들과 기술 지원 팀을 대리 사용자 역할로 선택하는 것은 논리적일 것 같다. 그들은 실제 사용자들과 대화하는 데 많은 시간을 보냈고, 사용자들이 원하는 것이 무엇인지 분명하게 알고 있을 것이기 때문이다.

하지만 불행히도 교육 담당을 대리 사용자로 사용하면, 시스템이 교육하기 쉬운 데 초점을 맞추게 될 것이다. 이와 유사하게 기술 지원 팀의 누군가를 대리 사용자로 이용하는 경우에는, 최종 시스템은 기술 지원이 용이한 형태가 될 것이다. 예를 들어 기술 지원 팀의 누군가가 기술 지원이 자주 발생할지 모르는 복잡한 고급 기능에 대해 우선순위를 낮게 줄지도 모른다. 교육하기 쉽고 기술 지원이 가능한 것은 좋은 목표지만, 실제 사용자가 우선순위를 높게 매길 내용은 아니다.

비즈니스 분석가 또는 시스템 분석가

비즈니스 분석가, 시스템 분석가들은 좋은 대리 사용자가 될 수 있다. 그들은 기술적인 영역과 소프트웨어를 도입하려는 분야 양쪽에 몸을 담고 있기 때문이다. 양쪽의 균형을 유지할 수 있고, 실제 사용자와 대화하는 데도 노력을 기울이는 분석가라면 최고의 대리 사용자가 될 수 있다.

그러나 일부 분석가들은 문제에 관하여 '연구' 하기보다는 '공상' 하기를 더 좋아하는 문제점을 보여주기도 한다. 사무실에 가만히 앉아서도 사용자들이 무엇을 원하는지 직관적으로 알 수 있다고 믿는 분석가들을 많이 만나봤다. 프로젝트 분석가가 사용자들과 이야기를 나누는지, 자신들의 생각만으로 결정을 내리는지 주의 깊게 관찰하라.

분석가들과 일하면서 자주 느낀 두 번째 문제점은 분석가들이 프로젝트 초기의 선행 작업(upfront activities)에 시간을 너무 많이 할애하려 한다는 점이다. 4개월 짜리 릴리즈를 계획하는 데 두 시간 정도의 역할 모델링 작업이나 스토리 작성 워크숍이면 충분할 것을 그들은 분석 작업에만 3주를 할애하려 할지도 모른다.

대리 사용자와 일할 때 조심할 점

이상적이지는 않지만, 실제 사용자 대신 대리 사용자를 이용하더라도 훌륭한 소프트웨어를 개발할 수 있다. 대리 사용자와 일하는 경우에 여러분의 성공 가능성을 높일 수 있는 기법들을 소개한다.

사용자가 있지만 접근이 제한될 때

실제 사용자에 대한 접근이 차단되고, 대리 사용자가 프로젝트상의 모든 사항을 결정하는 상황이 있다. 이런 경우라면 개발 팀은 대리 사용자와 함께 일하면서도 실제 사용자와 접촉할 수 있는 방법을 찾아보아야 한다. 최선의 방법은 '사용자 태스크포스'를 구성하도록 요구하는 것이다. 사용자 태스크포스에는 두어 명 이상의 실제 사용자가 포함되도록 한다. 사용자 태스크포스는 대리 사용자의 의견에 대한 반응을 확인하기 위해 구성한 것이며 최종 의사결정은 여전히 대리 사용자의 몫이다. 이렇게 함으로써 대리 사용자가 태스크포스 구성을 수용하도록 유도할 수 있으며, 대리 사용자의 잘못된 의사결정에서 비롯될 수 있는 위험을 완화할 수 있게 된다.

태스크포스가 조직되어 실제 사용자들이 포함되면, 프로젝트 진행 중에 발생하는 일상적인 의사결정을 더 잘할 수 있다. 애플리케이션의 특정 부분에 관해 논의하는 회의에 그들을 참석시킬 수도 있고, 사용자 스토리를 식별하고, 작성하여, 우선순위를 결정하도록 할 수도 있다.

한번은 조직 내부 사용자를 위한 시스템을 개발하는 프로젝트에 참여한 적이 있다. 당시 프로젝트는 상당히 성공적이었다. 대리 사용자에게는 프로젝트의 전략적 방향을 설정하게 하고, 사용자 태스크포스를 구성하여 프로토타입을 보여주고 그들의 피드백을 바탕으로 진행하였다. 이터레이션 길이는 한 달이었으며, 각 이터레이션의 처음 며칠은 프로토타이핑 활동과 사용자 태스크포스와 회의하는 데 할애되었다. 이러한 방법으로 당시 대리 사용자(사용자들의 관리자였다)는 프로젝트의 전략적 방향에 대해서 세세하게 통제했지만, 구현 세부사항에 관한 문제는 사용자 태스크포스에 넘기게 되었다.

정말 만날 수 있는 사용자가 없을 때

정말 만날 수 있는 사용자는 없고 대리 사용자에게만 의존해야 한다면, 반드시 대리 사용자를 두 명 이상 확보하도록 한다. 이렇게 하면 적어도 최종 시스템이 한 사람이 필요한 것만 충족시킬 확률은 낮아질 것이다. 대리 사용자는 서로 다른 부류에서 확보해야 한다. 예를 들어 해당 분야 전문가와 마케팅 경력자로 구성하는 것이 해당 분야 전문가만 두 명으로 구성하는 것보다 낫다. 명시적으로 대리 사용자를 두 명 지정할 수도 있지만, 한 명만 지정하고 그에게 비공식적이나마 또 다른 대리 사용자 의견을 참고하도록 요구할 수 있을 것이다.

다른 상용 제품과 경쟁하는 경우라면, 경쟁 제품 자체로부터 스토리를 이끌어 내는 방법도 있다. 언론 혹은 사용자들이 상대 제품을 리뷰할 때에 어떤 기능들을 소개하는가? 인터넷 뉴스그룹과 같은 커뮤니티에서는 어떤 기능들을 논의하는가? 특정 기능이 사용하기에 너무 복잡하다는 의견이 올라오지 않는가?

몇 년 전 유스케이스를 지지하는 사람과 어떤 종류의 문서가 시스템의 요구사항을 가장 잘 표현할 수 있을까 하는 문제로 논쟁을 벌인 적이 있다. 그는 신중하게 작성된 유스케이스 모델을 지지하는 의견을 펼쳤다. 나는 사용자 매뉴얼을 지지했다. 나는 지금까지 어떤 프로젝트에서도 종료할 때까지 완벽하고 정확하게 최신 정보를 유지하는 유스케이스 모델을 본 적이 없다. 반면 정확한 최신의 사용자 설명서를 산출하는 프로젝트는 많이 보아왔다. 만약 여러분이 기존의 제품과 경쟁하기 위한 새로운 소프트웨어를 개발한다면 경쟁 제품의 사용자 설명서를 연구함으로써 많은 것을 배울 수 있다.

실제 사용자 대신 대리 사용자와 일할 때 유용한 또 다른 방법은 제품을 가능한 빨리 릴리즈하는 것이다. 릴리즈하는 시스템이 초기버전(preliminary)이나 초기베타(early beta) 수준이겠지만, 릴리즈를 빨리 함으로써 사용자가 직접 사용해 볼 수 있게 하는 것은 대리 사용자의 생각과 실제 사용자의 생각 사이에 있을 차이를 아는 데 많은 도움을 줄 것이다. 뿐만 아니라 소프트웨어가 일부 얼리어답터의 손에 들어가게 되면, 여러분은 어떤 기능이 더 필요한지 이야기 나눌 수 있는 유용한 실제 사용자와 연결되는 기회가 된다.

개발자가 직접 할 수 있을까?

실제 사용자를 찾기 어렵거나 만나기 힘들다고 차선책인 대리 사용자를 확보하려는 노력도 없이 개발자가 직접 사용자 역할을 대신하는 우를 범하면 안 된다. 각 대리 사용자 유형마다 어느 정도 문제점이 있기는 하지만, 대부분의 개발자들은 실제 사용자를 대신하는 데 있어서 다른 대리 사용자 유형보다 훨씬 문제가 많다. 먼저 일반 개발자들은 마케팅 배경 지식이나 경험이 없기 때문에 각 기능들의 상대적인 가치를 이해하기 어렵다. 개발자가 영업 사원보다 고객을 많이 만나봤을 리 없다. 그렇다고 해당 분야의 전문가인 경우도 드물다.

고객 팀 조직하기

무엇보다도 실제 사용자가 대리 사용자보다 우선이라는 사실을 항상 명심해야 한다. 가능하면 언제든지 실제 사용자를 고객 팀에 포함시켜야 한다. 그리고 이 과정에서 효과적인 사용자 역할의 조합을 이루지 못하는 경우에 보조 역할로 대리 사용자를 추가하게 된다. 고객 팀을 구성할 때에는 각 구성원들이 서로 부족한 면을 보완할 수 있는 형태로 구성해야 한다. 고객 팀을 구성하는 절차를 살펴보자.

첫째, 실제 고객을 추가한다. 소프트웨어를 서로 다른 유형의 사용자가 사용할 경우, 각 유형마다 사용자를 한 명씩 선정해야 한다. 예를 들어 어떤 프로젝트에서 건강 진단 애플리케이션의 사용자가 간호사였다. 당시 고객 팀에는 일반적인 간호사를 비롯하여 종양 전문, 당뇨 전문 간호사가 포함되어 있었다.

둘째, 고객 팀의 구성원 중에서 프로젝트 챔피언을 한 명 식별해낸다. 상용 소프트웨어를 개발하는 회사에서는 제품 관리자(product manager)가 이 역할을 맡는 경우가 많지만 다른 사람을 지정할 수도 있다. 프로젝트 챔피언은 앞으로 고객 팀과 협업할 때 조정자(coordinator) 역할을 수행한다. 고객 팀은 가능하면 일관된 의견을 내놓을 책임이 있다. 고객 팀의 구성원은 한 명보다 많겠지만, 목소리는 하나로 나와야 한다.

셋째, 프로젝트를 성공으로 이끄는 데 필수적인 요인을 결정한다. 요인은 프로젝트마다 다를 것이다. 예를 들어 기존 제품의 다음 버전을 개발하는 프로젝트의 핵심 성공 요인(critical success factor)은 어떻게 기존 고객을 신규 시스템으로 쉽게 옮기는가 하는 것이다. 프로젝트의 핵심 성공 요인을 고객 팀에 전달하기 위해 관련 지식, 능력, 경험을 갖춘 대리 사용자를 보충해야 한다. 기존 고객을 신규 시스템으로 이전시키는 경우라면 기존 시스템의 교육 담당자를 고객 팀에 추가하면 될 것이다.

요약

- 이번 장에서는, 대리 사용자의 여러 유형을 살펴보고, 대리 사용자들이 '사용자' 스토리를 작성할 때 실제 사용자만큼은 이상적이지 못한 이유들을 배웠다.
- 실제 사용자가 아닌 관리자는 대리 사용자로 적절하지 않다.
- 개발 팀 관리자는 그들이 이미 프로젝트의 일상적인 세부사항에까지 관여되어 있기 때문에 대리 사용자 역할을 자처하는 경향이 있다. 하지만 개발 팀 관리자는 소프트웨어가 의도하는 사용자인 경우가 극히 드물며 따라서 대리 사용자로는 좋지 않은 선택이다.
- 패키지 개발 회사에서는 마케팅 그룹에서 고객 역할을 하는 경우가 많다. 마케팅 그룹에 속한 사람은 대리 사용자로 괜찮은 선택이긴 하지만 소프트웨어의 품질보다는 기능 목록에만 관심을 기울이는 경향이 있으니 이를 조심해야 한다.

- 영업사원은 실제 사용자를 비롯한 고객들을 많이 만나보았기 때문에 대리 사용자로서 고객 팀에 포함할 수 있다. 대신 영업사원들이 과거에 놓친 판매 기회에 지나치게 매달리지 않도록 조심해야 한다. 어떤 경우에도 영업사원은 실제 사용자와의 훌륭한 연결 고리다.
- 해당 분야의 전문가는 훌륭한 대리 사용자가 될 수 있다. 하지만 스토리를 작성할 때 사용자 수준을 전문가만큼의 지식과 경험을 가진 것으로 가정하지 않도록 해야 한다.
- 구매 결정을 내리는 고객은, 그들이 소프트웨어를 실제로 사용할 사용자와 긴밀한 의사소통을 유지하는 경우 대리 사용자로서도 좋은 선택이 될 수 있다. 분명한 것은 고객이 실제 사용기도 한 경우가 제일 좋다는 점이다.
- 교육 담당 및 기술 지원 인력은 평소 제품에 대해 가지고 있던 시각이 편협하지만 않다면 좋은 대리 사용자가 될 수 있다.
- 대리 사용자와 함께 일할 때 도움이 될 만한 몇 가지 기법을 살펴보았다. 사용자 태스크포스를 구성할 수도 있고, 여러 부류의 대리 사용자를 포함하는 고객 팀을 구성할 수도 있다. 경쟁 제품 분석이나 조기 출시를 통해 사용자 피드백을 얻는 방법도 있다.

개발자 책임

- 적절한 고객을 선정하도록 도울 책임이 있다.
- 대리 사용자 유형에 따라 그들이 시스템을 어떠한 입장에서 바라보는지 각자의 배경지식이 어떠한 영향을 미칠 수 있는지 이해할 책임이 있다.

고객 책임

- 소프트웨어의 직접적인 사용자가 아니라면, 자신이 어떤 유형의 대리

사용자에 해당하는지 알 책임이 있다.
- 선입견에 의한 편향을 보이지 않는지, 그리고 편향을 극복하기 위해 다른 사람들의 도움을 구하거나 그 밖의 방법은 없는지 알 책임이 있다.

연습문제

5.1 사용자들의 관리자를 대리 사용자로 이용하면 어떤 문제가 생길 수 있나?

5.2 해당 분야 전문가를 대리 사용자로 이용하면 어떤 문제가 생길 수 있나?

6장
사용자 스토리 인수 테스트

인수 테스트를 작성하는 이유 중 하나는 고객과 개발자가 대화를 나누는 과정에서 언급된 세부사항들을 나타내기 위함이다. '시스템은……해야 한다'와 같은 문장을 일일이 작성하는 요구사항 명세서와는 달리, 사용자 스토리에서는 세부사항을 테스트로 표현한다.

테스트는 두 단계로 수행된다. 첫 단계는 나중에 무엇을 테스트할지에 관한 짧은 메모를 스토리 카드 뒷면에 짧게 적어 놓는 것이다. 누구든 새로운 테스트가 떠오를 때 첫 단계를 실행한다. 다음 단계는 테스트에 관한 메모를 완전한 형태의 실행 가능한 테스트로 옮기는 과정이다. 두 번째 단계에서 만들어지는 테스트는 해당 스토리가 정확하고 완전하게 개발되었는지 입증하는 데 사용된다.

첫 단계에서 스토리 카드의 뒷면에 작성하는 메모의 예를 살펴보자. 다음은 '기업은 채용 공고를 게시할 때 신용카드로 지불할 수 있다'는 스토리 카드의 뒷면에 작성된 내용이다.

- 비자, 마스타카드, 아메리칸익스프레스카드 테스트(통과).
- 다이너스클럽카드 테스트(실패).
- 정상/비정상 카드 ID 테스트. 분실 카드 ID 테스트.
- 유효기간이 만료된 카드 테스트.
- 다양한 구매액 테스트(카드 한도 초과액 포함).

이러한 테스트에 관한 메모는 시스템에 대해 고객들이 가정하는 사항들을 담아낸다. BigMoneyJobs예제에서 고객이 '구직자는 채용 공고의 세부 정보를 열람할 수 있다' 는 사용자 스토리를 작성하고 있는 상황을 보자. 고객과 개발자는 이 스토리에 대해 논의하면서 화면에 보여줄 항목들(직업 명, 설명, 위치, 급여 수준, 지원 방법 등)을 열거해 볼 것이다. 하지만 고객은 모든 기업이 이런 항목들을 모두 기입하지는 않을 것이라는 점을 알고 있으므로 누락된 정보 항목들을 어떻게든 처리할 수 있어야 한다고 기대할 것이다. 예를 들어 급여 수준에 대해 정보가 입력되지 않은 경우 '급여 수준' 이라는 항목 자체가 화면에 나오지 않기를 바랄지도 모른다. 이와 같이 고객이 기대하거나 가정하는 내용은 반드시 테스트로 작성해 두어야 한다. 그렇지 않은 경우 프로그램 개발자는 채용 공고를 게시하는 부분을 처리하면서 모든 기업이 반드시 급여 수준 항목을 입력하게 할지도 모른다.

인수 테스트는 스토리가 완전히 개발되었는지를 결정하는 기본적인 기준이 되기도 한다. 어떤 부분이 완료되었음을 알려주는 기준을 마련하는 것은 그 일을 하기 위해 너무 많지도 적지도 않은, 딱 적당한 시간과 노력만 들일 수 있도록 하는 최고의 방법이다. 나의 아내는 케이크를 구울 때 자기만의 인수 테스트로서 이쑤시개 같은 것으로 케이크를 찔러본다. 이쑤시개가 깨끗하게 뽑히면, 케이크가 제대로 구워진 것이다. 내 인수 테스트는 아내가 만든 케이크의 겉을 손가락으로 슬쩍 문질러 맛을 보는 것이다.

코딩하기 전에 테스트부터 작성하기

인수 테스트가 있으면, 프로그래머는 코딩을 시작하기 전에 유용한 정보를 많이 얻을 수 있다. 예를 들어 '다양한 구매액 테스트(카드 한도 초과액 포함)' 란 테스트 항목을 살펴보자. 프로그래머가 코딩을 시작하기 전에 이 같은 테스트가 작성된 것을 확인함으로써 구매액이 한도를 초과하는 경우에 대해 처리해야 하는 것을 상기할 수 있다. 하지만 이런 테스트 없이 진행한다면, 코딩 중에 이 사실을 잊어버리는 프로그래머도 분명히 있을 것이다.

프로그래머가 이러한 이득을 얻기 위해서는 당연히 코딩을 시작하기 전에 스토리에 대한 인수 테스트를 작성해야 한다. 인수 테스트는 일반적으로 다음과 같은 때에 작성한다.

- 고객과 개발자가 스토리를 가지고 대화를 나누는 도중, 명백한 세부 사항을 기록하기 위해
- 이터레이션 초기 코딩을 시작하기 전에 스토리를 명확하게 이해하고자 할 때
- 프로그래밍 중이거나 그 이후라도 스토리에 필요한 새로운 테스트를 발견할 때

이상적으로는 고객과 개발자가 스토리에 관하여 논의할 때 드러나는 세부사항을 테스트로 작성한다. 하지만 이터레이션을 시작할 때에는 고객이 주도적으로 스토리를 모두 검토하고 더 추가할 테스트가 없는지 확인해야 한다. 이 때에는 스토리마다 스스로 다음과 같은 질문을 해 보는 것이 도움이 될 것이다.

- 프로그래머가 이 스토리에 대해 꼭 알아야 하는 내용은 무엇인가?
- 나는 이 스토리가 어떤 모습으로 구현될 거라고 가정하는가?
- 이 스토리가 다르게 동작할 만한 상황은 없는가?
- 스토리를 진행하는 중에 잘못될 만한 일은 무엇인가?

스토리 카드 6.1은 스캐너 관련 소프트웨어를 개발한 실제 프로젝트에서 사용된 것이다. 스토리 작성자는 자신이 기대하는 바를 명확하게 기술하였다. (새로 스캔한 페이지는 소프트웨어상에 이미 열린 문서가 있다 하더라도 새 문서에 들어가야 한다.) 여기서는 고객의 기대사항이 카드 앞면에

스토리의 한 부분으로 기술되어 있다. 하지만 카드 뒷면에 테스트 형태로 기록할 수도 있었을 것이다. 여기서 중요한 점은 프로그래머가 스토리에 대한 코딩을 시작하기 전에 스토리 카드에 어떤 형태로든 고객이 기대하는 내용이 드러난다는 것이다. 그렇지 않으면 프로그래머가 새로 스캔한 페이지를 현재 열려 있는 문서에 추가해 버리는 식으로 다른 동작을 하도록 개발할 수도 있을 것이다.

▶스토리 카드 6.1 프로그래머에게 고객의 기대사항을 전달

사용자는 페이지를 스캔하여 새 문서에 삽입할 수 있다. 이미 열린 문서가 있으면, 프로그램은 현재 열린 문서를 닫을지 물어보아야 한다.

고객이 테스트를 명시한다

소프트웨어는 고객의 비전을 실현하기 위해 개발하는 것이다. 따라서 인수 테스트는 고객이 명시해야 한다. 프로그래머나 테스터의 도움을 받아 고객이 직접 테스트를 만들 수도 있겠지만, 그렇게까지는 못하더라도 최소한 스토리가 제대로 개발되었는지 확인할 수 있도록 테스트를 명시하는 것은 고객의 책임이다. 그 후에 개발 팀, 특히 경험 많은 테스터가 자신들이 생각하는 테스트를 덧붙이게 된다.

테스트 수행은 프로세스의 일부다

최근에 함께 일했던 한 회사에서는 테스터가 자신이 테스트할 소프트웨어에 관한 내용을 프로그래머에게서 전달받고 있었다. 프로그래머가 새로운 기능을 구현하고 그것을 테스터에게 설명하면, 테스터는 프로그램이 설명대로 동작하는지 검증하는 것이다. 아마도 대부분의 프로그램이 테스트를 통과할 것이며, 실제 사용자가 직접 사용하기 시작하면 그제야 에러가 난무하게 될 것이다. 두말할 것 없이 이 상황의 문제는 테스터가 프로그래

머의 설명에만 의존하여 그것만 테스트한 데 있다. 고객 혹은 사용자의 직접 참여 없이 진행되는 테스트는 소프트웨어가 고객이나 사용자의 요구를 충족시키는지와는 무관한 것이다.

사용자 스토리에서 테스트는 '코드 작성이 끝난 다음' 하는 어떤 것이 아니라, 개발 프로세스의 일부로 보아야 한다. 테스트가 확실히 수행되도록 하는 것은 제품 관리자와 테스터의 공동 책임이다. 제품 관리자는 프로젝트의 올바른 방향을 인식하고 있으며, 테스터는 모든 것을 의심하고 확인하는 사고방식을 가지고 있다. 이들은 이터레이션을 시작할 때 함께 모여 가능한 많은 테스트를 생각해서 작성한다. 그 뿐 아니라 주간 회의에도 계속 참석해야 하며, 각 스토리의 세부사항이 진척됨에 따라 추가 테스트를 명시해야 한다.

테스트는 얼마나 필요한가?

고객은 테스트를 추가함으로써 스토리의 가치와 명확성을 높일 수 있는 한 계속 작성해야 한다. 그러나 불필요하게 중복하여 작성할 필요는 없다. 예를 들어 유효기간이 지난 마스타카드를 테스트한다면 굳이 비자카드에 대해서도 동일한 테스트를 추가할 필요는 없을 것이다.

또한, 좋은 프로그래머라면 저수준 검증을 위한 단위 테스트를 만들 것이라는 점도 명심해야 한다. 예를 들어 2월 30일이나 6월 31일이 유효하지 않은 날짜라고 판별하는 등의 단위 테스트는 프로그래머들이 만들어야 한다. 고객이 이런 세부사항까지 일일이 지적할 필요는 없다. 고객은 스토리의 의도가 개발자에게 명확하게 전달되도록 하는 데 초점을 맞추어 테스트를 작성해야 한다.

FIT

인수 테스트는 프로그램을 고객이 받아들일 만한 것인지 보여주기 위한 것이다. 이는 고객이 인수 테스트를 실행하는 사람이어야 함을 의미한다. 인수 테스트는 적어도 각 이터레이션이 끝날 때마다 실행되어야 한다. 한 이터레이션에서 잘 작동하던 코드가 다음 이터레이션을 진행하는 동안 깨지는 경우도 있기 때문에, 지난 모든 이터레이션의 테스트까지 함께 실행해야 한다. 이는 이터레이션이 횟수를 거듭할수록 인수 테스트를 실행하는 데 더 많은 시간이 걸리게 됨을 의미한다. 가능하면, 개발 팀은 일부 혹은 전체 인수 테스트를 자동화할 수 있는 방법을 찾아야 한다.

인수 테스트를 자동화하는 탁월한 도구로 워드 커닝햄(Ward Cunningham)의 FIT(The Framework for Integrated Test)[1]가 있다. FIT를 이용하면 많은 사람들이 익숙한 스프레드시트의 표 형태로 테스트를 작성할 수 있다. 로버트 마틴(Robert C. Martin)과 마이커 마틴(Micah Martin)이 주도하여 개발한 FitNesse[3]도 있다. FitNesse는 FIT를 확장한 것으로서 이를 이용하면 테스트를 더 쉽게 작성할 수 있다.

FitNesse(내부적으로 FIT를 이용한다)는 애자일 프로젝트에 있어서 인수 테스트를 작성하기 위한 도구로서 빠르게 인기를 얻었다. 테스트를 웹 페이지상에 간단한 표로 표현하기 때문에, 테스트를 명시하고 작성해야 하는 고객들의 노력이 훨씬 줄어들었다. 표 6.1은 FitNesse에서 처리하는 테스트 표의 예제다. 표의 각 행은 데이터를 나타낸다. 첫행을 보면, 2005년 5월까지 유효한, 카드ID가 4123456789011인 비자카드를 나타내고 있다. 맨 오른쪽 열은 각 행이 나타내는 카드가 유효성 검사를 통과해야 하는지의 여부를 나타낸다.[4] 표에 따르면 첫행의 비자카드는 유효한 카드로 인식되어야 할 것이다.

표 6.1의 테스트를 실행하기 위해서는 프로그래머가 FIT 명령에 응답하는 코드를 조금 작성할 필요가 있다. 작성할 코드는 프로그램에서 신용카드의 유효성 검사 부분을 호출하기 위한 것이다. 하지만 고객의 입장에서는 인수 테스트를 작성하기 위해 예제와 같이 입력 데이터 값과 기대 값으로 구성된 표만 만들면 간단히 해결된다.

표 6.1의 테스트를 실행하면 맨 오른쪽 열에 초록(통과, 결과 값이 기대

---

1) 저자 주: FIT는 http://fit.c2.com에서 받을 수 있다.[2]
2) 역자 주: 『Fit for Developing Software』 참고.
3) 저자 주: FitNesse는 http://www.fitnesse.org에서 받을 수 있다.
4) 저자 주: 카드의 유효성 검사에 대한 내용은 http://www.beachnet.com/~hstiles/cardtype.html을 참고한다.[5]
5) 역자 주: 카드사별 카드 ID길이, 앞자리 번호, ID 유효성에 대한 규칙 등이 정의되어 있다. 앞자리 번호 규칙을 보면 비자는 4, 마스터카드는 51~55, 아메리칸익스프레스카드는 34/37로 시작한다.

CardType	Expiration	Number	valid( )
비자	05/05	4123456789011	true
비자	05/23	4123456789012349	false
마스타카드	12/04	5123456789012343	true
마스타카드	12/98	5123456789012345	false
마스타카드	12/05	42	false
아메리칸익스프레스	04/05	341234567890127	true

표 6.1 신용카드 유효성 테스트를 위해 FIT와 FitNesse에서 사용할 수 있도록 표로 작성

값과 동일)이나 빨강(실패)이 표시된다. FitNesse와 FIT는 고객과 개발자 모두에게 인수 테스트를 만들고 실행하는 것을 단순하게 만들어 준다.

테스트의 종류

테스트에는 종류가 많다. 고객 팀과 개발 팀 모두 적절한 종류의 테스트가 수행되는지 신경 써야 한다. 스토리를 테스트하는 것은 프로그램의 기능(동작)이 기대한 대로 구현되었는지를 확인하는 기능 테스트(functional test)인 경우가 대부분이다. 하지만 다른 테스트 종류도 고려해 보아야 한다. 예를 들어 다음에 설명한 테스트 중에서 하나 혹은 모두를 고려해 볼 필요가 있다.

- 사용자 인터페이스 테스트(user interface test): 사용자 인터페이스 구성 요소들이 예상한 대로 동작하는지 확인한다.
- 사용성 테스트(usability test): 프로그램이 쉽게 사용할 수 있도록 개발되었는지 확인한다.
- 성능 테스트(performance test): 프로그램이 다양한 작업 부하에서 얼만큼 성능을 보이는지 측정한다.
- 스트레스 테스트(stress test): 사용자 초과, 트랜잭션 과다 등의 스트레스 상황에서 프로그램이 어떻게 동작하는지 확인한다.

테스트는 버그를 확인하기 위한 것이지 실행을 확인하기 위한 것이 아니다

다른 많은 팀과 달리 스토리 주도의 애자일 프로젝트를 진행하는 팀은 테스트 실행과 대립하지도 적대적이지도 않다. 다른 사람이 개발한 내용을 테스트하다가 버그를 발견하더라도 우쭐해 하지 않는다. 설령 그 버그가 전체 개발을 지연시키더라도 비난하지 않는다. 협력을 강조하는 '모두 함께 한다'는 마음가짐이 이를 가능하게 한다.

애자일 프로젝트에서는 버그를 찾아 제거하기 위해 테스트를 한다. 100% 코드 실행 확인(code coverage)이나 모든 경계 조건 검사를 목표로 할 필요는 없다. 우리의 직관과 지식, 그 동안의 경험을 이용하여 테스트에 들이는 노력을 조절할 수 있다.

준비가 되었다면 누구라도 테스트를 수행할 수 있다. 고객은 개발자와 전담 테스터의 도움을 받아 인수 테스트를 명시할 책임이 있다. 예를 들어 표 6.1의 테스트에서 유효기간 만료에 관한 테스트는 마스타카드 하나에 대해서만 명시되어 있다. 만약 모든 경우에 대해 처리하기를 원한다면 다른 카드에 대해서도 테스트를 명시해야 할 것이다. 하지만 고객은 개발자와의 대화를 통해, 카드 종류에 상관없이 유효기간 검사는 동일하게 진행되기 때문에, 한 종류만 테스트해도 충분하다는 것을 알게 된다. 시간이 지나면서 의사소통을 자주 하고 실패하는 테스트의 유형을 살펴봄으로써, 프로젝트 구성원들은 테스트에 들이는 노력을 효과적으로 집중하는 방법을 배우게 된다.

▍요약

- 인수 테스트는 고객과 개발자의 대화에서 나오는 세부사항을 표현하기 위해 사용된다.
- 인수 테스트는 개발자와 논의하지 않았지만 고객이 스토리에 대해 생각하고 있는 가정들을 문서화한다.
- 인수 테스트는 스토리가 완전히 구현되었는지 판단할 수 있는 기준을

제공한다.
- 인수 테스트는 개발자가 아니라 고객이 작성해야 한다.
- 인수 테스트는 프로그래머가 코딩을 시작하기 전에 작성해야 한다.
- 추가로 작성한 테스트가 스토리의 의도나 세부사항을 명확히 표현하는 데 도움이 되지 않는다면 더 이상 테스트를 작성할 필요가 없다.
- FIT와 FitNesse는 표나 스프레드시트와 같이 쉽고 익숙한 형태로 인수 테스트를 작성할 수 있는 훌륭한 도구다.

개발자 책임
- 인수 테스트 실행을 자동화하기로 한 경우, 그렇게 할 책임이 있다.
- 새 스토리를 개발하기 시작할 때, 스토리의 인수 테스트에 더 추가할 내용이 없는지 고려할 책임이 있다.
- 인수 테스트가 스토리의 세세한 내용까지 명시할 필요가 없도록 작성하는 코드에 대해 단위 테스트를 실행할 책임이 있다.

고객 책임
- 인수 테스트를 작성할 책임이 있다.
- 인수 테스트를 실행할 책임이 있다.

연습문제
6.1 누가 테스트를 명세하고, 누가 이를 도와주는가?
6.2 왜 스토리에 대한 코딩을 시작하기 전에 테스트를 먼저 명세해야 하는가?

7장

좋은 스토리를 위한 지침

지금까지 스토리에 관한 기본적인 내용을 살펴보았다. 스토리가 무엇인지, 어떻게 스토리를 그물질하고 작성하는지, 핵심 사용자 역할은 어떻게 식별하는지, 인수 테스트의 역할은 무엇인지 등의 내용을 바탕으로, 이제부터는 좋은 스토리를 작성하기 위한 지침을 살펴볼 것이다.

목적 스토리로 시작하라

대규모 프로젝트, 특히 사용자 역할이 많고 다양한 프로젝트는 스토리 식별을 어디서부터 시작해야 할지 막막한 경우가 있다. 내 경험으로는, 한 번에 하나씩 사용자 역할을 선택하여 그 사용자가 새 시스템을 사용하는 주 목적을 식별하는 것이 가장 효과적이었다. 예를 들어 BigMoneyJobs에서 구직자 역할을 고려해 보자. 구직자에게는 '일자리를 찾는다'는 목적이 최우선이다. 그리고 이 목적을 달성하기 위해서는 다음과 같은 세부 목적들을 고려해야 한다.

- 관심 있는 채용 정보를 검색하기(기술, 급여 수준, 위치 등을 기준으로)
- 매번 검색 조건을 직접 입력하지 않도록 검색 과정을 자동화하기
- 기업이 조회할 수 있도록 자신의 이력서를 공개하기
- 원하는 채용 기회에 쉽게 응모하기

이제 이러한 목적들은 (사실 이 자체로도 고수준의 스토리에 해당하지만) 필요한 스토리를 추가로 작성하는 데 사용할 수 있다.

케이크 자르듯 나누어라

큰 스토리를 만났을 때에는 그것을 작은 스토리 조각으로 나눌 수 있다는 사실을 명심하자. 이때 개발자들이 가장 먼저 보이는 경향은 기술적인 측면에서 스토리를 나누려고 하는 것이다. 예를 들어 '구직자는 이력서를 게시할 수 있다' 는 스토리가 현재 이터레이션에서 모두 처리하기에는 너무 커서 더 작은 단위로 나누고자 한다. 개발자들은 기술적인 기준에 따라 다음과 같이 나누려 할지 모른다.

- 구직자는 입력 양식에 값을 채워 넣는다.
- 이력서 양식의 정보는 데이터베이스에 기록된다.

위와 같이 나눈 경우, 첫 스토리를 현재 이터레이션에서, 둘째 스토리를 다음 이터레이션에서 구현할 수 있다. 여기서 문제는 두 스토리 중 어떤 것도 개별적으로는 사용자에게 유용하지 않다는 점이다. 첫 스토리를 보면, 구직자가 입력 양식에 값을 채워 넣을 수는 있지만 그 데이터는 저장되지 않는다. 이는 유용하지 않을 뿐 아니라, 오히려 사용자의 시간을 허비하게 만들 것이다. 둘째 스토리는 입력 양식의 데이터를 모아 데이터베이스에 기록하는 것을 말한다. 하지만 사용자에게 입력 양식을 보여주는 첫 스토리가 없으면 이 스토리는 의미가 없다.

스토리를 나누는 훨씬 나은 방법은 나누어진 각각의 스토리가 시작부터 끝까지의 기능을 제공하도록 나누는 것이다. 윌리엄 웨이크는 이것이 '케이크 자르기' 와 비슷하다고 설명하였다(Wake 2003a). 각 스토리는 본래 스토리의 모든 계층(맨 위부터 맨 아래까지)에서 조금씩 가져와야 한다. 이러한 방법으로 '구직자는 이력서를 게시할 수 있다' 를 나누면 다음과 같을 것이다.

- 구직자는 기본 정보(이름, 주소, 학력)를 포함한 이력서를 제출할 수 있다.
- 구직자는 기업측에서 요구하는 모든 정보를 포함한 이력서를 제출할 수 있다.

케이크의 완전한 하나의 조각처럼 기능의 시작과 끝을 꿰뚫는 스토리를 그렇지 못한 스토리보다 우선 고려해야 한다. 여기에는 두 가지 이유가 있다. 첫째, 애플리케이션 아키텍처의 모든 계층을 포함하도록 함으로써 마지막 순간에야 특정 계층에서 문제가 발견되는 리스크를 줄일 수 있다. 둘째, 이상적이지는 않지만, 프로그램은 기능이 일부만 구현되었더라도 해당 기능들이 시스템의 처음부터 끝까지 포함한다면 실제 사용을 목적으로 사용자에게 릴리즈될 수 있기 때문이다.

닫힌 스토리[1]를 작성하라

소렌 로슨(Soren Lauesen)은 요구사항 기법을 설명하면서 닫힘(closure) 개념을 소개했다. 닫힘 개념은 사용자 스토리에도 똑같이 적용할 수 있다. 닫힌 스토리는 의미 있는 목적을 달성하는 형태로 작성되어 사용자로 하여금 무언가를 해냈다고 느끼게 하는 스토리를 말한다.

예를 들어 BigMoneyJobs 웹 사이트 프로젝트에서 '채용 담당자는 자신이 게시한 채용 공고를 관리할 수 있다'는 스토리가 있다고 하자. 이 스토리는 닫혀 있지 않다. 무언가를 관리하는 것은 완료될 수 있는 성질의 것이 아니다. 오히려 계속 이어지는 활동이다. 다음과 같이 닫힌 스토리로 나누어 작성하는 것이 더 낫다.

- 채용 담당자는 자신이 게시한 채용 공고에 지원한 사람들의 이력서를

[1] 역자주: 4장「스토리 수집하기」에서 개방형 질문을 통해 스토리를 찾는 것과 비교해 볼 수 있다. 새 스토리를 찾으려면 고객이나 사용자에게 개방형, 즉 열린 질문을 하고, 스토리를 작성할 때에는 닫힌 형태로 작성하여야 한다.

검토할 수 있다.
- 채용 담당자는 채용 공고의 지원 마감일을 변경할 수 있다.
- 채용 담당자는 채용 조건에 맞지 않는 지원서를 삭제할 수 있다.

이런 식으로 그 밖의 관리 활동을 추가할 수 있다. 각 닫힌 스토리는 닫혀 있지 않은 처음 스토리의 부분에 해당한다. 닫힌 스토리 중 하나를 완성하고 나면 사용자는 무언가 해냈다고 느낄 것이다.

닫힌 스토리를 작성할 때 조심할 점은 스토리의 기본적인 원칙에 위배되지 않도록 해야 한다는 것이다. 스토리는 추정이 가능한 정도로 작아야 하며 한 이터레이션 동안 개발 가능한 정도의 크기여야 한다는 점을 기억하라. 하지만 너무 이른 시기에 세부사항을 잡아내는 데 얽매이지 않도록 적당히 클 필요도 있다.

2) 역자 주: 닫힌 스토리를 작성하는 것은 세부사항을 일일이 스토리로 작성하는 것과는 다르다.

제약사항 기록하기[2]

제임스 뉴커크와 로버트 마틴(James Newkirk and Robert C. Martin 2001)이 추천한 실천법이 유용하였기에 여기에 소개한다.

그들이 소개한 실천법은 어떤 스토리가 직접 구현될 내용은 아니지만 시스템이 꼭 지켜야 하는 내용인 경우 '제약사항'이라는 표식을 달아두는 것이다. 스토리 카드 7.1의 예를 보자.

▶스토리 카드 7.1 제약사항 스토리 카드의 예

> 시스템은 최대 50명까지 동시 사용자를 지원해야 한다.
>
> 제약사항

제약사항에는 다음과 같은 것들도 있을 수 있다.

- 추후에 국제화가 어렵지 않아야 한다.
- 새 시스템은 기존 주문 데이터베이스를 사용해야 한다.
- 모든 버전의 Windows에서 실행되어야 한다.
- 99.999%의 가동시간을 확보해야 한다.
- 사용하기 쉬워야 한다.

제약사항 스토리 카드는 보통의 스토리 카드와 달리 작업량을 예측하지도 이터레이션의 일정에 포함시키지도 않지만 유용하게 사용된다. 최소한 다른 스토리와 함께 벽에 붙여 둠으로써 제약사항들을 잊지 않도록 하는 데 도움이 된다. 인수 테스트를 작성할 때 이러한 제약사항들을 위반하지 않도록 한다면 훨씬 좋을 것이다. 예를 들어 스토리 카드 7.1에 대해 테스트를 작성하는 것은 그리 어렵지 않을 것이다. 원칙적으로 아직 시스템이 크기 않아 제약사항을 위반할 가능성이 거의 없는 첫 이터레이션부터 제약사항들을 테스트로 작성해 두어야 한다. 이 테스트들을 이터레이션마다 계속 실행한다. 가능하면 제약사항이 지켜지는지 확인하는 테스트들을 자동화하도록 하라. (대부분은 가능할 것이다.)

비기능 요구사항(nonfunctional requirements)을 정의하는 방법으로 사용하는 제약사항에 대해서는 16장 「그 밖의 주제」를 참고하라.

스토리의 크기는 시간축에 맞추어라

여러분은 가장 중요한 부분에 주의를 집중하고 싶을 것이다. 일반적으로 이는 먼 나중에 일어날 일이 아닌 가까운 미래에 일어날 일에 더 집중하는 것을 의미한다. 사용자 스토리에서는 프로젝트 진행 일정에 따라 다양한 수준으로 스토리를 작성하는 것을 의미한다. 즉, 바로 다음에 진행할 이터레이션에 대해서는 일정을 계획할 수 있는 수준으로 작은 스토리를 작성하며, 훨씬 나중에 처리할 스토리는 정확하지 않더라도 더 크게 작성할 것이다. 예를 들어 BigMoneyJobs 웹 사이트 프로젝트에서 최상위 수준으로 기술된 다음 스토리를 생각해 보자.

- 구직자는 이력서를 게시할 수 있다.
- 구직자는 채용 공고를 검색할 수 있다.
- 채용 담당자는 채용 공고를 게시할 수 있다.
- 채용 담당자는 이력서를 검색할 수 있다.

고객이 첫 이터레이션에서는 사용자들이 이력서를 게시할 수 있도록 하는 데 집중하자고 결정했다고 하자. 먼저 이력서 게시 기능이 대부분 구현된 다음에 채용 공고 게시, 채용 공고 검색, 이력서 검색 기능 순서로 진행할 것이다. 프로젝트 팀은 고객과 함께 '구직자는 이력서를 게시할 수 있다'에 관하여 대화를 시작한다. 대화를 통해 스토리의 세부사항이 드러나고, 스토리는 여러 개로 나뉜다. 전체 스토리의 목록이 다음과 같이 바뀔 것이다.

- 구직자는 웹 사이트에 새 이력서를 추가할 수 있다.
- 구직자는 게시한 이력서를 수정할 수 있다.
- 구직자는 게시한 이력서를 삭제할 수 있다.
- 구직자는 이력서를 비활성화할 수 있다.
- 구직자는 특정 채용 담당자에게 이력서가 보이지 않도록 설정할 수 있다.
- 구직자는 이력서의 조회수를 알 수 있다.
- …… 그 밖의 이력서 게시에 관한 스토리들……
- 구직자는 채용 공고를 검색할 수 있다.
- 채용 담당자는 채용 공고를 게시할 수 있다.
- 채용 담당자는 이력서를 검색할 수 있다.

여러분이 스토리를 작성할 때에도 다양한 수준으로 사용될 수 있는 스토리 유연성의 이점을 적극 활용하도록 하라.

되도록 사용자 인터페이스를 배제하라

요구사항에 구현 세부사항과 같은 산출물 명세를 섞어 넣는 것은 모든 요구사항 기법에 나타나는 공통의 문제다. 요구사항을 명시할 때 직간접적으로 산출물의 구현 세부사항까지 함께 명시하는 것이다. 특히 사용자 인터페이스 측면에서 이러한 문제가 자주 발생한다. 여러분은 되도록 스토리에서 사용자 인터페이스에 관련된 사항을 배제하여야 한다. 예를 들어 스토리 카드 7.2를 살펴보자. 이 스토리는 실제 프로젝트에서 작성된 것을 가져왔다. 이 스토리를 프로젝트에서 비교적 초기에 개발할 예정이라면, 사용자 인터페이스에 관한 세부사항이 과도하게 포함되어 있다. 이 스토리는 인쇄창, 프린터 목록, 네 가지 프린터 검색 방법을 설명한다.

사용자 인터페이스에 관한 세부사항이 언젠가는 스토리에 포함될 수밖에 없다. 하지만 이렇게 되는 것은 소프트웨어가 좀더 구체적인 모양을 갖추고 스토리가 더 이상 새로운 기능을 나타내는 것이 아니라 기존 기능을 수정하거나 확장하는 것을 의미하게 될 때다.

예를 들어 '사용자는 검색 화면에서 달력 컨트롤을 이용하여 날짜를 선택한다' 는 스토리를 살펴보자. 이 스토리는 프로젝트 진행 시점에 관계 없이 구현하는 데 3일 정도 걸린다고 하자. 그렇더라도 아직 사용자 인터페이스를 제대로 고려해 보기도 전인 프로젝트 초기에 이런 스토리를 작성할 이유가 없다.

◀스토리 카드 7.2 사용자 인터페이스 세부 사항이 지나치게 많이 포함된 카드

> 인쇄창에서 프린터 목록을 수정할 수 있다. 사용자는 프린터 목록에서 프린터를 추가하거나 삭제할 수 있다. 프린터를 추가할 때 자동 검색을 이용하거나 직접 DNS 이름과 IP 주소를 입력하여 지정할 수 있다. 고급 검색 기능을 이용하는 경우 자동 검색 대상 IP와 서브넷 범위를 지정할 수 있다.

스토리가 아닌 것들

사용자 스토리는 형식이 자유로워 시스템의 기능을 서술하는 데 적합하지만 모든 경우에 적합한 것은 아니다. 사용자 스토리와는 다른 양식으로 요구사항을 표현할 필요가 있다면 그렇게 하도록 하라. 예를 들어 사용자 인터페이스 매뉴얼의 경우 화면을 캡쳐하여 문서에 포함하는 경우가 많다. 또 외부 업체에서 개발하는 시스템과의 인터페이스에 대해 문서를 작성하고 협의하는 데는 사용자 스토리가 적합하지 않을 수 있다.

시스템을 다른 형식으로 표현하는 것이 더 효과적이라고 판단되면 그 방법을 이용하라.

스토리에 사용자 역할을 포함하라

사용자 역할을 식별해 냈다면, 스토리를 작성할 때 사용자 역할을 적극 이용하도록 한다. '사용자는 이력서를 작성할 수 있다' 고 하는 대신 '구직자는 이력서를 작성할 수 있다' 고 작성한다. 별 차이가 없어 보이지만 이런 방식으로 스토리를 작성함으로써 개발자들의 생각 속에 구체적인 사용자가 자리잡을 수 있다. 이름도 얼굴도 없는 딱히 누구라도 상관없을 일반적인 사용자 대신, 우리가 개발하는 소프트웨어를 통해 만족을 얻을 실제 사용자를 떠올릴 수 있게 된다.

XP를 초창기부터 수용했던 Connextra에서는 짧은 템플릿 문장을 통해 사용자 역할을 스토리에 포함했다. 그들은 모든 스토리를 다음의 형식으로 작성하였다.

> 나는 (역할)로서 (비즈니스 가치)를 위해 (기능)을 원한다.

여러분도 여기서 소개한 템플릿이나 여러분이 직접 만든 형식을 시험해 보고 싶을 것이다. 위와 같은 템플릿을 이용하면 중요한 스토리를 중요하지 않은 것들로부터 쉽게 구분할 수 있을 것이다.

한 명의 사용자를 대상으로 작성하라

스토리는 한 명의 사용자를 대상으로 작성하였을 때 읽기가 가장 수월하다. 대부분의 경우 한 명을 대상으로 하는 것과 여러 명을 대상으로 하는 것은 큰 차이가 없다. 그러나 일부 스토리에서 그 차이는 분명하다. 예를 들어 '구직자들(Job Seekers)은 사이트에서 이력서를 삭제할 수 있다' 는 스토리를 보자. 이는 어떤 구직자가 자신의 이력서뿐만 아니라 다른 사람들의 이력서도 지울 수 있는 것으로 해석될 수 있다.

보통, 이런 종류의 문제는 한 명의 사용자를 대상으로 스토리를 작성함으로써 명확해진다. 예를 들어 위의 스토리를 '구직자(A Job Seeker)는 이력서를 삭제할 수 있다' 고 작성할 수 있다. 이제는 다른 사람의 이력서를 지울 수 있는지 아닌지의 문제가 좀더 명확해졌으며, 나아가 '구직자는 자신의 이력서를 삭제할 수 있다' 고 더 분명하게 고칠 수 있다.

능동태로 작성하라

사용자 스토리는 능동태로 작성하는 것이 읽거나 이해하기 더 쉽다. 예를 들어 '이력서는 구직자에 의해 게시될 수 있다' 고 하기보다 '구직자는 이력서를 게시할 수 있다' 고 작성하는 것이 더 낫다.

고객이 작성하라

원칙적으로는 고객이 스토리를 작성한다. 많은 경우 개발자들은 스토리 작성 워크숍에서 직접 스토리를 작성하거나 고객에게 새로운 스토리를 제안하는 형태로 스토리 작성을 돕는다. 하지만 스토리 작성의 책임은 고객에게 있으며 개발자들에게 전가해서는 안 된다.

그 뿐 아니라 고객에게는 이터레이션을 시작할 때 스토리의 우선순위를 매겨야 하는 책임도 있기 때문에 고객은 반드시 각 스토리를 이해하고 있어야 한다. 가장 잘 이해하는 방법은 직접 작성하는 것이다.

스토리 카드에 번호를 부여하지 말라

스토리 카드를 처음 사용하는 경우라면 카드에 일련번호 같은 것을 부여하고 싶을 수 있다. 보통 이렇게 하는 이유는 번호를 부여함으로써 각 카드를 추적하기 쉽게 하기 위해서다. 예를 들어 13번 카드의 스토리가 너무 크다고 판단하면, 13번 카드를 찢어 버리고 그 자리에 13.1번, 13.2번, 13.3번 카드를 추가하는 식이다. 하지만 스토리 카드에 번호를 부여하는 것은 무의미한 업무 부담만 늘리고 구체적인 기능을 논의하는 데 불필요한 추상성을 개입시키는 문제가 있다. 나는 '13번 스토리' 보다는 '사용자 그룹 추가 스토리' 라고 이야기하고 싶다. 특히 '13.1번 스토리' 같은 것은 더욱 이야기하고 싶지 않다.

스토리 카드에 번호를 부여해야 한다는 의무감 같은 것이 느껴진다면, 그 대신 카드에 짧은 제목을 붙이고 다음부터 그 스토리를 지칭할 때 사용하도록 하라.

목적을 잊지 말라

스토리 카드의 주 목적은 구현할 기능을 논의하기 위한 단서 역할이라는 점을 잊지 말아야 한다. 단서는 간결해야 한다. 카드에는 나중에 대화를 재개하기 위해 기억하면 될 정도의 세부사항만을 써넣도록 하며, 너무 많은 세부사항을 써넣어 카드가 대화를 대신하지 않게 한다.

요약

- 스토리를 식별하는 것은, 시스템을 사용하는 각 사용자 역할의 목적이 무엇인지를 고려하는 것으로 시작하라.
- 스토리를 나눌 때, 스토리가 프로그램의 모든 계층의 내용을 포함하도록 해라.
- 스토리의 크기는 사용자가 스토리에 적힌 기능을 완수하고 나서 커피

한잔을 마실 수 있는 여유를 가질 정도가 적당하다.
- 프로젝트 환경에 따라 필요하면 다른 요구사항 수집 기법이나 문서화 기법을 스토리와 병행하여 사용하라.
- 제약사항 카드를 만들고 공동의 공간에 붙여 두거나 제약사항이 위배되지 않음을 확인하기 위한 테스트를 작성하라.
- 가까운 시기에 구현할 기능에 대해서는 작은 스토리를, 훨씬 나중에 구현할 기능에 대해서는 큰 스토리를 작성하라.
- 되도록 사용자 인터페이스를 스토리에서 배제하여라.
- 필요하면 스토리에 사용자 역할을 포함하라.
- 능동태로 작성하라. '이력서는 구직자에 의해 게시될 수 있다' 보다는 '구직자는 이력서를 게시할 수 있다' 가 낫다.
- 한 명의 사용자를 대상으로 작성하라. '구직자들은 사이트에서 이력서를 삭제할 수 있다' 보다는 '구직자는 자신의 이력서를 삭제할 수 있다' 가 낫다.
- 고객이 직접 작성하도록 하라. 개발자는 도와줄 뿐이다.
- 짧게 유지하라. 사용자 스토리의 주 목적이 대화를 재개하기 위한 단서라는 점을 잊지 말라.
- 스토리에 번호를 부여하지 말라.

연습문제

7.1 '구직자는 모집 중인 채용 공고를 검색할 수 있다' 가 한 이터레이션에 맞지 않을 정도로 크다고 가정하자. 이 스토리를 어떻게 나눌 수 있을까?

7.2 다음 스토리 중에서 크기가 적당하고 닫힌 스토리로 볼 수 있는 것은 무엇인가?
   1) 사용자는 자신의 설정 정보를 저장할 수 있다.
   2) 사용자는 결제를 위한 기본 신용카드를 변경할 수 있다.

3) 사용자는 시스템에 로그온할 수 있다.

7.3 '사용자는 자신의 이력서를 게시할 수 있다' 는 스토리를 어떻게 개선할 수 있을까?

7.4 '소프트웨어는 사용하기 쉬워야 한다' 는 제약사항을 어떻게 테스트할 것인가?

2부
추정과 계획

사용자 스토리에 대한 이해를 바탕으로 사용자 스토리를 통한 프로젝트 추정과 계획에 대해 살펴보도록 하자. 우리는 대부분의 프로젝트에서 기간이 얼마나 걸릴지 추정을 한다. 혹은 그렇게 하라는 요구를 받는다. 마케팅 프로모션을 준비하고, 사용자 교육을 하며, 하드웨어 장비를 구매하는 등의 활동은 프로젝트 계획에 따라 진행된다.

2부에서는 스토리의 작업량을 추정하고, 우선순위가 높은 스토리를 인도하기 위한 릴리즈 계획을 수립하는 방법을 설명한다. 그리고 릴리즈 계획을 바탕으로 각 이터레이션마다 수행할 작업에 대한 이터레이션 계획을 수립하는 방법을 설명한다. 마지막으로 각 이터레이션을 수행하면서 얻은 지식을 반영하여 계획을 꾸준히 조정할 수 있도록, 프로젝트의 진척 상황을 측정하고 모니터링하는 방법을 살펴본다.

8장

사용자 스토리 추정

어떤 프로젝트도 "언제 끝납니까?"라는 물음 없이는 진행될 수 없다. 스토리를 추정하기 위한 방법은 다음의 특징들을 가져야 한다.

- 스토리에 대해 새로운 내용을 알게 되면 언제든지 추정치를 수정할 수 있어야 한다.
- 에픽이든 작은 스토리든 그 크기에 상관없이 적용할 수 있어야 한다.
- 추정하는 데 시간이 많이 걸리지 않아야 한다.
- 진척 상황 및 남아 있는 작업량에 대해 유용한 정보를 제공해야 한다.
- 추정치가 정확하지 않더라도 큰 문제가 되지 않아야 한다.
- 릴리즈 계획에 사용할 수 있어야 한다.

스토리 점수

앞에서 열거한 특징을 만족시키는 방법 중 하나는 추정의 단위로 '스토리 점수(story point)'를 이용하는 것이다. 스토리 점수는 팀마다 자신들에게 맞는 정의를 채택하여 사용할 수 있다는 장점이 있다. 어떤 팀은 스토리 점수를 이상적 작업일, 즉 회의도 없고, 이메일 수신도 없으며, 전화도 걸려오지 않는 이상적인 하루로 정의할 것이다. 다른 팀에서는 이상적 작업주로 정의할 것이다. 또 다른 팀에서는 스토리의 복잡도를 의미하는 것으로 사용

1) 역자 주: 『Refactoring To Pattern』의 저자.
2) 역자 주: 번역하자면 '성운 시간 단위', 혹은 '막연한 시간 단위'. 이터레이션에 66 NUTs를 구현하였다는 식으로 말할 수 있다. nuts는 '바보, 미치광이'의 뜻도 있으므로 "How NUTs is your team?(당신 팀은 (프로젝트 속도가) 몇 NUT인가요?)"가 "당신 팀은 얼마나 미쳤나요?"라는 뜻이 되어 중의적 의미를 가진 유머가 된다.

할지도 모른다. 스토리 점수가 이처럼 다양한 의미로 사용되기 때문에 조슈아 케리브스키(Joshua Kerievsky)[1]는 스토리 점수가 NUT[2](Nebulous Unit of Time)를 나타낸다고 말하기도 하였다.

나는 이상적 작업일로 정의하는 걸 선호한다. 사실 개발자에게 이상적인 하루란 거의 없다. 하지만 스토리를 이상적 작업일로 추정하는 것에는 두 가지 장점이 있다. 첫째, 경과 시간으로 추정하는 것보다 더 쉽다. 경과 시간으로 추정하려면 그 기간에 발생할지 모를 가능한 모든 방해요소들을 고려해야 한다. 방해요소에는 매주 화요일마다 있는 사내 전체 회의도 있고, 수요일로 약속된 치과 진료도 있고, 매일 이메일에 답변하는 시간도 한두 시간 포함될 것이다. 둘째, 이상적 시간으로 추정하는 것이 모호한 단위로 추정하는 것보다 조금 더 신뢰할만한 근거를 제공한다. 추정의 주 목적 중 하나가 프로젝트 전체의 예상 작업량이 얼마인가 하는 질문에 답하기 위한 것이기 때문에, 어떠한 방법으로 추정하더라도 결국은 그 추정치를 시간 단위로 환산할 필요가 있을 것이다. 이상적 시간 단위로 추정함으로써 모호한 단위로 추정할 때보다 환산을 더 간단히 할 수 있다.

팀 전체가 함께 추정한다

스토리 추정은 팀에서 공동으로 행해야 한다. 10장 「이터레이션 계획」에서는 각 스토리를 여러 개의 작업 단위로 나눈 뒤, 개별 작업 단위에 대한 추정은 해당 작업을 맡은 개인이 수행하게 됨을 설명한다. 그러나 스토리 추정은 다음 두 가지 이유로 팀 전체가 함께 수행해야 한다. 첫째, 스토리를 추정하는 시점에는 누가 어떤 스토리를 맡아 작업할지 아직 결정하지 않았으므로 스토리를 팀 전체가 맡았다고 보는 것이 가장 정확하다. 둘째, 개인이 추정하는 것보다 팀이 추정하는 것이 더 정확하다.

스토리 추정을 팀 차원에서 수행하더라도 적정 인원이 추정에 참여하는 것이 중요하다. 팀원이 7~8명 이상으로 덩치가 크다면, 모든 개발자가 추정 작업에 참여할 필요는 없다. 하지만 일반적으로는 참여하는 개발자가 많을수록 더 낫다. 개발자들이 추정하는 동안 고객도 참가하게 되지만, 고객은 자신이 수긍할 수 없는 경우라도 개인적인 추정치를 제시하거나 사건을 주장하는 것이 허락되지 않는다.

추정하기

개인적으로는 추정을 위한 방법으로 뵘(Boehm, 1981)의 델파이(Wideband Delphi)법을 선호한다. 익스트림 프로그래밍이 소프트웨어 개발을 반복적 방법으로 접근하듯이 추정에도 반복적 방법을 이용한다. 반복적 추정이 어떻게 진행되는지 살펴보자.

우선, 추정 작업에 참가할 고객과 개발자들이 모인다. 스토리 카드 묶음과 인덱스 카드를 많이 준비한다. (여러분이 설령 스토리를 관리하는 데 소프트웨어 시스템을 이용한다 하더라도 추정 작업에는 인덱스 카드가 더 유용하다.) 각 참가자에게 인덱스 카드를 한 묶음씩 나눠 준다. 고객이 스토리 묶음에서 무작위로 스토리를 하나 선택하여 개발자에게 읽어준다. 개발자들은 필요한 만큼 질문을 하고, 고객은 할 수 있는 만큼 답변한다. 혹시 답변하기 어렵다면, 그 스토리에 대해서는 추정치를 추측하거나 추정을 뒤로 미루게 된다.

스토리에 대해 더 이상 질문이 없으면, 개발자들은 저마다 카드에 추정치를 적는다. 추정치를 아직 다른 사람에게는 보여주지 않는다. 팀에서 스토리 점수를 이상적 작업일로 정의했다면, 개발자들은 스토리를 완료하는 데 이상적 작업일로 며칠이 걸릴지 추정한다. 스토리 점수를 스토리의 복잡도로 정의했다면, 거기에 맞게 추정하면 된다.

각자 추정을 마치면, 추정치를 적은 카드를 다른 사람들이 볼 수 있게 들고 있는다. 추정치는 사람마다 다를 것이다. 좋은 현상이니 문제삼지 말고 계속 진행한다. 가장 높은 추정치와 가장 낮은 추정치를 들고 있는 사람은 자신이 왜 그렇게 추정했는지 설명한다. 이들의 설명에 대해 공격적으로 평가한다는 인상을 주지 않는 것이 중요하다. 여러분은 오히려 그들의 생

모든 일은 네 시간 걸린다

나는 뉴욕에 사는 신혼부부의 이야기를 다룬 시트콤 'Mad About You'를 즐겨본다. 한 에피소드에서 부인(헬렌 헌트)이 남편(폴 라이저)에게 소파를 사러 가자고 조르는 장면이 있었다. 부인은 다녀오는 데 한 시간이면 될 거라고 조른다. 남편은 이렇게 말한다. "이 세상 모든 일은 네 시간이 걸려. 당신은 여기 저기 돌아다녀야 하고, 식사도 할거야. 다른 데서 먹었어야 했다며 불평하느라 수다도 떨어야지. 집에 돌아오는 데 최소한 네 시간은 걸려." 프로그래머는 스토리를 완료하기 위해 필요한 모든 것들을 추정에 포함시켜야 한다. 코드를 테스트하고, 고객과 회의를 하며, 고객이 인수 테스트를 준비하고 자동화하는 것을 도와주는 등의 요인들을 모두 고려해야 한다. 이러한 활동들을 추정치에 포함하지 않는다면 소파를 사는 데 한 시간이면 될 거라고 예상하는 것과 똑같다.

각을 배울 수 있다.

예를 들어 가장 높게 추정한 사람은 이렇게 말할 것이다. "음, 이 스토리를 테스트 하려면 데이터베이스에 대한 목 객체(mock object)를 만들어야 할 거에요. 아마 하루 정도 걸리겠죠. 게다가 저는 우리가 쓰는 압축 알고리즘이 잘 동작할지 확신할 수 없군요. 메모리를 효과적으로 사용하도록 새로 작성해야 할지도 몰라요." 가장 낮게 추정한 개발자는 다음과 같이 답할 것이다. "제 생각에는 정보를 XML 파일로 저장할 수 있을 거 같군요. 데이터베이스보다는 간단할 거에요. 그리고 데이터도 문제가 될 만큼 많지는 않을 거라 생각합니다."

이 시점에서 몇 분 정도 그룹 토의를 진행한다. 다른 개발자들 역시 의견을 주고 받는다. 쟁점이 생기면 고객이 해결해 준다. 필요하다면 스토리 카드에 간단한 메모를 남긴다. 이 과정에서 새로운 스토리를 한두 개 더 만들 수도 있다.

그룹 토의가 끝나면, 개발자들은 방금 토의한 스토리에 대해 다시 추정을 한다. 새로운 추정치를 모두 적었으면, 처음과 마찬가지로 모두에게 보여 준다. 이번에는 추정치가 대부분 어느 정도 비슷하게 나올 것이다. 그렇지 않으면 가장 높은 추정치와 낮은 추정치에 대해 설명하는 과정을 반복한다. 처음에 가장 높은 추정치를 적은 사람이 다음 단계에서는 그렇지 않은 경우가 많다. 실제로 내가 경험한 몇몇 경우, 처음에 가장 높게 추정한 사람이 토의를 거친 뒤 반대로 가장 낮게 추정하기도 하였다.

이 과정의 목적은 개발자들의 추정치를 수렴하여 스토리의 추정치를 하나로 결정하는 것이다. 추정치들이 수렴할 수 있도록 과정을 반복하면 되지만, 대부분 세 번 이상 반복하는 경우는 거의 없다. 그리고 모든 참가자들의 추정치가 완전히 일치할 때까지 되풀이 할 필요는 없다. 두 번째 추정치에서 스토리 점수가 4, 4, 4, 3과 같이 나왔다면, 간단히 3점으로 추정한 개발자에게 4점으로 해도 괜찮을지 물어보면 된다. 점수가 합당하냐가 중요하지, 절대적으로 정확해야 하는 것은 아니다. 물론 개발자들이 3점 혹은 4점에 대해 의견 일치를 보기 위해 토의를 계속할 수도 있겠지만, 그렇게까지 할 필요는 없다.

삼각측량

스토리에 대한 추정을 몇 개 정도 진행한 다음에는 추정치를 '삼각측량' 하는 것이 가능해진다. 또 일관된 스토리 추정치를 위해서도 그럴 필요가 있다. 삼각측량을 한다는 것은 스토리 추정치를 다른 스토리의 추정치들과 비교하는 것이다. 4점으로 추정한 스토리와 2점으로 추정한 스토리가 있다고 하자. 두 개를 같이 고려했을 때 프로그래머들이 4점짜리 스토리가 2점짜리 스토리보다 대략 두 배 정도 크다는 데 동의해야 한다. 그리고 다음 스토리를 3점으로 추정한다면, 그것이 2점짜리보다는 크지만 4점짜리보다는 작다는 것에 모두 동의해야 한다.

각각의 추정치만 놓고 볼 때는 어느 것도 정확하지 않지만, 삼각측량을 함으로써 적어도 스토리 점수의 의미가 조금씩 변해가는 것을 막을 수 있다. 삼각측량을 쉽게 하기 위해서는 크기를 기준으로 하여 스토리 카드를 벽에 붙이는 방법을 이용할 수 있다. 벽에 세로로 줄을 몇 개 그려놓고, 각 열마다 스토리 점수를 붙인다. 그리고 그림 8.1처럼 스토리 카드들을 해당 점수 열에 붙인다. 새로 스토리를 추정할 때마다, 적당한 열에 붙이도록 한다. 이 방법을 이용하면 새로 붙일 스토리와 해당 열의 다른 스토리를 재빨리 비교해 보고 '거의 비슷한 정도'인지 확인해 볼 수 있다.

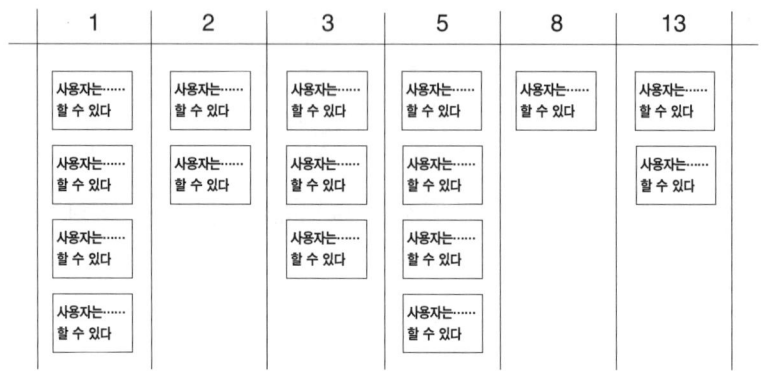

그림 8.1 삼각측량을 쉽게 하기 위해 스토리 카드를 벽에 붙인다

스토리 점수 활용

이터레이션을 마치면 팀 전체가 완료한 스토리들의 스토리 점수를 합산한다. 합산한 스토리 점수는 앞으로 같은 기간의 이터레이션에서 완료할 스토리 점수에 대한 예측치로 사용할 수 있다. 예를 들어 2주 길이의 이터레이션 동안 32점을 완료한 팀에서는, 다음 이터레이션에서도 32점을 완료할 거라고 예측하는 것이다. 한 이터레이션 동안 완료한 (혹은 완료할 것으로 예상되는) 스토리 점수를 '속도(velocity)'라고 부른다.

속도와 스토리 점수를 어떻게 함께 사용하는지, 왜 정확성이 별로 중요하지 않은지 살펴보자. 새 프로젝트를 시작하는 팀이 있다고 하자. 그들은 모든 스토리에 대해 추정을 했고 모두 합하여 300점이었다. 첫 번째 이터레이션을 시작할 때는 일주일에 30점을 완료할 수 있을 것으로 예상했다.

이는 프로젝트가 10개의 이터레이션, 즉 10주 걸린다는 것을 의미한다.

첫 번째 이터레이션을 마쳤을 때, 팀 전체가 완료한 스토리 점수를 합한 결과 30점이 아니라 50점이었다. 그들이 앞으로도 이터레이션마다 50점씩 완료할 수 있다면, 프로젝트는 6번의 이터레이션으로 완료할 수 있을 것이다. 여기서 그들은 50이라는 속도 측정치를 계속 사용해야 할까? 대답은 "그렇다" 이다. 다만 다음 세 조건을 만족해야 한다.

첫째, 과도한 잔업, 추가 인력 등의 일반적이지 않은 사항들이 첫 번째 이터레이션의 생산성에 영향을 미치지 않았어야 한다. 잔업과 같은 요인들은 생산성에 영향을 미치며 이에 따라 속도는 달라진다. 모든 팀원들이 주당 60시간 근무하여 측정된 속도라면 나중에 주당 40시간으로 다시 돌아가면 크게 떨어질 것이다.

둘째, 추정치가 일관된 방식으로 추정된 것들이어야 한다. 이는 이터레

속도 개념의 이론적 배경

중심 극한 이론(Central Limit Theorem)에 따르면 임의의 분포에서 추출한 표본의 합은 정규분포에 가깝다.

이를 우리에게 적용해 보면, 스토리 점수 추정치만 보았을 때는 정규분포에서 치우친 형태, 즉 과대평가거나 과소평가하는 경향이 있을 수 있다. 하지만 개별 추정치가 어떤 분포라 하더라도 이터레이션을 위해 스토리를 몇 개 선택하게 되면, 추정치의 합이 중심 극한 원리에 따라 정규 분포에 가깝게 된다. 이는 한 이터레이션에서 측정한 속도를 다른 이터레이션의 속도에 대한 예측값으로도 사용할 수 있음을 의미한다.

물론 속도만으로는 다른 이터레이션에 대한 예측값으로 불완전하다. 예를 들어 20점짜리 스토리 하나와 1점짜리 스토리 20개는 합이 같지만 20개를 가지고 진행한 이터레이션이 더 정확한 속도를 보여줄 것이다. 또한, 개발 팀이 새로운 기술이나 해당 분야에 대해 배우거나, 팀원들과 개발 환경에 익숙해지면서 속도는 변할 수 있다.

이션이 진행됨에 따라 속도가 요동치지 않도록 하는 데 중요하다. 어떤 팀이 한 이터레이션 동안 보수적 경향의 개발자가 추정한 스토리들만 작업했다고 하자. 보수적 경향의 개발자는 남들보다 스토리 점수를 높게 추정하는 경향이 있다. 따라서 속도도 비정상적으로 높게 나올 것이다. 추정치를 일관되게 하는 최선의 방법은 이번 장에서 설명하듯이 팀 전체가 추정에 참여하는 방법을 이용하는 것이다.

마지막으로, 첫 이터레이션에 선택된 스토리들이 독립적이어야 한다. 2장 「스토리 작성하기」에서 설명하는 방법에 따라 작성한 스토리가 여기에 해당한다. 예를 들어 사용자 인터페이스에 대한 작업만 진행한 이터레이션에서의 속도를 다른 이터레이션에도 적용할 수는 없을 것이다.

짝 프로그래밍을 하는 경우

개발 팀이 짝 프로그래밍을 채택하였는지의 여부는 스토리 점수 추정에 영향을 미치지 않는다. 예를 들어 두 명으로 구성된 팀이 이상적 작업일로 스토리 점수를 추정하는 경우를 살펴보자. 그들은 짝 프로그래밍을 하지 않는다. 일주일 길이의 이터레이션을 계획하면서 2개의 스토리를 구현하기로 하였다. 각 스토리는 3점으로 추정하였다. 이터레이션을 마치고 그들이 측정한 팀의 속도는 6이다.

이젠 짝 프로그래밍을 하고, 스토리 점수를 이상적 짝 작업일로 추정하는 경우를 가정해 보자. 그들은 각 스토리에 대해 2점(즉, 짝으로 작업하였을 때 이상적 작업일로 2일)으로 추정하였다. 이터레이션을 마치고 그들이 측정한 팀의 속도는 4다.

수치는 다르지만 두 경우의 속도는 동일하다. 두 팀은 이터레이션 동안 동일한 양의 작업을 완료했기 때문에 동일한 속도로 진행하고 있는 것이다. 이는 스토리 점수를 이상적 짝 작업일로 추정하든, 이상적 개인 작업일로 추정하든 단위가 중요한 것은 아니며, 단위의 차이는 속도에 반영되어 나타난다는 것을 의미한다.

스토리가 크면 정확성이 떨어진다

스토리 점수로 추정할 때의 문제점은 수치 상의 차이를 설명하기 어렵다는 것이다. 예를 들어 한 개발자는 2점으로 추정하고 다른 개발자는 3점으로 추정한 경우를 보자. 3점이 2점보다 작업량이 50% 정도 많음을 의미한다고 얘기하는 것은 그럴 듯하다. 크기가 이 정도 차이 난다면 논의할 만하다.

하지만 7점인지 8점인지에 대해 논의하는 경우를 보자. 여기서 1점 차는 의미 있는 논의를 하기에는 너무 작다. 7점인지 8점인지에 대해 의미 있는 논의를 하려면 그만큼 정밀한 추정 과정이 필요하다.

이런 상황을 피하고 문제를 좀더 간단하게 하기 위해, 팀은 추정치를 아래와 같이 미리 정의된 수치로만 한정할 수 있을 것이다.

$\frac{1}{2}$, 1, 2, 3, 5, 8, 13, 20, 40, 80

추정치가 크다는 것은 그만큼 스토리를 잘 모르기 때문이라는 사실을 반영하여 값이 커질수록 간격도 커진다는 것을 확인할 수 있다. 에픽을 추정할 때는 40점인지 80점인지만 결정하면 된다. 79점인지 80점인지 고민할 필요는 없다.

잊지 말아야 할 몇 가지

스토리 점수를 사용하다 보면 혼란스러운 경우가 간혹 있다. 보통은 스토리 점수를 너무 어렵게 생각하거나, 스토리 점수에 그 이상의 의미를 부여할 때 그러하다. 스토리 점수를 적절하게 사용하기 위해서 다음 사항들을 잊지 말아야 한다.

- 여러분의 팀이 사용하는 스토리 점수와 우리 팀이 사용하는 스토리 점수는 동등하지 않다. 여러분의 팀에서 3점으로 추정한 스토리를 우리 팀은 5점으로 추정할 수도 있다.
- 스토리(특히 에픽)를 작은 스토리들로 나누는 경우에, 나누어진 스토리들의 추정치 합은 원래 스토리에 대한 추정치와 같을 필요가 없다.

- 마찬가지로, 스토리를 작업 단위로 나눌 때에도 하위 작업들의 추정치 합이 원래 스토리의 추정치와 같을 필요가 없다.

요약

- 스토리를 추정할 때는 스토리 점수를 이용하라. 스토리 점수는 스토리의 복잡도, 작업량 혹은 작업 기간에 대한 상대적 추정치다.
- 스토리 추정은 팀 전체가 해야 하며, 추정치는 개인이 아닌 팀에 할당된다.
- 추정치를 다른 추정치들과 비교하는 삼각측량을 이용하라.
- 개발 팀이 짝 프로그래밍을 채택하였는지의 여부가 스토리 점수 추정치에 영향을 미치지 않는다. 짝 프로그래밍은 팀의 추정치가 아니라 팀의 속도에 영향을 미친다.

개발자 책임

- 스토리 점수를 여러분의 팀에 맞도록 정의할 책임이 있다. 한번 정의한 내용을 일관되게 적용할 책임이 있다.
- 정직하게 추정할 책임이 있다. 낮은 추정치를 요구하는 유혹이나 압력에 물러서지 않아야 할 책임이 있다.
- 팀 전체가 함께 추정 작업을 진행할 책임이 있다.
- 추정치를 일관되게 유지할 책임이 있다. 즉, 모든 2점짜리 스토리는 비슷한 크기여야 한다.

고객 책임

- 추정 회의에 참가할 책임이 있다. 하지만 여러분의 역할은 질문에 답하고 스토리를 명확하게 하는 것이다. 여러분이 추정하는 것은 허락

되지 않는다.

연습문제

8.1 추정 회의에서 프로그래머 세 명이 스토리를 추정하고 있다. 각각 2점, 4점, 5점으로 추정하였다. 어떤 추정치를 이용해야 하는가?

8.2 추정치 삼각측량의 목적은 무엇인가?

8.3 속도를 정의하라.

8.4 A팀은 지난 2주 길이 이터레이션에서 스토리 점수 43점을 완료했다. 다른 프로젝트를 진행 중인 B팀은 A팀보다 두 배 많은 개발자가 참여하지만, 지난 2주 길이 이터레이션에서 역시 43점의 스토리 점수를 완료했다. 어떻게 이럴 수 있나?

9장
릴리즈 계획

　대부분의 소프트웨어 프로젝트에서는 두 달에서 여섯 달마다 새로운 릴리즈를 내놓는 것이 가장 좋다. 웹 사이트 프로젝트 같은 경우는 이보다 더 자주 릴리즈하는 경우도 있다. 릴리즈 주기가 아무리 짧더라도 계획없이 진행하기보다는 새 릴리즈에 포함될 기능들을 모으는 것부터 시작하는 것이 도움이 된다. 향후 몇 차례의 릴리즈에 포함될 주요 내용을 정리한 제품 개발 로드맵이 있다면 그것을 바탕으로 릴리즈 계획을 시작할 수 있을 것이다. 제품 개발 로드맵은 시간이 지나면서 분명히 변경될 것이고, 사실 그것이 바람직하다. 변경된다는 것은 우리들이 제품과 시장에 관하여 더 알게 되고, 그만큼 제품을 더 잘 개발할 수 있게 되었다는 것을 의미하기 때문이다.

　제품 개발 로드맵은 향후 릴리즈들에 대한 주요 관심 영역(켄트 벡은 이들을 '테마'라고 부른다)을 목록으로 나타내는 정도로 간단하게 만들 수 있다. 예를 들어 다음 릴리즈인 BigBucksJobs.com 웹 사이트를 위해 다음 테마들로 목록을 만들 수 있다.

- 기업 회원을 위한 이력서 필터링 도구
- 구직자를 위한 자동 검색 에이전트
- 질의 응답 성능 향상

개략적인 제품 개발 로드맵을 바탕으로 아래의 두 질문을 통해 릴리즈 계획을 시작하게 된다.

- 언제 릴리즈할 것인가?
- 각 스토리의 우선순위는 어떻게 되는가?

두 질문의 답을 구하고 나면, 각 이터레이션에서 수행할 작업량을 추정함으로써 릴리즈를 계획하게 된다. 이터레이션 당 수행 가능한 작업량의 추정치를 통해서 이번 릴리즈를 위해 이터레이션이 몇 번이나 필요한지 예측하게 된다.

언제 릴리즈할 것인가?

원칙적으로, 릴리즈 시기를 정확하게 특정 날짜로 말하기는 어렵다. 대신, 고객이나 개발자들은 "5월 안에 릴리즈하고 싶어요. 하지만 7월까지만 릴리즈된다면 괜찮습니다."와 같이 일정 범위를 가지고 이야기한다. 반복적인 스토리 주도 프로세스에서는 릴리즈 날짜를 정확히 지정하기 쉽다. 다만 해당 릴리즈 날짜까지 어떤 기능들이 포함될지 결정하는 것은 어렵다. 릴리즈 일정에 어느 정도 허용 범위가 주어진다면 릴리즈 계획을 수립할 때 좀더 융통성을 가질 수 있다. 예를 들어 일정 범위를 고려하여 다음처럼 말할 수 있다. "6~7 번의 이터레이션 뒤에 최소한의 기능 구현을 마치고, 10~12 번의 이터레이션 뒤에는 1.0 버전에 대한 희망 기능 목록을 모두 마칠 수 있을 것이다."

가끔은 릴리즈 날짜가 대외적으로 확정된 경우도 있다. 대개는 무역 박람회에 나가거나 중요한 고객에게 릴리즈하는 경우다. 이러한 경우에는 오히려 고려할 변수가 더 적기 때문에 릴리즈 계획이 좀더 쉽다. 하지만 어떤 스토리를 넣고 뺄지를 결정하는 문제는 더 어려울 것이다.

어떤 것들을 포함시킬 것인가?

릴리즈를 계획하려면 우선 고객이 스토리에 우선순위를 매겨야 한다. 스토리의 우선순위를 결정할 때 높음, 중간, 낮음과 같은 분류를 사용할 수도 있다. 하지만 이러한 분류는 높은 우선순위가 중간 우선순위와 어떻게 다른지에 대한 지루한 논쟁의 소지가 있다. 다행히 또 다른 애자일 프로세스인 DSDM(Dynamic Systems Development Method)의 기법을 빌릴 수 있다.[1]

DSDM에는 우선순위 기법으로 MoSCoW 규칙이 있다. MoSCoW는 다음 네 문구의 두문자어다.

[1] 저자 주: DSDM과 관련된 내용은 다음을 참고하라. 「DSDM: Business Focused Development」(Stapleton 2003).

- 필수(Must-have)
- 희망(Should-have)
- 선택(Could-have)
- 보류(Won't-have)

필수 기능은 시스템에 아주 중요한 기초가 되는 것이다. 희망 기능은 중요하지만 단기적으로는 차선책이 있는 것이다. 만약 프로젝트에 시간 제약이 없다면 희망 기능은 꼭 필요한 것으로 간주된다. 선택 기능은 시간이 부족한 경우 다음 릴리즈로 미루거나 누락될 수 있는 것들이다. 보류 기능은 좋기는 하지만 다음 릴리즈에 포함될 것으로 미루는 것들이다.

스토리 우선순위 매기기

스토리를 정렬하는 데는 여러 기준이 있다. 그중 기술적인 요인에는 다음과 같은 것들이 있다.

- 스토리 미완성에 대한 리스크(예를 들어 높은 수준의 성능이나 새로운 알고리즘이 요구되는 경우)

- 스토리 구현을 늦췄을 때 다른 스토리에 미치는 영향(애플리케이션이 3계층 구조를 가질 것인지, 다중 계층 구조를 가질 것인지 결정하기 위해 마지막 이터레이션까지 기다릴 수는 없다.)

또한, 고객과 사용자는 다음과 같은 자신들만의 스토리 정렬 기준이 있다.

- 사용자나 고객 다수가 원하는 정도
- 다수는 아니지만 중요한 사용자나 고객이 바라는 정도
- 다른 스토리와의 응집성 (예를 들어 도면 조회 시스템에서 '축소 보기(zoom out)' 기능의 스토리가 그 자체로는 우선순위가 높지 않을 수 있다. 하지만 '확대 보기(zoom in)' 기능의 스토리는 우선순위가 높다. 이런 경우 둘의 상호 보완적 관계 때문에 두 스토리 모두 우선순위를 높게 다룰 수 있다.)

개발자들은 대체로 그들이 구현하고 싶은 스토리를 위에 올려 두며, 고객 역시 마찬가지다. 순서가 일치하지 않는 경우에는 항상 고객의 의견이 우선이다.

하지만 고객은 개발 팀에서 제공하는 정보 없이 우선순위를 매길 수 없다. 최소한, 고객은 각 스토리가 대략 얼마나 걸릴지는 알아야 한다. 스토리에 우선순위를 매기기 전에 스토리 카드 9.1과 같이 추정치가 스토리 카드에 기록되어 있어야 한다.

개발자가 추정치를 결정하면, 그 추정치를 합산하거나 릴리즈에 넣을지 뺄지를 고객이 곧바로 결정하지 않는다. 대신, 각 스토리에 대한 가치 평가와 추정치를 참고하여 조직에 전달하는 가치가 최대가 되도록 스토리를 정렬한다. 어떤 스토리는 가치가 크지만 개발하는 데 한 달이 걸리고, 다른 스토리는 그 절반의 가치지만 하루 만에 가능할 수 있다.

> 사이트는 쇼핑하는 사용자에게 항상 가장 최근에 본 물품 세 개(?)를 보여주어야 하며, 각 물품으로 연결되는 링크도 제공해야 한다.(이 기능은 다음 세션에도 이어져야 한다.)
>
> 측정치: 3일

◀ 스토리 카드 9.1 이전에 본 물품에 대한 링크 제공

비용에 따라 우선순위는 바뀐다

몇 년 전 나는 DOS에서 Windows 플랫폼으로 옮기려는 고객을 대상으로 한 개발에 참여했다. DOS 시스템에서는 엔터키가 다음 입력란으로 이동하기 위한 사용자 인터페이스로 사용되었다. 고객은 새로 만들 Windows 시스템에서도 동일한 방식으로 입력할 수 있기를 희망하였다. 고객의 관점에서는 엔터키나 탭키나 개발하는 데 걸리는 시간은 같은 것이 타당하였다. 하지만 개발팀은 엔터키로 이동하는 것을 구현하기 위해 1주일이 추가로 필요하다고 추정하였다. 이 사실을 듣고 고객은 곧바로 스토리의 우선순위를 낮추었다. 단지 몇 시간이면 될 거라고 생각했을 때는 우선순위가 높았지만, 일주일이 필요하다는 것을 알게 되었을 때는 다른 기능들이 더 중요하다고 판단한 것이다.

혼합된 우선순위

고객이 우선순위를 매기는 것을 어려워 한다면, 그것은 스토리를 나눌 필요가 있음을 의미할지도 모른다. 스토리를 나누면 고객은 나뉜 각 스토리에 우선순위를 다르게 매길 수 있게 된다. 예전에 참가했던 한 프로젝트에서 고객은 스토리 카드 9.2에 나타난 스토리에 우선순위를 매기기 위해 고심하고 있었다. 그 이유는 저자 및 제목 검색은 필수였지만, 다른 검색 항목은 있으면 좋기는 하지만 반드시 필요하지는 않았기 때문이었다. 스토

리는 저자 및 제목 검색을 위한 스토리, 출판사 및 출판일 검색을 위한 스토리, 각 검색 조건의 조합을 처리하는 스토리, 이렇게 3개로 나누었다.

▶스토리 카드 9.2 검색 기준

> 사용자는 잡지를 검색할 때 저자, 출판사, 제목, 출판일 그리고 이들의 조합을 이용할 수 있다.

리스크 높은 스토리

소프트웨어 개발의 초창기 접근 방법을 돌아보면, 가장 리스크가 높은 부분을 먼저 시작하는 것이 나은지, 가장 가치가 높은 부분을 먼저 시작하는 것이 나은지에 대한 논의가 이어져 왔음을 알 수 있다. 리스크 주도 개발을 제창한 사람은 아마 리스크 제거에 초점을 둔 나선형 개발 모델의 배리 봄(Barry Boehm)이었을 것이다(1988). 반대편에는 '수지에 맞는 부분(juicy bits)'을 먼저 개발할 것을 주장하는 톰 길브(Tom Gilb)가 있다(1988).

애자일 접근법은 수지에 맞는 부분을 먼저 개발하는 쪽에 속한다. 애자일 프로젝트는 너무 빨리 리스크를 해결하려는 시도를 피하고, 필요하지 않을지도 모를 기반구조 코드를 작성하는 것을 미루도록 한다. 또한 수지에 맞는 부분을 선호하는 것은 프로젝트에서 가장 가치가 높은 기능이 준비되자마자 바로 릴리즈하는 것을 가능하게 한다.

그러나 수지에 맞는 부분을 먼저 개발한다 하더라도, 여전히 스토리의 우선순위를 결정할 때 리스크를 고려해야 한다. 일반적으로 개발자들은 가장 리스크가 높은 스토리를 먼저 개발하고자 하는 경향을 보인다. 가끔은 이렇게 하는 것이 적절하지만, 그 결정은 고객이 내려야 한다. 그리고 고객은 우선순위를 매길 때 개발자들에게 얻는 정보를 고려한다.

최근에 수행했던 바이오테크 관련 프로젝트에서는 기대값 최대화라는 표준 통계적 기법을 새롭게 확장해야 하는 스토리가 있었다. 작업 자체가 완전히 새로운 것이었기 때문에, 과연 그것을 완성할 수 있을지, 완성한다고 해도 얼마나 걸릴지 전혀 확신할 수 없었다. 당장은 이 스토리를 넣지 않고도 제품을 판매할 수 있었기 때문에 고객은 우선순위를 중간 정도로 생각하고 있었다. 하지만 개발자들이 이 스토리의 리스크가 아주 높다는 것을 알리고 나서는 고객이 새 알고리즘 개발에 관련된 스토리들의 우선순위를 높게 수정하였다.[2]

2) 역자 주: 고객은 리스크가 높은 스토리를 뺄 수도, 우선순위를 높일 수도 있다. 결정은 고객이 한다는 점이 중요하다.

기반구조에 대한 우선순위

리스크가 있는 스토리들은 성능 특성과 같은 비기능 요구사항이나 기반구조와 연관된 경우가 많다. 나는 주가 차트를 웹으로 보여주기 위한 프로젝트에 참여한 적이 있다. 우리가 가진 스토리 중에는 스토리 카드 9.3과 같은 것이 있었다. 이미 결정된 웹 서버의 시스템 구성을 볼 때, 이 정도 성능을 얻는 것은 꽤 어려운 도전이었다. 이러한 성능 요구사항은 아키텍처 설계에도 중대한 영향을 미칠 것으로 보였다.

> 주가 차트 이미지를 초당 50개씩 생성할 수 있어야 한다.

◀ 스토리 카드 9.3 초당 50개의 이미지 생성

우리는 이미 서버 쪽 개발 언어로 Java를 사용하기로 결정하였다. 그러나 Java로 초당 50개씩 이미지를 생성하는 것이 가능할까? 이미지 생성 부분을 C/C++ 코드로 대체해야 할 것인가? 혹은 몇 초 동안은 동일한 차트를 보여주는 방식의 강력한 캐싱 알고리즘을 이용하면 쓰루풋(throughput)을 달성할 수 있지 않을까?

이 사례에서 스토리 카드9.3은 고객이 직접 작성했다. 우선순위는 꽤 낮았다. 처음 몇 이터레이션에서는 제품의 초기 매출을 확보하기 위해 고객의 관심을 끌 수 있는 기능을 구현하는 데 집중할 계획이었다. 고객은 일단 제품이 모양을 갖추고 나면 나중에라도 쉽게 성능을 향상시킬 수 있을 것으로 판단하여 우선순위를 낮게 매긴 것이었다. 시스템을 리팩터링하여 성능 향상을 꾀할 수 있는 경우도 많지만 아주 어려운 경우도 있다. 고객이 어떤 스토리를 뒤로 미루어도 되는지, 구현을 미루는 경우 비용이 얼마나 많이 들게 되는지 알 수 있도록 돕는 것은 개발자의 책임이다. 그렇다고 개발자들이 고객을 휘둘러 기술적으로 마음에 드는 기능을 먼저 구현하도록 유도해서는 안 된다.

다른 프로젝트에서는 고객이 직접 애플리케이션이 데이터베이스 서버, 클라이언트, 요청 및 데이터를 전달하는 중간 계층으로 구성된 3계층 구조를 가지도록 요청한 경우도 있었다. 고객은 개발 팀과의 회의에서도 여러 차례 이에 대해 얘기하였고, 시스템이 3계층 구조라고 기술하는 마케팅 자료를 이미 만들고 있었다. 하지만 우리가 가진 어떤 스토리에도 중간 계층이 필요한 스토리가 없었다.

이것이 나중에 기술 팀을 난감하게 했다. 처음에 그들은 간단하게 2계층 시스템(데이터베이스 서버와 클라이언트)으로 시작했다. 하지만 두 번의 이터레이션이 지나고 나자 중간 계층을 아직도 추가하지 않은 것이 신경 쓰이기 시작했다. 그때라도 중간 계층을 추가하는 것이 그렇게 어렵지 않음을 알고 있었지만 그로 인해 각 이터레이션이 조금씩은 더 어려워질 것이라는 것도 예상할 수 있었다. 게다가 그들 관점에서 사용자 스토리는 전적으로 최종 사용자의 기능을 중심으로 작성되었기 때문에 언제 중간 계층을 추가하면 좋을지도 명확하지 않았다.

해답은 3계층 시스템의 기능에 관한 스토리를 작성하고 우선순위를 높게 부여하는 것이었다. 이 경우에는 다음과 같은 스토리를 추가하였다. '사용자는 설치하는 동안 사용자 PC에 시스템 전부를 설치할지, 클라이언트, 중간 계층, 서버를 개별적으로 설치할지 결정할 수 있다.'

이터레이션 길이 선택

이터레이션 길이는 개발자와 고객이 함께 결정한다. 이터레이션 길이는 대체로 1주에서 4주 정도가 적당하다. 이터레이션이 짧으면 프로젝트의 방향을 자주 수정할 수 있고, 진척 상황에 대한 가시성도 확보하기 쉽다. 하지만 이터레이션마다 오버헤드가 조금 발생하게 된다. 그래도 너무 긴 이터레이션보다는 너무 짧은 이터레이션이 낫다.

가능하면 프로젝트를 진행하는 동안 이터레이션 길이를 일정하게 유지하도록 한다. 이터레이션 길이를 일정하게 유지함으로써, 프로젝트는 자연스러운 리듬을 탈 수 있으며, 이러한 리듬은 팀이 개발 페이스를 지속하는 데 도움이 된다. 물론 진행하다 보면 이터레이션 길이를 변경해야 할지도 모른다. 예를 들어 3주 길이의 이터레이션을 채택한 어떤 팀에 8주 뒤에 있을 중요한 전시회에 출시하라는 요청이 들어왔다. 계속 진행하면 이터레이션을 두 번 지난 뒤에는 2주라는 애매한 시간이 남게 된다. 이러한 경우 마지막 이터레이션은 2주로 진행할 수 있다. 이런 형태의 길이 조정은 문제가 되지 않는다. 여러분이 조심하고 피해야 할 것은 이터레이션 길이를 기준 없이 아무렇게나 변경하는 것이다.

스토리 점수로부터 예상 기간 산정하기

고객이 모든 스토리 카드에 우선순위를 매겼다고 하자. 개발 팀이 추정한 점수를 모두 합하면 100점이다. 스토리 점수를 이용함으로써 스토리를 추정하는 것이 쉬워지긴 했지만, 이제는 추정한 스토리 점수를 이용하여 프로젝트 수행 기간을 예측하는 방법이 필요하다.

물론 해답은 속도를 이용하는 것이다. 8장 「사용자 스토리 추정」에서 배운 것처럼, 속도는 이터레이션 동안 완료하는 작업의 양을 나타낸다. 일단 팀의 속도를 알게 되면, 이상적 작업일을 실제 작업일로 변환하는 데 사용할 수 있다. 예를 들어 속도가 25인 팀이 추정한 프로젝트의 이상적 작업일이 100일이라면, 프로젝트를 완료하는 데 이터레이션이 $100 \div 25 = 4$번 걸릴 것으로 추정할 수 있다.

초기 속도

초기 속도는 다음 세 가지 값 중에서 하나를 선택할 수 있다.

1. 이전 프로젝트에서 사용한 값
2. 첫 이터레이션을 진행하여 얻은 값
3. 어림잡은 값

이전 프로젝트에서 사용한 속도를 사용하는 것이 가장 좋은 선택이다. 하지만 이 방법은 과거에 비슷한 프로젝트를 수행한 경험이 있고, 팀 구성원도 변함이 없는 경우에만 가능하다. 불행히도 비슷한 프로젝트를 완전히 똑 같은 팀이 수행하는 경우란 극히 드물다.

첫 이터레이션을 진행하여 속도를 구하는 방법도 아주 좋다. 하지만 문제는 이렇게 할 수 있는 경우가 많지 않다는 것이다. 예를 들어 사장이 새로운 제품에 관한 아이디어를 내놓았다. 1.0 버전에 포함될 기능들의 사용자 스토리도 벌써 작성해 왔다. 사장은 사용자 스토리를 기반으로 시장조사를 마쳤고 제품이 출시 첫 해에만 50만 달러의 수익을 낼 거라고 예상한다. 제품을 적절한 비용으로 개발할 수만 있다면 당장 착수할 것이다. 그렇지 않다면 이번 안건은 그냥 넘어갈 예정이다. 사장이 개발 비용을 물어볼 때 이렇게 말할 수는 없을 것이다. "2주간 첫 번째 이터레이션을 진행하게 해주세요. 그 뒤에 말씀 드리겠습니다." 결국 여러분은 속도를 어림잡을 방법이 필요할 것이다.

속도 어림잡기

속도를 어림잡을 때는 적어도 누군가에게 설명할 때 납득할 만한 방법으로 해야 한다. 다행히도 8장 「사용자 스토리 추정」의 충고를 지켜 스토리 점수를 이상적 작업일로 잘 정의했다면 합리적으로 속도를 어림잡을 수 있다.

스토리 점수 1점이 이상적 작업일 1일로 정의되어 있다고 할 때, 이상적 작업일 1일 분의 작업을 하는 데 실제로 며칠이 걸리는지 추정함으로써 초기 속도를 추정할 수 있다. 이터레이션을 진행하다 보면 이상적인 하루를 방해하는 갖가지 요소들이 항상 나타난다. 이메일, 걸려오는 전화, 전사적 회의, 부서별 회의, 교육, 제품 데모, 사장님 세차, 신규 채용 면접, 병가, 휴가 등으로 인해 실제 작업일은 이상적 작업일과 달라진다. 이 모든 방해 요소들을 감안하여, 이터레이션 전체 개발자-일(developerday)[3]의 1/3이나 1/2사이에서 속도를 선택하는 것이 일반적이다. 예를 들어 6명으로 구성된 팀이 이터레이션의 길이를 2주(작업일 10일)로 할 때, 각 이터레이션은 60 개발자-일이 된다. 이 팀이 처한 환경이 이상적 작업일과 얼마나 다른지에 따라 20에서 30 정도로 속도를 추정할 수 있을 것이다.

물론 프로젝트가 진행됨에 따라 이터레이션을 몇 차례 수행하고 나면 프로젝트 기간에 대한 더 정확한 감을 얻게 될 것이다. 처음 몇 번의 이터레이션에서 처음 추정한 속도와 실제 속도가 얼마나 다른지 알게 될 것이고, 추정치에 반영함으로써 앞으로 더 자신감을 가지고 계획을 이야기할 수 있게 될 것이다.

[3] 역자 주: 개발자-일은 (개발자 수) x (작업일)이다.

릴리즈 계획 생성하기

이제, 스토리 점수가 모두 100점인 프로젝트에서 이터레이션 당 20점으로 속도를 추정하였다면 완료하는 데 5번의 이터레이션이 걸릴 거라고 예상할 수 있다. 릴리즈 계획의 마지막 단계는 스토리를 각 이터레이션에 할당하는 것이다. 고객과 개발자가 함께 우선순위가 가장 높은 스토리부터 선택하여 스토리 점수 합계가 20점이 되도록 한다. 이렇게 선택한 스토리들을 첫 이터레이션에 할당한다. 다음 20점은 두 번째 이터레이션에 할당하고, 그 다음 이터레이션에도 같은 방법으로 할당한다.

팀 구성원(상위 관리자나 다른 관련자들도 포함)이 모두 같은 공간에서 일하는지, 조직의 특성상 격식을 따라야 하는지에 따라, 릴리즈 계획을 공유할 수 있는 방법은 여러 가지가 있다. 예를 들어 나는 다음과 같은 방법을 사용해 왔다.

- 팀이 같은 공간에서 작업할 수 있는 경우에는 각 이터레이션을 나타내도록 열을 지어 스토리 카드를 벽에 붙인다.
- 스토리 관리에 스프레드시트를 이용하는 경우에는 할당된 이터레이션에 따라 스토리를 정렬하고 각 이터레이션의 마지막 스토리 아래에 굵은 선을 넣어 구분한다.
- 관련자들이 원격지에 있는 경우에는 한 페이지에 3개, 페이지를 줄이려면 6개씩 스토리 카드의 사진을 찍는다. 각 이터레이션의 처음에 근사한 커버 페이지를 넣어 구분하여 보낸다.
- 원격지의 높으신 분들이 관련자인 경우에는 간단한 간트(Gantt) 차트를 그린다. 차트에는 '이터레이션 #1'과 같은 항목을 넣고 하위에 해당 이터레이션에 수행할 스토리의 이름을 나열한다.

경고!

릴리즈 계획을 너무 믿지 않도록 조심하라. 이번 장에서 소개한 기법들은 대략적인 프로젝트 기간을 추정하도록 도와주며, "이번 제품은 5~7 이터레이션 정도면 릴리즈할 수 있습니다"하고 말할 수 있게 해준다. 그러나 "6월 3일이면 완료 됩니다"처럼 말할 수 있을 정도의 정확성을 기대할 수는 없다. 릴리즈 계획은 아무것도 없는 상태에서 초기 예측으로서 사용하기 위한 것이다. 그리고 그러한 예측들은 새로운 정보를 얻게 되면서 지속적으로 재조정해야 한다. 이터레이션마다 속도를 모니터링하고, 기존의 추정치에 영향을 미치는 새로운 사실을 배울 때마다 스토리를 재추정해야 한다.

요약

- 릴리즈 계획에 앞서 고객이 언제 릴리즈되기 원하는지, 스토리의 상대적 우선순위가 어떻게 되는지 대략적으로 알아야 한다.
- 스토리는 우선순위에 따라 (1번, 2번, 3번……과 같이) 명확한 우선순위가 부여되어야 한다. (아주 높음, 높음, 중간……과 같이) 몇 개의 그룹으로 나누는 것으로는 충분하지 않다.
- 스토리의 우선순위는 고객이 부여하며, 개발자는 우선순위에 영향을 줄 정보를 제공한다.
- 이상적 작업일과 같은 추정치는 속도를 이용하여 실제 작업일로 환산할 수 있다.
- 팀의 초기 속도는 추정을 통해 구할 수 있다.

개발자 책임

- 고객이 스토리의 우선순위를 매길 때 필요한 정보를 제공할 책임이 있다. (스토리에 어떤 가정이 숨어 있는지, 대안은 없는지 등이 포함될 수 있다.)
- 기반 구조나 아키텍처에 필요 이상의 높은 우선순위가 매겨지지 않도록 자제할 책임이 있다.
- 적정 수준의 프로젝트 버퍼를 포함한 현실적인 추정치를 근거로 하여 릴리즈 계획을 만들 책임이 있다.

고객 책임

- 사용자 스토리가 명확한 순서를 갖도록 우선순위를 부여할 책임이 있다. 높음, 중간, 낮음과 같은 구분만으로는 충분하지 않다.
- 릴리즈 데드라인에 대해 솔직해야 할 책임이 있다. 7월 15일까지 필요하다면, 단지 좀더 안전한 릴리즈를 위해 개발자들에게 6월 15일이

데드라인이라고 말해선 안 된다.
- 이상적 작업 일정과 달력상 일정의 차이를 이해할 책임이 있다.
- 우선순위가 다른 내용이 혼합되어 있는 스토리를 별개의 스토리로 나눌 책임이 있다.
- 속도가 1.0보다 낮은 개발자를 질책하거나 비난해서는 안 되는 이유를 알아야 할 책임이 있다.

연습문제

9.1 팀의 초기 속도를 추정하는 방법 세 가지는 무엇인가?

9.2 이터레이션 길이가 1주일이고, 4명의 개발자로 구성된 팀이 있다. 팀의 속도가 4일 때 스토리 점수 27점의 프로젝트를 완료하는 데 얼마의 기간이 걸리는가?

10장
이터레이션 계획

릴리즈 계획을 통해 릴리즈를 구성하는 각 이터레이션에 스토리를 대략적으로 할당하였다. 이 정도 수준의 계획, 즉 지나친 세부 사항은 배제하면서도 실행에 옮길 수 있을 정도의 계획은 릴리즈 계획으로 적절하다. 하지만 각각의 이터레이션을 시작할 때가 되면 더 세부적인 계획이 필요하다.

이터레이션 계획 개요

이터레이션을 계획하기 위해서는 팀 전체가 이터레이션 계획 회의에 참석해야 한다. 모든 개발자(프로그래머, 테스터 등)뿐만 아니라 고객도 회의에 참석해야 한다. 회의에서는 스토리들을 좀더 세부적으로 살펴볼 것이므로 여러 가지 의문이 생길 것이다. 이러한 물음에 답할 수 있는 고객이 꼭 참석해야 한다.

이터레이션 계획 회의는 일반적으로 다음과 같은 절차에 따라 진행된다.

1. 스토리에 대해 토의한다.
2. 스토리를 작업 단위로 나눈다.
3. 각 작업마다 개발자 한 명이 책임을 맡는다.
4. 모든 스토리에 대한 토의를 거쳐 각 작업마다 책임자가 결정되면, 개발자들은 자신이 과하게 책임을 맡지 않았는지 확인하기 위해 자신이

맡은 작업들의 작업량을 추정한다.

이번 장에서는 각 절차를 자세히 설명한다.

스토리 토의

이터레이션 계획 회의를 할 때는 이미 우선순위가 매겨진 스토리들이 준비되어 있다. 이 회의에서 프로그래머는 스토리 개발 난이도에 대한 의견을 변경할 수 있으며, 마찬가지로 고객도 스토리의 우선순위를 변경할 수 있다. 이터레이션 계획 회의는 고객이 이러한 우선순위 변경을 개발 팀에 전달하기에 가장 적절한 순간이다.

고객이 우선순위가 가장 높은 스토리를 개발자에게 읽어주는 것으로 회의를 시작한다. 그러면 개발자는 스토리를 세부 작업으로 나눌 수 있을 만큼 충분히 이해할 때까지 질문한다. 이 때 스토리의 모든 세부 사항을 완전히 이해할 필요는 없으며, 오히려 각 스토리를 너무 깊이 다루다 보면 회의가 쓸데없이 길어질 수도 있다. 또한 회의에 참석한 모든 사람이 그러한 세부사항들을 자세히 알아야 하는 것은 아니기 때문에 비효율적이다. 개발자는 계획 회의가 끝난 뒤라도 스토리의 세부사항에 대해 고객과 더 논의할 수 있다.

우선순위 변경

이터레이션을 '진행하는 중'에는 고객이 우선순위를 변경하고 싶더라도 변경하지 않는 것이 가장 좋다. 이터레이션 중간에 고객이 자주 생각을 바꾸면 팀으로서는 문제가 아닐 수 없다. 예를 들어 이런 프로젝트가 있었다. 고객과 프로그래머는 데이터베이스 검색 기능이 어떻게 동작할 것인지에 대해 이미 합의한 상황이었다. 10일 길이의 이터레이션에서 5일이 지난 시점에 (검색 기능이 70%정도 구현되었다) 고객은 자신이 생각해낸 더 좋은 해결책

> 을 가지고 나타났다. 그것은 이미 부분적으로 구현 중인 기존의 방식과는 완전히 다른 것이었다. 고객은 방법들만 비교했을 때 자신의 방법이 훨씬 좋은 방법이라고 판단하여, 개발팀에게 기존의 접근 방법을 버리고 새로운 방법으로 개발하자고 재촉했다. 우리들은 이터레이션이 끝날 때까지만 기다려달라고 정중하게 요청했고 고객은 수긍했다. 이터레이션이 끝났을 때, 고객은 앞의 두 가지 해결 방법을 비교하게 되었다. 하나는 자신이 구상했던 검색 기능을 대부분 만족하며 구현이 끝나 온전히 동작하는 것이며, 다른 하나는 의심할 여지없이 더 나은 방법이긴 하지만, 개발하려면 10일이 더 필요한 것이었다.
>
> 여전히 고객(과 팀의 다른 사람들)은 새로운 검색 기능이 더 낫다고 생각했지만, 그렇다고 충분한 기능을 제공하며 완전히 구현된 것이 있는 시점에 굳이 추가해야 할 정도는 아니었다. 사용자들에게는 개발자들이 그 시간에 다른 필요한 기능을 구현하는 것이 더 나은 선택이었다.

작업 단위 나누기

스토리를 작업 단위로 나누는 데는 특별한 기술이 없다. 많은 개발자들이 평소 계속 해왔던 일이다. 이미 스토리는 충분히 작아서, 프로젝트 팀의 중급 프로그래머가 작업한다면 1일에서 5일 정도의 이상적 작업일이 걸리는 크기일 것이다. 따라서 더 나눌 필요가 없다고 생각할 수도 있다.

그렇다면 왜 더 세세한 작업 단위로 나누는가? 왜 스토리 자체를 업무 단위로 취급하지 않는가?

스토리가 충분히 작아서 그 자체를 업무 단위로 사용할 수 있더라도, 더 작은 하위 작업으로 나누는 것이 일반적으로 더 효과적이다. 그 첫째 이유는, 스토리 하나를 개발자 한 명(짝 프로그래밍을 할 경우 두 명)이 처음부터 끝까지 개발하지 않기 때문이다. 개발자마다 전문 분야가 있고, 또 일을 분담하는 것이 스토리를 더 빨리 구현할 수 있기 때문에, 한 스토리를 여러 개발자가 나누어 개발하게 된다.[1]

---

1) 역자 주: 더 빨리 개발한다는 것은 각자 전문 분야를 맡기 때문에 전체 작업 시간이 줄어드는 것으로 볼 수도 있지만, 여기서는 스토리 개발을 시작하고 완료할 때까지의 리드 타임(lead time)을 의미한다.

둘째, 스토리는 사용자나 고객의 관점에서 기능을 기술한 것이기 때문에 개발자의 작업 목록으로는 적절하지 않다. 스토리를 세부 작업으로 변환하는 것은 개발자가 놓칠지 모를 사항을 정리하는 데 도움을 준다. 그리고 이 과정은 회의 중에 이뤄지기 때문에 팀 전체의 역량이 투입될 수 있다. 스토리에 설치 프로그램을 업데이트해야 한다는 중요한 사실이 있는 경우, 이 사실을 한 명은 잊어버릴지 모르지만 모든 개발자가 잊어버릴 확률은 아주 낮다.

애자일 프로세스에 대한 비판 중 하나는, 폭포수 모형 프로세스에 있는 것과 같은 코딩에 앞선 사전 설계(upfront design) 단계가 없다는 점이다. 그것이 사실이긴 하지만, 대신 애자일 프로세스에서는 설계를 자주, 신속하게 한다. 스토리를 작업들로 나누는 것은 최소한의 설계가 머리 속에 그려질 때 가능하다. 이 과정은 폭포수 모형의 사전 설계를 대체하는 신속한 적시 설계(just-in-time design)의 예라고 할 수 있다.

다양한 팀 구성원들이 스토리를 구성하는 작업들을 말하면 그것을 어디엔가 적어야 한다. 나는 개인적으로 회의실의 화이트보드를 선호한다.

'사용자는 다양한 기준으로 호텔을 검색할 수 있다' 는 스토리를 작업으로 나누는 예를 들어 보자. 이 스토리는 다음과 같은 작업으로 나눌 수 있을 것이다.

- 기본 검색 화면 코딩
- 상세 검색 화면 코딩
- 결과 화면 코딩
- 기본 검색을 위한 SQL 작성 및 튜닝
- 상세 검색을 위한 SQL 작성 및 튜닝
- 도움말 시스템과 사용 설명서에 새 기능에 대한 문서화

여기서 특히 주목할 점은 사용 설명서와 도움말 시스템을 최신 정보로 유지하기 위한 업데이트 작업이 포함되었다는 것이다. 원래의 스토리는

문서화에 대해 명시적으로 언급하지 않았지만, 앞선 이터레이션들을 수행하면서 도움말 시스템과 사용 설명서가 구축되어 있다면, 각 이터레이션이 끝날 때마다 해당 문서들의 정확성을 유지해야 하기 때문이다. 혹시 이 부분에 대해 확인해야 할 내용이 있다면 고객에게 물어볼 수도 있을 것이다.

지침

스토리는 이미 충분히 작기 때문에 굳이 적절한 작업 크기까지 지침으로 제시할 필요는 없을 것이다. 다만, 스토리를 작업으로 나눌 때 다음 지침을 따른다면 도움이 될 것이다.

- 스토리를 구성하는 작업 중에서 특히 추정하기 어려운 작업이 있다면, (예를 들어 부사장의 승인을 얻어야 하는 지원 데이터 형식의 목록이 있는데, 그가 멀리 떨어져 있고 답변이 늦어질 때) 해당 작업을 스토리의 다른 부분들과 따로 분리한다.
- 다른 개발자와 나누어 진행할 수 있는 작업이 있으면 나눈다. 앞의 예제에서 기본 검색 화면과 상세 검색 화면의 코딩 작업이 나누어져 있다. 한 사람 혹은 한 쌍의 개발자가 두 화면을 모두 맡는다면 시너지 효과가 있을 수도 있지만, 꼭 그래야 하는 것은 아니다. 작업을 이렇게 나눠 놓으면 실제로 개발자 여러 명이 동일 스토리 개발을 동시에 진행할 수 있어서 아주 유용하다. 특히 이터레이션 막바지에 시간이 부족해지는 경우 효과적이다. 더 나아가, 개발 팀에 사용자 인터페이스 전문가(디자이너)가 있다면 '기본 검색 화면 코딩' 이라는 작업을 '기본 검색 화면의 레이아웃 설계' 와 '기본 검색 화면 코딩' 으로까지 나눌 수 있을 것이다.
- 스토리의 일부분만 완료되어도 도움이 된다면, 그 부분을 별도의 작업으로 나눈다. 앞의 예제에서 기본 검색 및 상세 검색 화면 코딩을 별도의 작업으로 나누었다. 이렇게 함으로써 데이터베이스 질의 코드 개발자는 화면이 하나씩 완료될 때마다 자신이 작성한 SQL문을 검색

화면에 연결할 수 있게 된다. 즉 상세 검색 화면 개발이 지연된다고 하더라도 기본 검색의 두 작업(화면과 검색)이 지연되지는 않는다.

책임 맡기

한 스토리를 구성하는 작업들을 모두 찾고 나면, 개발자는 각 작업에 대해 자발적으로 책임을 맡는다. 화이트보드에 작업 목록을 적어놓았다면, 개발자는 책임을 맡을 작업 옆에 간단히 자기 이름을 적는다.

짝 프로그래밍을 하는 경우라도 작업의 책임은 한 사람이 맡도록 한다. 그리고 이 사람이 해당 작업을 완료하는 책임을 가진 것으로 가정한다. 고객에게서 추가 정보가 필요해도 이 사람이 요청하여 얻는다. 짝 프로그래밍을 할 때도 이 사람이 짝을 구한다. 궁극적으로 이터레이션에서 해당 작업이 확실히 완료되도록 하는 것은 이 사람의 책임이다.

실제로는 작업이 완료되도록 할 책임은 팀 구성원 전체에게 있다. '모두 함께 한다'는 마음가짐이 필요하다. 그리고 이터레이션이 끝나가는데 어떤 개발자가 맡은 작업을 모두 완료하지 못했다면, 다른 누군가가 나서서 할 수 있는 만큼의 일을 넘겨 받도록 해야 한다.

작업에 이름을 적고 책임을 맡는 것은 개인이지만, 이러한 책임은 이터레이션 진행 중에 유동적으로 변경할 수 있다. 이터레이션을 진행하다 보면 그 작업을 더 잘 알게 되고, 어떤 일은 더 쉽고 어떤 일은 계획할 때보다 실제로는 더 어렵다는 것을 발견하게 된다. 그러면 책임을 변경하여야 한다. 어떠한 경우라도 이터레이션이 끝났을 때 누군가가 이렇게 말하는 일은 없어야 한다. "내가 맡은 일은 다 끝냈어. 그런데 톰은 아직도 작업이 몇 개 남았군."

추정과 승인

팀의 속도가 이터레이션 당 스토리 점수 40점이면, 앞의 절차들(스토리 토의, 작업들로 나누기, 각 작업의 책임 맡기)을 우선순위가 높은 스토리부터 스토리 점수 합이 40점이 될 때까지 진행한다. 그런 다음 각 개발자는 자신이 책임을 맡은 작업들의 작업량을 추정한다. 이 때도 물론 이상적 작업 시간으로 추정하는 것이 가장 좋은 방법이다.

이 때가 되면, 작업들은 어느 정도 신뢰성을 가지고 추정할 수 있을 정도로 충분히 작은 상태여야 한다. 하지만 그렇지 않다고 해도 크게 문제가 되지는 않는다. 먼저 작업을 완료하기 위한 기간을 추정한다. 앞에서 추천한 방법으로 진행하여 작업 및 책임 개발자의 이름이 화이트보드에 적혀 있다면, 각 개발자는 자신의 추정치를 이름 옆에 같이 적어 넣으면 된다. 그러면 표 10.1과 비슷한 모양이 될 것이다.

작업	책임자	추정치
기본 검색 화면 코딩	수잔	6
상세 검색 화면 코딩	수잔	8
결과 화면 코딩	제이	6
기본 검색을 위한 SQL 작성 및 튜닝	수잔	4
상세 검색을 위한 SQL 작성 및 튜닝	수잔	8
도움말 시스템과 사용 설명서에 새 기능에 대한 문서화	섀넌	2

표 10.1 화이트보드를 이용하여 작업, 책임자, 추정치를 쉽게 추적할 수 있다.

자신이 맡은 작업들의 추정을 마쳤으면, 추정치를 모두 더한 다음 이터레이션 안에 모두 완료할 수 있을지 현실적으로 평가해야 한다. 예를 들어 2주 길이의 이터레이션을 시작할 때 내가 맡은 작업들의 추정치를 모두 더했더니 실제 작업시간으로 53시간이 되었다고 하자. 이 작업들 말고도 해야 할 일이 있는데 여기에만 이만큼의 시간을 투입할 수 있을지 의문이다. 이 시점에 다음의 선택사항이 있다.

- 모든 작업을 그대로 가져가고 잘 되기를 희망한다.
- 팀의 다른 누군가에게 작업의 일부를 넘겨 받을 것을 요청한다.
- 고객에게 해당 스토리를 (혹은 스토리의 일부분이라도) 누락해도 되

는지 물어 본다.

다른 개발자가 자신의 업무 부담을 평가해 본 뒤 나의 작업 중 일부를 맡을 수 있다고 하면 그쪽으로 책임을 넘긴다. 하지만 작업을 넘겨 받을 수 있는 여력이 아무에게도 없는 경우에는 고객이 나서서 일부 작업을 이번 이터레이션에서 제거하는 방식으로 도와주어야만 한다. 각 개발자는 자신이 맡은 업무에 대해 이행 약속을 선언하는 것을 어렵게 생각하지 않아야 한다. 그리고 '모두 함께 한다'는 자세를 가진 팀에서는 팀 전체의 이행 약속에 대해서도 모든 구성원이 부담을 느끼지 않아야 한다.

요약

- 이터레이션 계획은 릴리즈 계획에서 한 단계 더 나아가는 것이다. 하지만 그 이터레이션을 시작할 수 있을 정도면 충분하다.
- 이터레이션 계획을 위해 각 스토리를 토의하고 작업들로 나눈다.
- 작업의 크기에 대한 정해진 규칙은 없다. 스토리를 작업 단위로 나누면 추정이 쉽고, 여러 명의 개발자가 스토리의 각 부분을 맡아 동시에 작업할 수 있다.
- 작업마다 개발자 한 명이 책임을 맡는다.
- 개발자는 자신이 맡은 작업들을 추정함으로써 과도한 이행 약속을 하지 않는지 평가한다.

개발자 책임

- 이터레이션 계획 회의에 참여할 책임이 있다.
- 자신이 맡을 것 같은 스토리뿐만 아니라 다른 모든 스토리를 작업 단위로 나누는 과정에 참여할 책임이 있다.
- 자신이 개발할 작업의 책임을 맡을 책임이 있다.
- 적당한 작업량을 맡았음을 확실히 할 책임이 있다.

- 이터레이션을 진행하는 동안 자신의 작업량뿐만 아니라 동료들의 작업량에 대해서도 관찰할 책임이 있다. 먼저 작업을 끝냈다면, 동료의 작업 중 일부를 넘겨받을 책임이 있다.

고객 책임

- 이터레이션에 포함될 스토리들의 우선순위를 결정할 책임이 있다.
- 최대의 비즈니스 가치를 이끌어낼 수 있도록 개발자들에게 방향을 제시할 책임이 있다. 즉 릴리즈 계획을 세울 때 우선순위가 높았던 스토리가 중요하지 않게 되었다면, 우선순위를 조정하여 최대의 비즈니스 가치를 이끌어 내도록 할 책임이 있다.
- 이터레이션 계획에 참여할 책임이 있다.

연습문제

10.1 다음의 스토리를 작업으로 나누어 보아라. '사용자는 호텔에 대한 상세 정보를 볼 수 있다.'

11장

속도 측정 및 모니터링

9장 「릴리즈 계획」에서는 프로젝트를 일련의 이터레이션으로 나누어 릴리즈 계획을 세우고, 각 이터레이션마다 일정한 스토리 점수를 포함시키는 과정을 다루었다. 여기서 각 이터레이션에 포함되는 일정한 스토리 점수를 프로젝트의 속도라고 한다. 처음 프로젝트를 계획할 때는 과거 수행한 유사 프로젝트의 속도를 그대로 사용하거나 새롭게 만들어 새 프로젝트의 속도를 정할 수 있었다. 속도는 계획뿐만 아니라 관리 도구로도 유용하게 사용될 수 있기 때문에, 각 이터레이션을 마쳤을 때를 비롯하여 이터레이션을 진행하는 동안에도 팀의 속도를 지속적으로 관찰하는 것이 중요하다.

속도 측정

속도가 중요한 측정치라고 했는데, 그렇다면 속도는 어떻게 측정할 수 있을까? 속도는 스토리 점수다. 각 스토리마다 점수가 부여되어 있으므로 속도를 계산하려면 이터레이션 동안 완료한 스토리들의 점수를 그대로 합하면 된다. 예를 들어 표 11.1에 나타난 스토리들을 이번 이터레이션에서 완료했다고 가정해 보자. 표에 나나듯이 이번 이터레이션에서 완료한 스토리의 스토리 점수를 합한 23이 팀의 속도가 된다. 릴리즈 계획에서 가정한 속도가 23과 많이 다르다면 프로젝트 전체 계획을 고쳐야 할 수도 있다. 하지만 너무 일찍부터 릴리즈 계획을 조정하는 것은 조심해야 한다. 처음에 가정한 속도가 틀릴 수도 있지만 개발 초기에는 속도가 변하기 쉽기 때문이다. 좀더 장기적인 관점에서 속도의 추이가 어떠한지 알 수 있을 때까지는 이터레이션을 두세 번 지켜보아야 한다.

표 11.1 이터레이션에서 완료한 스토리 목록

스토리	스토리 점수
사용자는 …… 할 수 있다	4
사용자는 …… 할 수 있다	3
사용자는 …… 할 수 있다	5
사용자는 …… 할 수 있다	3
사용자는 …… 할 수 있다	2
사용자는 …… 할 수 있다	4
사용자는 …… 할 수 있다	2
속도	23

그럼 이터레이션이 끝날 때까지 완료하지 못한 스토리는 어떻게 할 것인가? 속도 계산에 포함해야 하는가?

아니다. 부분적으로 완료한 스토리는 속도 계산에 포함하면 안 된다. 여기에는 여러 가지 이유가 있다. 첫째, 완료하지 못한 스토리에 대해 몇 퍼센트나 완료했는지 결정하는 것은 쉽지 않다. 둘째, 43.8과 같이 소수점 이하를 허용함으로써 속도의 정확성에 대한 그릇된 인상을 갖지 않도록 해야 한다. 셋째, 완료하지 못한 스토리는 사용자나 고객에게 명백한 가치를 제공하지 못한다. 즉, 실제 코딩이 얼마나 진행되었는가에 관계없이 이터레이션을 마칠 때 완료하지 못한 스토리는 사용자에게 인도되는 공식적인 빌드에 포함시키지 않는다. 넷째, 스토리가 커서 부분 점수만 더하는 것으로도 속도에 크게 영향을 준다면(예를 들어 41이어야 하는 것이 50이 되는 것 처럼), 그건 스토리가 너무 크다는 것을 말한다.[1] 마지막으로, 100% 완료한 스토리는 별로 없고 90% 완료한 것만 많은 상황은 어떻게든 피하는 것이 바람직하다. 남은 10%에 가장 복잡한 부분이 숨어 있을 수 있기 때문에, 스토리를 완전히 끝내기 전에는 속도 계산에 포함하지 말아야 한다.

1) 역자 주: 스토리가 너무 크다는 것은 릴리즈/이터레이션 계획의 단위로 사용하기에 부적합하다는 것을 의미한다. 다음 이터레이션부터는 좀더 작게 나누어서 적당한 크기의 스토리로 진행할 필요가 있다.

완료되지 않은 스토리지만 속도 계산에 포함해야 한다고 판단한다면, 평균적인 스토리의 크기를 다시 한번 평가해 보고, 스토리를 더 작게 만드는 것을 고려해야 한다. 이터레이션을 마치고 속도를 결정할 때, 1점짜리 스토리를 완료하지 않아서 빼는 것이 12점짜리 스토리를 빼는 것보다는 훨씬 쉬울 것이다. 또, 1점도 안 되는 작은 스토리들마저 미완성인 상태로 끝나는 이터레이션이 자주 발생한다면, 이는 여러분 팀의 팀웍에 문제가 있음을 나타내는 조짐이기도 하다. 모두 한마음으로 일한다면, 각자의 스토리가 미완성인 상태로 이터레이션을 마치기보다는, 시작조차 하지 못하는 스토리가 있더라도 다른 동료가 진행하는 스토리를 함께 작업하여 완료하는 편이 더 낫다는 것을 배우게 될 것이다.

속도는 실제 시간으로 측정하는 것이 아니다

속도를 계산할 때는 이터레이션을 시작하기 전에 부여한 스토리 점수를 이용한다는 점을 주목하기 바란다. 일단 이터레이션을 끝내면, 스토리에 부여했던 점수를 변경하면 안 된다. 예를 들어 어떤 스토리를 이터레이션의 시작 시점에는 4점이라고 추정했지만, 진행하는 중에 너무 작게 추정한 것이 밝혀져서 7점이 더 적절하다고 생각할 수 있다. 그렇다고 해도 이터레이션을 마치고 속도를 계산할 때, 해당 스토리의 점수는 7점이 아닌 4점으로 계산해야 한다.

일반적으로 이터레이션 계획에서 가정하는 속도는 선행 이터레이션의 속도보다 크지 않도록 해야 한다. 하지만 스토리 중에 너무 작게 추정된 것이 있다고 팀 전체가 인정한다면, 그리고 이번 이터레이션에서는 더 많은 일을 해낼 수 있다고 모두 확신한다면, 조금 더 높은 속도를 기준으로 계획을 진행할 수도 있다.

이미 완료한 스토리의 스토리 점수는 변경할 수 없지만, 추정치와 실측치의 차이 정보는 추후 스토리 추정치를 조정할 때 적극 활용해야 한다.

계획 속도와 실제 속도

실제 속도가 계획할 때 가정한 속도에서 얼마나 벗어나는지, 특히 어떤 조치를 취해야 하는 것인지를 모니터링하기 위해서는 그림 11.1과 같이 각 이터레이션의 계획 속도와 실제 속도를 함께 그래프로 그려보는 것이 좋다. 그림 11.1의 경우를 보면 처음에는 계획 속도가 낮았다가 점차 증가하여 세 번째 이터레이션부터 안정화되는 것을 보여준다.

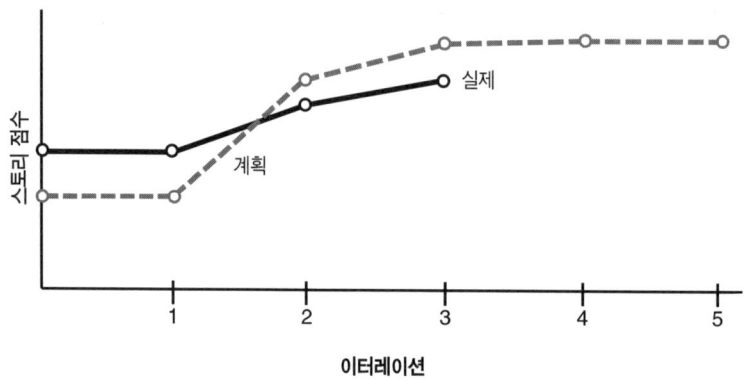

그림 11.1 세 번째 이터레이션까지의 계획 속도와 실제 속도

세 번째 이터레이션까지 보았을 때, 첫 이터레이션에서는 실제 속도가 계획 속도를 넘어서고 있지만 두 번째와 세 번째 이터레이션에서는 예상만큼 실제적인 속도 향상이 이뤄지지 않고 오히려 계획 속도보다 조금 작은 것을 확인할 수 있다.

그림 11.1의 팀이 첫 이터레이션의 결과로 섣부른 판단을 내려 고객에게 계획보다 속도가 높게 나와 출시 일자를 앞당길 수 있을 거라고 말했다면 문제가 될 뻔 했다. 그래프의 속도 추이는 무엇을 말하는가? 이 팀은 출시 일자를 조정해야 할 것인지 말 것인지 판단할 수 있을까? 이 문제에 답하기 위해서는 그림 11.1의 그래프뿐만 아니라 그림 11.2와 같은 누적 스토리 점수 그래프도 함께 살펴봐야 한다.

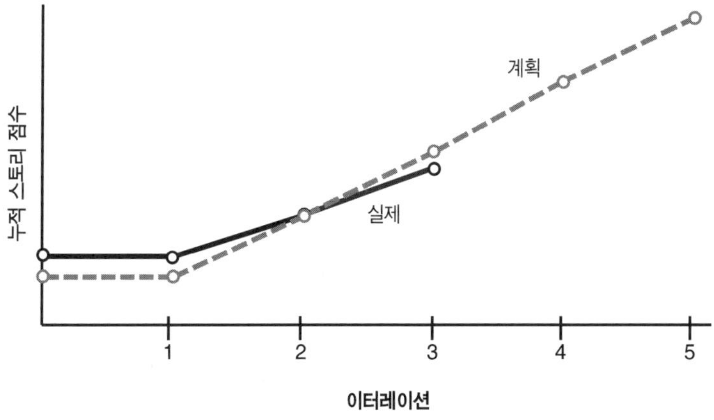

그림 11.2 계획 누적 스토리 점수와 실제 누적 스토리 점수

누적 스토리 점수 차트(cumulative story point chart)는 각 이터레이션의 종료 시점까지 완료한 스토리 점수 총 합계를 나타낸다. 두 번째 이터레이션에서 계획보다 속도가 낮게 나타났지만, 그림 11.2를 보면 이 때까지 완료한 스토리 점수는 여전히 계획보다 조금 더 많다는 사실을 확인할 수 있다. 하지만 세 번째 이터레이션의 종료 시점에서는 첫 이터레이션에서 좋은 출발을 했던 이점이 두 번째와 세 번째 이터레이션의 낮은 속도로 인해 상쇄되어 없어졌을 뿐 아니라 계획보다 늦어지고 있음을 알 수 있다

세 번째 이터레이션의 종료 시점에서, 계획했던 모든 기능을 완료하지 못할 것 같은 가능성이 보인다. 만약 고객이 팀과 함께 작업하지 않아 이러한 사실을 바로 알 수 있는 처지가 아니라면, 고객에게 이러한 상황을 분명하게 알려야 한다.

이터레이션 소멸 차트

진행 상황을 지켜보기 위해서는 '이터레이션 소멸 차트(iteration burn-down chart)'를 이용하는 것도 유용하다. 이터레이션 소멸 차트는 각 이터레이션의 종료 시점에 남아 있는 작업량을 스토리 점수로 나타낸 것이다. 그림 11.3이 그 예다.

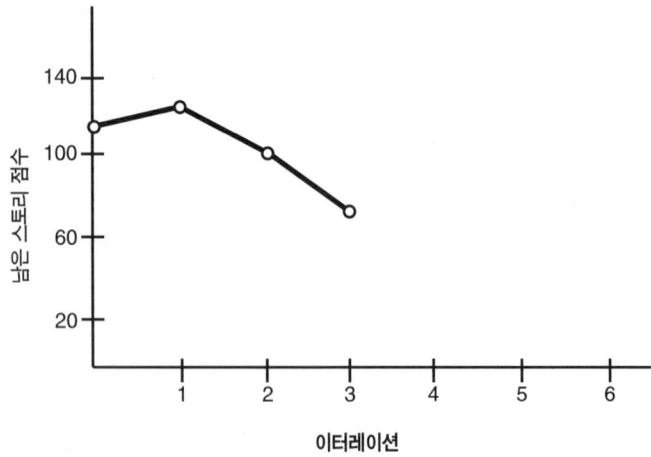

그림 11.3 이터레이션 소멸 차트

    소멸 차트는 현재까지 완료한 스토리 점수를 통해 릴리즈의 진행 상황을 반영할 뿐만 아니라 해당 릴리즈에 남아 있는 계획된 스토리 점수의 변동 사항까지 반영해 준다는 특징을 가지고 있다. 예를 들어 어떤 이터레이션에서 20점을 완료했는데 그 기간 동안 고객이 15점에 해당하는 스토리를 프로젝트에 새로 추가한 상황을 가정해 보자. 완료한 스토리 점수는 20점이지만 순이득(net gain)은 5점뿐이다. 프로젝트가 빨리 끝나길 희망하는 고객이라면 새로운 일거리를 조금씩만 가져와야 할 것이다.

    그림 11.3을 보면 첫 이터레이션의 진척 상황이 실질적으로는 마이너스다. 115점을 가지고 시작했지만 이터레이션을 마쳤을 때는 120점이 남아 있다. 관리자와 고객은 그림 11.3과 같은 차트를 보고 개발자들에게 소리치는 일이 없도록 조심해야 한다. 소멸 차트가 보여주는 것은 개발팀이 얼마나 일을 잘 하고 있는가 하는 것이 아니다. 그림 11.3의 개발 팀은 스토리 점수 90점을 완료했음에도 불구하고 고객이 95점을 새로 추가했을지도 모른다. 팀이 완료한 스토리 점수가 얼마인지 알려면 그림 11.1과 같은 속도 그래프나 그림 11.2와 같은 누적 스토리 점수 차트를 보아야 한다.

    소멸 차트는 개발 팀의 속도를 보여주지는 않지만, 프로젝트 진행상황에 대한 종합적인 관점을 제공한다는 점에서 유용하다. 애자일 소프트웨어 개발의 강점 중 하나는 프로젝트 초기에 요구사항에 대한 완전한 명세 없이도 시작할 수 있다는 점이다. 애자일 개발팀은 고객이 사전에 모든 것을 알기란 불가능하다는 점을 인정한다. 따라서 애자일 개발팀은 고객에게 아는 만큼만 알려달라고 하며, 나머지는 프로젝트가 진행되고 개발하는 소프트웨어에 대해 모두가 조금씩 더 알아가면서 고객이 의견을 추가하고 변경할 수 있도록 허용한다. 즉 스토리가 추가되거나 제외되기도 하며, 크기나 중요도가 변경되기도 한다는 것을 의미한다. 표 11.2에 보이는 프로젝트가 이러한 상황의 예다.

	이터레이션 1	이터레이션 2	이터레이션 3	이터레이션 4
시작 시점의 스토리 점수	130	113	78	31
이터레이션 동안 완료	45	47	48	31
추정치 변경	10	4	-3	
추가된 스토리 점수	18	8	4	
종료 시점의 스토리 점수	113	78	31	0

표 11.2 이터레이션 동안의 진행 상황 및 변경 사항

이 프로젝트를 진행한 팀은 그들이 이터레이션마다 45점 정도를 진행할 수 있을 거라고 생각했다. 처음 스토리 점수가 모두 130점이었기 때문에 이터레이션이 세 번 필요할 거라고 계획했다. 첫 번째 이터레이션에서 정확히 45점을 완료하기는 했지만, 그 과정에서 남아 있는 스토리 중 일부가 처음 생각했던 것보다 더 클 것으로 판단되어 추정치가 10점 증가했다. 게다가 고객이 6개의 새로운 스토리를 작성하였고 각각 3점으로 추정되었다. 45점을 완료했지만 결과적으로는 45-10-18, 즉 17점만 진행된 것과 같다. 결국 첫 번째 이터레이션을 마쳤을 때 아직도 113점이 남아 있다. 이 시점에서 개발 팀은 프로젝트가 계획처럼 이터레이션 세 번 만에 완료되지 않을 것이라는 점을 알 수 있었다. 앞으로 추가되는 스토리가 없다고 하더라도 남아 있는 두 번의 이터레이션 동안 할 수 있는 90점보다 많이 남아 있기 때문이다. 팀은 고객과 회의를 했다. 일부 기능을 포기하고 이터레이션 세 번으로 종료하는 것을 고려해 보았지만, 결국 이터레이션을 한 번 더

진행하는 것에 합의했다.

두 번째 이터레이션에서도 비슷한 경향을 보였다. 스토리 점수 47점을 완료했지만 남은 스토리에서 추정치를 4점 상향 조정했고, 고객은 여전히 8점에 해당하는 새로운 스토리들을 추가했다. 두 번째 이터레이션의 실제 진척도는 47-4-8=35점이었다.

세 번째 이터레이션을 시작할 때 78점이 남아 있었다. 일이 잘 풀려 48점이나 완료할 수 있었다. 남아 있는 스토리에 대한 추정치도 3점이나 줄였다. (이전 두 이터레이션에서는 남아 있는 스토리에 대한 추정치를 늘렸다는 점과 비교된다.) 고객은 여전히 4점에 해당하는 스토리를 추가했지만 세 번째 이터레이션의 실제 진척도는 48+3-4=47점이었다. 이것으로 네 번째 이터레이션에는 스토리 점수 31점만 남게 되었고, 더 이상의 계획 변경 없이 완료할 수 있었다.

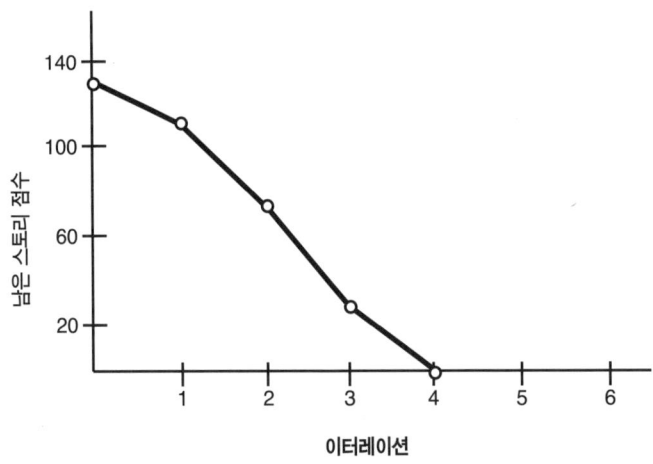

그림 11.4 표 11.2의 프로젝트에 대한 소멸 차트

그림 11.4는 이 프로젝트의 소멸 차트다. 첫 번째 이터레이션까지 소멸선(burndown line)의 기울기를 보면 프로젝트가 세 번째 이터레이션까지 끝나지 않을 것이라는 점을 명확하게 알 수 있다.

이터레이션 진행 중의 소멸 차트

소멸 차트는 각 이터레이션의 종료 시점에서 프로젝트의 진행 상황을 추적하는 데 유용할 뿐 아니라, 이터레이션을 진행하는 동안에도 훌륭한 관리 도구로 사용할 수 있다. 이터레이션 진행 중에는 일일 소멸 차트(daily burndown chart)를 통해 해당 이터레이션에 남아 있는 작업량을 시간 단위의 추정치로 나타낸다. 그림 11.5의 예를 보자. 이터레이션에 남아 있는 작업 시간을 일 단위로 추적하고 있다.

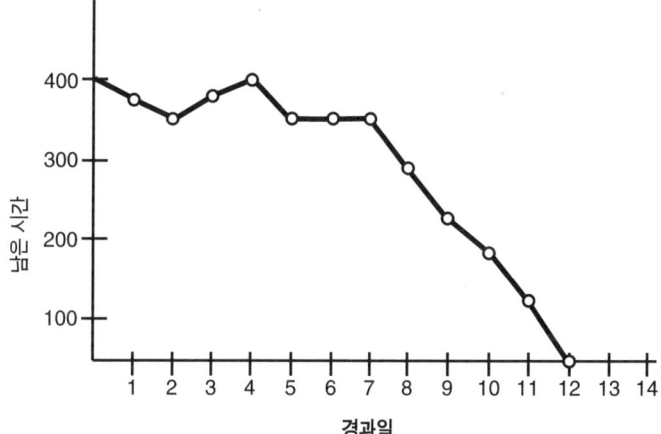

그림 11.5 일일 소멸 차트

소멸 차트를 그리기 위해 필요한 정보를 수집하는 방법으로, 나는 각 팀 멤버가 공용 화이트보드에 적힌 남은 작업시간을 직접 수정하도록 하는 방법을 선호한다. 이터레이션 계획이 완료되면 화이트보드에는 스토리 목록과 각 스토리의 세부 작업 목록이 적혀 있다. 각 작업 옆에는 담당 개발자의 이름과 작업 추정치가 적혀 있다. 나는 매일 한 번씩 화이트보드에 있는 추정치들을 더해 소멸 차트에 추가한다. 이터레이션을 시작하고 얼마 지나지 않아 화이트보드는 그림 11.6과 같이 보일 것이다.

그림 11.6 화이트보드에 추정치를 적어 두고 자주 수정한다.

HTML 페이지 만들기	태드	2̶	0
HTML 폼에서 검색 필드 읽어오기	태드	2	
효과적인 샘플 데이터 만들기	메리	2̶	4
검색용 서블릿 작성	메리	4	
결과 페이지 생성	태드	2	

그림 11.6을 보면 'HTML 페이지 만들기' 작업은 남아 있는 작업량이 2시간에서 0으로 변경되어 완료되었다는 것을 알 수 있다. 하지만 메리는 '효과적인 샘플 데이터 만들기' 작업에 대한 추정치를 늘렸다. 메리가 작업을 시작하기 전에 추정치를 변경했는지, 혹은 이미 2시간(혹은 4시간이나 6시간)을 작업했지만 앞으로도 4시간이나 남았다고 생각했는지는 중요하지 않다. 중요한 것은 화이트보드에 적혀있는 추정치가 남아 있는 작업량에 대한 그녀의 현재 생각을 반영한다는 것이다.

팀의 모든 구성원은 추정치를 비교적 최신 상태로 유지해야 함을 알고 있다. 하나의 작업을 마쳤을 때 혹은 일과를 마치고 나면 항상 화이트보드를 갱신하도록 함으로써 최상의 효과를 얻을 수 있다. 이렇게 함으로써 항상 모든 추정치가 비교적 최신 상태가 된다. 모든 구성원이 가능한 정확하게 남은 작업량을 추정할 수 있도록 뒷받침해야 한다. 또한 프로그래머들이 추정치를 줄이거나 늘리는 것에 상관없이 편안하게 추정치를 변경할 수 있어야 한다.

물론 여기에도 새로운 작업이 추가될 수도 있다. 하지만 신규 작업은 현재 이터레이션에 이미 포함된 스토리를 완료하기 위해 꼭 필요하지만 계획 단계에서 누락된 것일 때에만 추가되어야 한다. 누군가 이번 이터레이션에 추가되었으면 하고 바라는 새로운 기능을 추가해서는 안 된다. 이런 유형의 변경은 다음 이터레이션에 계획에서 우선순위 결정을 통해 추가되어야 한다.

소비 작업시간이 아닌 남은 작업시간을 추적한다

일일 소멸 차트는 스토리나 작업에 대한 소비 작업량이 아닌 남은 작업량을 반영한다는 점을 주목하라. 소비 작업량을 추적하는 것도 나름대로 합당한 이유가 있다(계획 작업량과 실제 작업량의 비교를 통한 추정 능력 향상, 주별 실제 작업 시간 모니터링 등). 하지만 그렇게 하면 안 되는 더 중요한 이유가 있다(대부분의 개발자가 지나치다고 느낄 만큼의 관리, 부정확한 추정치 등).

게다가, 정말 중요한 것은 지금까지 작업량이 얼마나 투입되었는지가 아니라 앞으로 작업량이 얼마나 남았는가다.

크고 눈에 확 띄는 차트를 사용하라(Big Visible Chart)

이번 장에서 설명한 모든 차트는 크고 눈에 확 띄게 만들어야 효과가 높다. 여러분의 조직에 플로터[2]가 있다면 그것을 이용하여 차트를 출력하고 팀 공유 공간이나 다같이 이용하는 복도 같은 곳의 벽에 붙여 두어라. 플로터가 없다면 커다란 화이트보드 몇 개를 걸어두고 차트를 그리는 데 이용하는 것을 고려해 보아라.

우리는 다리가 여러 개인 커다란 화이트보드 세 개를 공동 공간에 두고 사용한 적이 있다. 나는 문구점에서 검정색 테이프를 사다가 화이트보드에 축 형태로 붙였다. 이로써 차트를 수정할 때에도 절대 지워지지 않는 훌륭한 직선 축이 만들어졌다. 매주 세 개의 차트에 점들을 추가했다. 정기적으로 차트에 공간이 부족해지면 지우고 다시 시작할 수 있었다.

[2] 역자 주: 데이터를 도면으로 만드는 출력장치.

요약

- 속도를 결정할 때는 인수 테스트를 통과한 완료된 스토리만을 포함한다. 부분적으로 완료된 스토리는 계산에 넣지 않는다.

- 실제 속도와 계획 속도의 차이를 모니터링하기 위해서는 각 이터레이션에서 실제로 완료된 스토리 점수와 계획 상의 스토리 점수를 함께 그래프로 표시하는 방법이 좋다.
- 한두 번의 이터레이션만으로 속도의 경향을 예측하려 하지 마라.
- 작업 혹은 스토리를 완료하는 데 소요된 실제 시간은 속도와 관계없다.
- 크고 눈에 확 띄는 차트를 모두가 볼 수 있는 공동 공간에 붙여라.
- 누적 스토리 점수 차트(그림 11.2)는 각 이터레이션 종료 시점까지 완료된 스토리 점수의 총 합계를 보여주는 점에서 유용하다.
- 이터레이션 소멸 차트(그림 11.3)는 완료된 스토리 점수를 통해 진행 상황을 보여줄 뿐만 아니라 해당 릴리즈의 계획된 스토리 점수의 변경까지 반영한다.
- 일일 소멸 차트는 한 이터레이션 진행 중에 매일 남은 작업 시간을 보여주기 때문에 아주 유용하다.
- 스토리 점수당 결함(defects per story point)을 차트로 그리고 관찰하는 것은 속도 증가로 인해 결함이 늘어나지 않는지 확인하는 데 도움을 준다.

개발자 책임

- 최선을 다해 다음 스토리로 넘어가기 전에 현재 스토리를 완료할 책임이 있다. 미완성의 많은 스토리보다 적은 수라도 완료된 스토리가 더 낫다.
- 프로젝트의 속도에 대한 결정 사항이 미치는 영향에 대해 이해할 책임이 있다.
- 이번 장에서 설명한 차트들을 읽고 해석하는 방법을 이해할 책임이 있다.
- 여러분이 관리자 혹은 XP 프로젝트의 '추적자[3]' 역할이라면, 이번 장에서 설명한 차트들을 언제 어떻게 만들어야 할지 알 책임이 있다.

3) 역자 주: 추적자(tracter)는 작업의 진행을 추적하는 책임을 맡은 사람을 익스트림 프로그래밍에서 칭하는 말이다. 프로그래머에게 따로 확인하거나 일일 회의에서 작업 진행을 점검하여 계획대로 차질 없이 진행되는지 추적한다. 대개는 프로젝트 관리자가 맡지만, 프로그래머나 고객이 맡는 경우도 있다. 『Extreme Programming Installed: XP 도입을 위한 실전 입문』(인사이트) 참고.

고객 책임

- 이번 장에서 설명한 차트들을 읽고 해석하는 방법을 이해할 책임이 있다.
- 팀의 속도를 알고 있을 책임이 있다.
- 실제 속도와 계획 속도를 어떻게 비교하는지, 계획은 언제 수정해야 하는지 알 책임이 있다.
- 프로젝트의 목적이 주어진 제약 조건에 부합하도록 릴리즈에 스토리를 추가하거나 제외할 책임이 있다.

연습문제

11.1 스토리 점수 1점으로 추정한 스토리를 완료하는 데 실제로는 2일이 걸렸다. 이터레이션 속도를 계산할 때 몇 점으로 처리하는가?

11.2 이터레이션 소멸 차트에서는 알 수 없지만 일일 소멸 차트로부터 얻을 수 있는 정보는 무엇인가?

11.3 그림 11.7로부터 이끌어낼 수 있는 결론은 무엇인가? 프로젝트 일정은 어떻게 될 것으로 추측되는가? (단축/초과/정상)

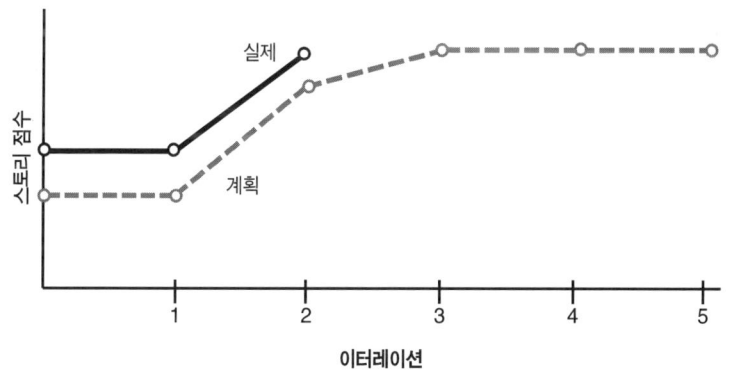

그림 11.7 프로젝트는 단축/초과/정상 종료될 것인가?

11.4 표 11.3과 같이 종료된 이터레이션의 속도는 얼마인가?

표 11.3 이터레이션 동안 완료한 스토리

스토리	스토리 점수	상태
스토리1	4	완료
스토리2	3	완료
스토리3	5	완료
스토리4	3	일부 완료
스토리5	2	완료
스토리6	4	시작 안함
스토리7	2	완료
속도	23	

11.5 이터레이션 소멸 차트가 상승 경향을 보이는 것은 어떤 환경 요인이 작용한 것인가?

11.6 표 11.4의 빈칸을 채워라.

표 11.4 빈칸 채우기

	이터레이션 1	이터레이션 2	이터레이션 3
시작 시점의 스토리 점수	100		
이터레이션 동안 완료	35	40	36
추정치 변경	5	-5	0
추가된 스토리 점수	6	3	
종료 시점의 스토리 점수	76		0

3부
자주 논의하는 주제

지금까지 스토리가 무엇이며, 어떻게 사용하는지, 그리고 스토리를 이용하여 어떻게 추정치를 얻고 계획을 세우는지 등을 살펴 보았다. 3부에서는 사용자 스토리가 요구사항 명세서, 시나리오, 유스케이스 등 다른 요구사항 기법과 어떻게 다른지 살펴볼 것이다. 그리고 사용자 스토리의 장점도 살펴볼 것이다.

하지만 어떠한 기법을 사용하든 항상 무언가 잘못될 가능성이 있으며 이는 사용자 스토리의 경우도 마찬가지다. 여기서는 사용자 스토리를 사용할 때 잘못되고 있음을 알려주는 냄새의 목록을 살펴볼 것이다. 사용자 스토리는 익스트림 프로그래밍에서 유래했으며, 당연히 익스트림 프로그래밍과 가장 관련이 많다. 그러나 다른 애자일 프로세스와도 함께 사용될 수 있다. 3부에서는 애자일 프로세스 중 하나인 스크럼(Scrum)과 사용자 스토리를 어떻게 함께 사용할 수 있는지도 살펴볼 것이다. 마지막으로 스토리를 종이 인덱스 카드에 작성해야 하는지 소프트웨어를 이용해야 하는지, 버그를 스토리로 작성해야 하는지 등 비록 작지만 자주 논의하는 주제들을 다루는 것으로 3부를 마무리할 것이다.

12장

스토리가 아닌 것

스토리가 무엇인지 더 잘 이해하려면 스토리가 아닌 것에는 무엇이 있는지 살펴보는 것이 중요하다. 이번 장에서는 요구사항을 기술하기 위해 많이 사용되는 방법인 유스케이스, IEEE 830 소프트웨어 요구사항 명세서, 상호작용 설계 시나리오 등과 사용자 스토리가 어떻게 다른지 설명한다.

사용자 스토리는 IEEE 830이 아니다

IEEE 컴퓨터학회에서는 소프트웨어 요구사항 명세서 작성에 관한 가이드라인을 출판하였다(IEEE 1999). 'IEEE 표준 830'이라 알려진 이 문서는 1998년에 최종적으로 개정되었다. 이 문서는 요구사항 명세 문서를 어떻게 구조화하는지, 프로토타이핑의 역할은 무엇인지, 훌륭한 요구사항 문서가 갖추어야 하는 특징은 무엇인지 등에 대해 언급한다. IEEE 830 스타일의 소프트웨어 요구사항 명세서의 가장 두드러진 특징은 기능 요구사항(functional requirements)을 작성할 때 IEEE가 권장하는 방법인 '시스템은 ……해야 한다(The system shall…)' 형태의 문장을 사용한다는 점이다. 일반적인 IEEE 830 명세서는 다음과 유사한 형태다.

4.6) 시스템은 기업이 채용 공고를 게시할 때 신용카드로 결제할 수 있어야 한다.

4.6.1) 시스템은 비자, 마스타, 아메리칸익스프레스카드 등을 처리할 수 있어야 한다.

4.6.2) 시스템은 웹 사이트에 채용 공고가 게시되기 전에 결재를 먼저하도록 해야 한다.

4.6.3) 시스템은 사용자에게 고유의 확인 번호를 부여해야 한다.

시스템의 요구사항을 이러한 수준으로 자세하게 문서화하다 보면 장황해지기 쉽고 실수하기도 쉬우며 시간도 많이 든다. 게다가, 솔직히 말해서 이런 문서는 읽기에 지루하다. 읽기 지루하다는 것이 이 방법을 버려야 하는 충분한 이유가 되진 못할 것이다. 그렇지만 여러분이 이렇게 작성된 300쪽에 달하는 문서를 읽어야 한다고 생각해보라. 누구도 그 문서를 끝까지 읽지 않을 것이다. 또한 이러한 수준으로 작성된 문서는 그 문서를 읽는 사람이 큰 그림을 보지 못하게 만드는 경우가 많다.

불행하게도 시스템의 모든 요구사항을 이러한 방법으로 작성하는 것은 사실상 불가능하다. 사용자들은 소프트웨어가 만들어지는 것을 보면서 중요한 피드백을 준다. 그들은 구동되는 소프트웨어를 보면서 새로운 아이디어를 떠올리고, 이전에 했던 생각을 변경하기도 한다. 우리는 요구사항 명세서에 기술된 소프트웨어에 대한 변경 요청이 있을 경우, 이를 '범위 변경'이라 부르는 데 익숙하다. 하지만 이러한 생각은 두 가지 이유로 잘못된 것이다. 첫째, '범위 변경'이라는 말은 어떤 시점에 그 범위라는 것이 충분히 알려져 있다는 것을 가정한다. 둘째, 이러한 생각은 사용자가 의도한 목적을 달성하는 것과는 상관없이 단지 요구사항에 나열된 기능만을 구현하면 소프트웨어가 완성되는 거라고 믿게 만든다. 만약 사용자의 목적 자체에 변화가 있다면 우리는 그것을 '범위 변경'이라 부를 수 있을 것이다. 그러나 소프트웨어 솔루션의 세부적인 내용만 변하였을 경우에도 그 용어를 적용하는 것은 적절치 않다.

IEEE 830 스타일의 요구사항 기술방식은 사용자의 목적보다는 요구사항 목록 자체에 주의를 기울이게 하기 때문에 프로젝트가 방향을 잃는 경우가

잘못될 징조

요구사항 명세서가 소프트웨어 개발 그룹과 다른 그룹(마케팅 그룹 혹은 제품 관리 그룹) 사이를 왔다갔다 한다면, 그것은 프로젝트가 잘못된 방향으로 진행되고 있다는 징조다. 상황은 대체로 다음과 같다. 먼저 제품 관리 그룹이나 기타 비슷한 그룹에서 요구사항 명세서를 작성한 후 그것을 개발자들에게 넘긴다. 그리고 개발자들은 제품 관리 그룹에서 작성한 문서에 자신들의 해석을 덧붙여 문서를 재작성한다. 그들은 항상 자신들이 작성한 문서에 기능 명세서(functional specification)와 같이 완전히 다른 이름을 붙인다. 새로 작성한 문서가 사실은 처음의 문서와 관점만 다를 뿐 같은 문서라는 점을 감추기 위함이다.

해당 그룹들은 소규모 프로젝트가 아닌 이상, 작성된 요구사항 명세서가 읽기 힘들고, 완전히 이해하기도 어려우며, 기대 수준만큼 자세하게 기술하기도 힘들다는 것을 알고 있다. 한 그룹은 다른 그룹이 작성한 문서의 내용에 대해 정확히 이해하기 힘들다. 이로 인해, 최종적으로 문서를 작성한 그룹에서 그 문서 내용의 의미에 대해 어떻게 말하더라도 다른 그룹에서는 그것이 잘못되었다고 말하기 힘들다. 프로젝트가 실패하고 누군가 비난을 받아야 할 때가 되면, 그들은 문서 특정 부분을 가리키며 빠진 부분이 거기에서 의미했던 바였다고 주장한다. 그렇지 않으면, 그 기능이 원래부터 구현 사항에 포함되지 않았다고 주장한다. 이렇듯 서로 책임을 회피하더라도 잘못을 지적하기가 힘들다

여러 그룹이 결국은 같은 문서를 다른 형태로 작성하고 있는 것을 자주 보게 된다. 그들은 나중에 비난 받을 것에 대비하여 무언가 준비해 놓고 있는것일 뿐이다. 사용자 스토리에서는 이렇게 어리석은 일이 발생하지 않는다. 문서보다 대화를 더 중요시 한다는 것은 어떤 것도 최종적인 것은 없다는 것을 의미한다. 문서는 계약서인 듯 보여서 최종적인 것처럼 느껴진다. 그러나 대화는 다르다. 우리는 오늘 대화를 하고 나중에 무언가를 배우고 나서 또 다시 대화한다.

많았다. 요구사항 목록은 제품의 이미지를 전달하는 데 사용자 스토리만도

못하다. 머릿속에 솔루션에 대해 자동적으로 떠올리지 않으면서 요구사항 목록을 읽는 것은 매우 힘들다. 캐롤(Carroll 2000)은 설계자들이 "처음 접하는 몇 개의 요구사항만으로 솔루션을 만들 것이다."라고 했다. 예를 들어 다음 요구사항들을 살펴 보자.[1]

1) 저자 주: 『The Inmates Are Running the Asylum』(Cooper 1999)에서 발췌.

3.4) 산출물에는 가솔린 엔진이 장착되야 한다.
3.5) 산출물의 바퀴는 네 개여야 한다.
    3.5.1) 산출물의 각 바퀴에는 고무 타이어가 끼워져 있어야 한다.
3.6) 산출물에는 운전대가 있어야 한다.
3.7) 산출물의 몸체는 강철이어야 한다.

이 시점에서 여러분의 머리에는 자동차의 이미지가 떠오를 것이다. 물론 자동차는 위에 나열된 모든 요구사항을 만족한다. 여러분이 선홍색의 컨버터블을 떠올리는 동안, 나는 푸른 픽업 트럭을 상상할지도 모른다. 아마 여러분의 컨버터블과 나의 픽업 트럭의 차이점은 또 다른 요구사항 문장에 들어 있을 것이다.

하지만 IEEE 830 스타일의 요구사항 명세서를 작성하는 대신, 사용자가 제품을 통해 얻고자 하는 목적을 다음과 같이 말해 주었다고 해 보자.

- 산출물은 우리집 잔디를 깎는 일을 편리하고 빠르게 처리할 수 있게 한다.
- 산출물을 사용하는 동안 편안해야 한다.

사용자의 목적을 살펴봄으로써 우리는 제품에 대해 완전히 다른 시각을 얻게 되고 고객이 실제로는 자동차가 아니라 승차식 잔디깎기를 원한다는 것을 깨닫는다. 이러한 사용자의 목적이 그대로 사용자 스토리가 되는 것은 아니지만, IEEE 830 문서는 요구사항들을 나열한 것인 반면 사용자 스토리는 사용자의 목적을 기술한다. 새로운 산출물로부터 얻고자 하는 사용자의 목적에 초점을 맞춤으로써 사용자의 필요를 더 잘 만족시키는 솔루션을 얻을 수 있다.

사용자 스토리와 IEEE 830 스타일 요구사항 명세서의 마지막 차이점은 후자의 경우 요구사항을 모두 기술하기 전에는 개별 요구사항을 구현하는 데 드는 비용을 잘 알 수 없다는 것이다. 이를 보여 주는 전형적인 시나리오는 다음과 같다. 몇 명의 분석가가 긴 요구사항 문서를 작성하는 데 두세 달(혹은 더 오래)이 지나간다. 요구사항 문서가 개발자에게 전달되고, 개발자는 분석가에게 (그리고 분석가는 고객에게) 프로젝트가 24개월 걸릴 것이라 말한다. 물론 이것은 그들이 처음에 기대한 6개월을 훨씬 초과한다. 이 경우, 요구사항 문서의 3/4은 쓸데없이 작성되었다. 그나마도 개발할 시간이 모자라다. 그리고 앞으로도 개발자, 분석가, 고객이 기간 내에 어떤 기능들을 구현할 것인지 토의하느라 더 많은 시간을 낭비하게 될 것이다. 사용자 스토리를 이용하면 초기부터 각 스토리의 개발 기간을 추정하게 된다. 고객은 프로젝트 팀의 속도와 개별 스토리의 개발 비용을 알 수 있다. 또한 모든 이터레이션에 할당할 만큼의 스토리들을 작성하고 나면 더 이상 스토리를 추가할 수 없음을 알 수 있다.

켄트 벡(Kent Beck)은 이를 결혼 준비와 비교하여 설명한다.[2] 결혼을 준비하면서 희망하는 결혼 선물 목록을 만들 때는 각 항목의 비용이 얼마나 되는지 알지 못한다. 단지 원하는 선물의 목록을 적을 따름이다. 이러한 방법이 결혼에서는 통할지 몰라도 소프트웨어를 개발하는 데는 적용되지 않는다. 고객이 어떤 항목을 프로젝트에 추가하고자 할 때는 그 비용을 생각하지 않을 수 없다.[3]

2) 저자 주: 이 내용은 2003년 11월 7일에 나눈 개인적인 의견 교환을 참고한 것이다.

3) 역자 주: 미국의 결혼 준비 문화. 결혼하기 몇 달 전부터 위시리스트를 만들어 등록해두면 친구들이 자신의 사정에 맞는 것을 선택하여 선물한다. 이때 위시리스트를 만들어 등록하는 것과 비교한 것이다.

어떻게, 왜 그 기능을 사용할 것인가?

요구사항 목록을 단순히 나열하는 방법의 또 다른 문제점은 각 항목이 사용자의 행동이나 목적이 아니라 소프트웨어의 행동을 기술한다는 것이다. 요구사항 목록은 '어떻게, 왜, 누가 그 기능을 사용할 것인가'에 대해 답하지 않는다.

XP 개발자이자 『Software Configuration Management Patterns』의 저자인 스티브 버죽(Steve Berczuk)은 이 질문의 중요성에 대해 언급하였다. "나는 기능 목록을 만든 후 고객에게 그것을 보여주어 개별 기능을 사용하는 시나리오를 만들어 보게 함으로써 꽤 많은 일을 줄일 수 있었다. 고객은 그 중에 실제로는 필요 없는 기능들이 있다는 것과 당신이 그러한 쓸데 없는 기능들 대신 가치를 창출할 수 있는 것을 구현하는 데 시간을 투자해야 한다는 것을 종종 깨닫는다."[4]

4) 저자 주: 스티브 버죽, extremeprogramming@yahoogroups.com, 2003년 2월 20일.

사용자 스토리는 유스케이스가 아니다

이바 야콥슨(Ivar Jacobson, 1992)이 처음으로 소개한 유스케이스는 UP(Unified Process)에서 많이 이야기되는 것이다. 유스케이스는 시스템과 하나 이상의 행위자(actor) 사이의 상호작용을 기술한다. 여기서 행위자는 사용자나 다른 시스템을 말한다. 유스케이스는 자유 형식으로 작성할 수도 있고 정해진 양식(템플릿)에 맞춰 작성할 수도 있다. 앨리스테어 코번(Alistair Cockburn, 2001)이 제안한 템플릿이 그 중에서 가장 널리 사용된다. 그림 12.1은 '채용 담당자는 채용 공고를 게시할 때 신용카드로 결제할 수 있다' 는 사용자 스토리에 상응하는 유스케이스 예제를 보여 준다.

이 책은 유스케이스를 설명하는 책이 아니므로 그림 12.1의 유스케이스를 상세히 설명하진 않겠다. 그렇지만 주 성공 시나리오(main success scenario)와 확장(extensions) 부분의 의미에 대해서는 알아볼 필요가 있다. 주 성공 시나리오는 유스케이스에서 성공적인 실행 경로에 대해 기술한다.

성공적인 실행 경로는 그림 12.1에서 볼 수 있는 다섯 단계를 끝마치는 것이다. 확장 부분은 유스케이스에서 성공적인 실행 경로 이외의 다른 경로들을 정의한다. 확장 부분은 주로 에러 처리에 사용되지만, 그림 12.1의 확장 3a와 같이 성공적인 실행 경로지만 다소 부차적인 의미를 가지는 경로를 기술하는 데에도 사용된다. 유스케이스에서 각 경로들은 시나리오(scenario)라 불린다. 주 성공 시나리오는 첫 번째부터 다섯 번째의 단계로 구성되고 1, 2, 2a, 2a1, 2, 3, 4, 5의 단계로 수행되는 다른 시나리오도 존재한다.

그림 12.1 채용 공고 게시 결제에 관한 간단한 유스케이스

주 행위자: 채용 담당자
수준: 행위자의 목적
전제조건: 채용 정보가 입력되었지만 아직 볼 수는 없는 상태다.
최소한의 보장: 없음
성공 보장: 채용 공고가 등록되었음. 채용 담당자의 신용카드로 결제되었음.
주 성공 시나리오:
1. 채용 담당자는 신용카드 번호, 날짜, 인증 정보 등을 입력한다.
2. 시스템은 신용카드를 검증한다.
3. 시스템은 신용카드 결제를 수행한다.
4. 등록한 채용 공고를 구직자들이 조회할 수 있다.
5. 채용 담당자는 고유한 등록 확인 번호를 부여 받는다.

확장:
2a: 시스템이 처리할 수 없는 카드 종류다.
  2a1: 시스템은 사용자에게 다른 카드를 사용하라고 통지한다.
2b: 카드의 ID 번호가 잘못되었다.
  2b1: 시스템은 사용자에게 다른 카드를 사용하라고 통지한다.
2c: 카드의 유효기간이 지났다.
  2c1. 시스템은 사용자에게 다른 카드를 사용하라고 통지한다.
3a: 카드의 신용 한도가 부족하다.
  3a1: 시스템은 결제할 수 있는 만큼 결제한다.
  3a2: 사용자는 이에 대해 통지받고, 잔액 결제를 위해 두 번째 카드 정보를 입력하라는 요청을 받는다. 단계 2에서 계속된다.

사용자 스토리와 유스케이스 간의 명백한 차이점 중 하나는 다루는 범위(scope)가 다르다는 점이다. 둘 다 비즈니스 가치를 기술하는 데 적합한 크기지만 사용자 스토리는 제약 조건(개발하는 데 열흘이 넘지 않도록)을 두어, 일정 계획에 사용하기 편리하도록 작은 범위를 다룬다. 유스케이스는 대부분 사용자 스토리보다 훨씬 큰 범위를 포함한다. 예를 들어 '채용 담당자는 채용 공고를 게시할 때 신용카드로 지불할 수 있다' 는 사용자 스토리를 보면, 그것이 그림 12.1의 주 성공 시나리오와 비슷하다는 것을 알 수 있다. 이것은 사용자 스토리가 유스케이스의 단일 시나리오와 비슷하다는 것을 보여 준다. 사용자 스토리가 반드시 주 성공 시나리오에만 대응되어야 하는 것은 아니다. 예를 들어 그림 12.1의 2b에 상응하는 '사용자가 만기된 신용카드를 사용하려고 시도할 경우 시스템은 사용자에게 다른 신용카드를 사용하라는 메시지를 출력한다' 는 사용자 스토리를 작성할 수도 있다.

사용자 스토리와 유스케이스는 그 완결성에도 차이가 있다. 제임스 그레닝(James Grenning)은 "스토리 카드에 인수 테스트를 더하면 기본적으로 유스케이스와 동일하다" 고 언급한 바 있다.[5] 그는 사용자 스토리가 유스케이스의 주 성공 시나리오에 대응되고, 그 사용자 스토리에 대한 테스트들이 유스케이스의 확장 부분에 해당한다고 말한다.

예를 들어 6장 「사용자 스토리 인수 테스트」에서 '채용 담당자는 채용 공고를 게시할 때 신용카드로 지불할 수 있다' 는 사용자 스토리에 적절히 대응되는 인수 테스트 케이스는 다음과 같은 것들이 될 수 있을 것이다.

- 비자, 마스타, 아메리칸익스프레스카드 테스트(통과).
- 다이너스 클럽 카드 테스트(실패).
- 정상/비정상 카드 ID 테스트. 분실 카드 ID 테스트.
- 유효 기간이 만료된 카드 테스트.
- 다양한 구매액 테스트(카드 한도 초과액 포함).

5) 저자 주: 제임스 그레닝, extremeprogramming@yahoogroups.com, 2003년 2월 23일.

이 인수 테스트들을 보면 그림 12.1의 확장 부분들과의 상관관계를 알 수 있을 것이다.

유스케이스와 사용자 스토리의 또 다른 중요한 차이점은 그 수명(longevity)에 있다. 유스케이스는 개발 기간이나 유지보수 기간에 계속 사용된다. 반면 사용자 스토리는 그것을 개발한 이터레이션이 지나서까지 계속 사용하도록 만들어진 것이 아니다. 많은 팀이 스토리 카드를 보관하지 않고 간단히 없애 버린다.

또 다른 차이점으로, 유스케이스는 그렇게 하지 말 것을 권장함에도 불구하고 사용자 인터페이스에 관한 세부사항을 포함하는 경우가 많다는 점이다(Cockburn 2001, Adolph, Bramble, et al. 2002). 이렇게 되는 데는 몇 가지 이유가 있다. 첫째, 유스케이스는 보통 분량이 많으며, 별도로 사용자 인터페이스 요구사항을 집어넣을 적절한 곳이 없어서 그것이 유스케이스에 포함되어 버리기 때문이다. 둘째, 유스케이스를 작성하는 사람들이 사업 상의 목적보다는 소프트웨어 구현 사항에 너무 일찍부터 초점을 두기 때문이다.

보통 프로젝트 초기에는 어떤 가정에 기반하여 사용자 인터페이스를 설계하면 안 된다. 초기부터 사용자 인터페이스에 관한 세부사항을 포함시키면 분명 문제가 발생한다. 나는 최근 그림 12.2처럼 이메일을 작성하고 전송하는 단계를 기술하는 유스케이스를 접하게 되었다.

그림 12.2 이메일을 작성하고 전송하는 유스케이스

유스케이스 제목: 이메일을 작성하고 전송한다
주 성공 시나리오:
1. 사용자는 '새 메시지' 메뉴 항목을 선택한다.
2. 시스템은 사용자에게 '새 메시지 작성' 대화창을 보여준다.
3. 사용자는 이메일 본문, 제목, 수신자 등을 입력한다.
4. 사용자는 전송 버튼을 클릭한다.
5. 시스템은 이메일을 전송한다.

이 유스케이스는 사용자 인터페이스에 대한 몇 가지 가정을 담고 있다. 즉, '새 메시지' 메뉴 항목, 새 메시지를 작성하기 위한 대화창, 대화창 내의 제목과 수신자 등을 입력하기 위한 입력 필드, 전송 버튼 등이 존재한다고 가정한다. 이러한 가정이 당연한 것 같지만, 이 유스케이스는 수신자 이름을 직접 입력하지 않고 마우스 클릭으로 선택하는 경우를 처리하지 못한다. 또한 그림 12.2의 유스케이스는 시스템에 대한 인터페이스로 음성 인식 기능의 사용 가능성을 배제하고 있다.

물론 음성 인식을 지원하는 클라이언트보다 키 입력만을 지원하는 클라이언트가 훨씬 많지만, 여기서 지적하고자 하는 바는 유스케이스는 그러한 사용자 인터페이스를 기술하기에 적절한 곳이 아니라는 점이다. 그림 12.2를 대신할 사용자 스토리를 생각해 보자. '사용자는 이메일을 작성하고 보낼 수 있다' 여기에는 사용자 인터페이스에 대한 어떠한 가정도 없다. 사용자 스토리를 사용하면, 사용자 인터페이스는 고객과 대화 하면서 다루게 된다. 유스케이스에서 사용자 인터페이스에 대한 가정을 포함하는 문제를 해결하기 위해 콘스탄틴과 록우드(Constantine and Lockwood, 1999)는 '핵심 유스케이스(essential use case)'의 사용을 제안하였다. 핵심 유스케이스는 기술적인 내용 혹은 구현 사항에 대한 가정을 제거한 유스케이스다. 예를 들어 표 12.1은 이메일을 작성하고 전송하는 핵심 유스케이스를 보여준다. 핵심 유스케이스와 관련해 흥미로운 점은 사용자의 의도가 곧장 사용자 스토리로 해석된다는 것이다.

유스케이스와 사용자 스토리의 또 다른 차이점은 작성 목적(purpose)이 다르다는 점이다(Davies, 2001). 유스케이스는 고객과 개발자가 모두 읽고

표 12.1 핵심 유스케이스 예제

사용자의 의도	시스템의 반응
이메일을 작성한다	
수신자를 지정한다	
	이메일의 내용과 수신자 목록을 모은다
이메일을 전송한다	
	메시지를 전송한다

이해할 수 있는 형식으로 작성된다. 그 목적은 고객과 개발 팀 간의 합의를 문서화하는 데 있다. 반면에 사용자 스토리는 릴리즈나 이터레이션의 계획을 세우는 데 도움을 주기 위해 작성되고, 사용자의 상세한 요구들에 관해 대화를 나누기 위한 매개체로서 사용된다.

모든 유스케이스가 그림 12.1처럼 어떤 양식을 채우는 방식으로 작성되는 것은 아니다. 어떤 유스케이스들은 비구조적인 텍스트로 기술된다. 코번은 이들을 '유스케이스 요약(use case brief)' 이라 불렀다. 유스케이스 요약은 사용자 스토리와 두 가지 측면에서 다르다. 첫째, 유스케이스 요약은 여전히 유스케이스와 동일한 범위를 다루어야 하므로 보통 사용자 스토리보다 더 넓은 범위를 다룬다. 즉, 유스케이스 요약 하나는 일반적으로 하나 이상의 사용자 스토리를 담는다. 둘째, 유스케이스 요약은 산출물의 수명 동안 사용되도록 만들어진 것이다. 반면에 사용자 스토리는 한번 사용하고 나면 버린다.

마지막으로 유스케이스는 일반적으로 분석 작업의 결과물로 작성되지만 사용자 스토리는 분석 작업에 이용할 수 있도록 메모 형태로 작성된다.

사용자 스토리는 시나리오가 아니다

앞에서는 '시나리오'를 유스케이스의 실행 경로를 가리키는 데 사용했지만, HCI(Human-Computer Interaction) 설계자들도 이 용어를 사용한다. 후자의 경우 시나리오란 사용자와 컴퓨터 간의 상호작용에 대한 상세한 기술을 의미한다. 상호작용 설계에서의 시나리오와 유스케이스에서의 시나리오는 다르다. 사실, 일반적으로 상호작용 설계 시나리오가 더 광범위하고 포괄적인 내용을 담는다. 예를 들어 다음 시나리오를 살펴보자.

마리아는 직업을 바꾸고자 한다. 그녀는 닷컴 붐이 일어난 시기부터 BigTechCo에서 테스터로 일해왔다. 고등학교 수학 교사였던 그녀는 가르치는 일을 다시 시작하면 더 행복해질 거라고 생각한다. 마리아는

BigMoneyJobs.com 웹 사이트에 접속하였다. 그녀는 새로 계정을 만들었다. 그리고 자신의 이력서를 작성하였다. 그녀는 아이다호에서 수학 교사 자리를 찾고 있지만 가급적이면 자신의 현재 직장이 위치한 콜 달레인(Coeur d'Alene)과 가까운 곳에 있는 직장에서 일하고 싶어 한다. 마리아는 자신의 기준에 적합한 일자리를 몇 군데 찾았다. 그 중에서 보이시(Boise)에 있는 사립학교인 노스쇼어고등학교(North Shore School)가 가장 마음에 들었다. 마리아는 보이시에 사는 제시카라는 친구가 그 학교에 대해 무언가 알고 있을 거라고 생각하였다. 마리아는 제시카의 이메일 주소를 입력하고 혹시 그 학교에 아는 사람이 있는지 묻는 메모와 그 일자리에 대한 링크를 함께 보냈다. 다음날 아침 마리아는 제시카에게 답장을 받았다. 제시카는 그 학교에 아는 사람은 없지만 그 학교의 평판이 굉장히 좋다고 하였다. 마리아는 버튼을 클릭하여 이력서를 노스쇼어고등학교에 제출하였다.

캐롤은 시나리오가 다음 요소들을 포함한다고 말하였다(Carroll 2000).

- 설정(settings)
- 행위자(actors)
- 목표(goals) 혹은 목적(objectives)
- 행위(actions) 및 사건(events)

설정은 스토리가 발생하는 곳이다. 마리아의 스토리는 아마도 그녀의 컴퓨터에서 시작될 것이다. 그러나 그것이 특별히 언급되어 있지는 않으므로 그 스토리는 근무일에 그녀의 사무실에서 시작된 것일 수도 있다.

각 시나리오는 적어도 한 명 이상의 행위자를 포함한다. 시나리오는 여러 행위자를 가질 수 있다. 예를 들어 앞의 시나리오에서 마리아와 제시카는 모두 행위자다. 앞의 시나리오에서는 마리아와 시스템 간의 상호작용을 주로 기술하므로 그녀를 '주 행위자(primary actor)'라 부른다. 하지만 제시카도 시스템으로부터 이메일을 받고 웹 사이트에 접속하여 채용 정보를 찾아보기 때문에 그녀는 '부 행위자(secondary actor)'다. 유스케이스에서 시스템이 행위자가 될 수 있는 것과 다르게, 상호작용 설계 시나리오에서 행위자는 항상 사람이어야 한다.

시나리오에서 각 행위자는 하나 이상의 목적을 이루고자 한다. 행위자를 구분한 것과 마찬가지로 목적도 주 목적(primary goals)과 부 목적(secondary goals)으로 구분한다. 마리아의 주 목적은 그녀가 원하는 위치에 있는 일자리를 찾는 것이다. 그녀는 그 목적을 이루는 동안 호텔에 관한 상세한 정보를 찾아본다거나 친구와 정보를 공유하는 등의 부 목적 역시 이루고자 한다.

캐롤은 행위와 사건을 시나리오의 '줄거리(plot)'라 불렀다. 행위와 사건은 행위자가 목적을 이루기 위해 수행하는 일련의 단계와 그에 대한 시스템의 반응을 의미한다. 아이다호에서 일자리를 찾는 것은 마리아가 수행하는 행위다. 시스템은 그 행위에 대한 응답으로 채용 정보 목록을 보여준다.

사용자 스토리와 시나리오의 주요 차이점은 그것이 다루는 범위와 그 상세함에 있다. 시나리오는 사용자 스토리보다 훨씬 상세한 내용을 담고 있으며 보통 여러 사용자 스토리를 포함한다. 마리아의 시나리오는 다음과 같은 사용자 스토리들을 포함한다.

- 사용자는 이메일을 통해 채용 정보를 친구에게 보낼 수 있다
- 사용자는 이력서를 작성할 수 있다
- 사용자는 위치를 지정하여 채용 정보를 검색할 수 있다

시나리오는 그 상세함에도 불구하고 여전히 고려해야 할 사항들을 남긴다. 예를 들어보자.

- 마리아가 웹 사이트에 사용자 이름과 암호를 입력하여 로그인하였다. 모든 사용자가 사이트에 로그인해야 하는가? 아니면 로그인을 해야

마리아가 사용한 것과 같은 부가기능(이메일을 보내는 기능과 같은)을 추가로 사용할 수 있게 되는 것인가?
- 제시카가 받은 이메일에 채용 정보를 포함시켜야 하는가 아니면 채용 정보 페이지로 연결되는 링크만 포함시키면 되는가?

요약

- 사용자 스토리는 IEEE 830 소프트웨어 요구사항 명세서, 유스케이스, 상호작용 설계 시나리오 등과 다르다.
- 아주 단순한 시스템이 아닌 이상, 생각을 아무리 많이 하더라도 시스템을 사전에 완벽하게 기술하지는 못한다.
- 사용자가 소프트웨어의 진행 상황을 평가할 수 있게 되면 요구사항을 정의할 때 귀중한 피드백을 얻게 된다.
- 산출물의 특징을 단순히 나열하기보다는 사용자의 목적을 고려해 보는 것이 더 중요하다.
- 사용자 스토리는 유스케이스와 비슷하다. 그러나 유스케이스는 사용자 스토리보다 더 광범위하며 사용자 인터페이스에 대한 가정을 포함하기도 한다.
- 덧붙여, 사용자 스토리는 완전한 정도와 그 수명이 유스케이스와 다르다. 유스케이스는 사용자 스토리보다 완전하다. 유스케이스는 개발 과정 동안 지속적으로 사용되지만, 사용자 스토리는 일시적이며 그것이 개발된 이터레이션 후에는 유지할 필요가 없다.
- 사용자 스토리와 유스케이스는 서로 다른 목적으로 작성된다. 유스케이스는 개발자와 고객이 그것을 논의하고 거기에 동의하기 위해 작성된다. 사용자 스토리는 릴리즈를 계획하거나 대화를 통해 상세한 요구사항을 찾기 위한 매개체로 이용된다.
- 사용자 스토리는 IEEE 830 명세서나 유스케이스와는 달리 분석 작업의 결과물이 아니다. 오히려 그것은 분석 작업에 사용될 도구의 역할

을 수행한다.
- 상호작용 설계 시나리오는 사용자 스토리보다 훨씬 상세하게 기술된다.
- 전형적인 상호작용 설계 시나리오는 하나의 사용자 스토리보다 훨씬 광범위하다. 하나의 시나리오는 여러 유스케이스로 구성될 수 있고 하나의 유스케이스는 다시 많은 사용자 스토리로 구성될 수 있다.

연습문제

12.1 사용자 스토리와 유스케이스의 주요 차이점은 무엇인가?

12.2 사용자 스토리와 IEEE 830 요구사항 명세서의 주요 차이점은 무엇인가?

12.3 사용자 스토리와 상호작용 설계 시나리오의 주요 차이점은 무엇인가?

12.4 프로젝트 시작 시점에 모든 요구사항을 기술하는 것이 왜 불가능한가?

12.5 사용자의 목적에 대해 생각하는 것은 개발하려는 소프트웨어의 특징에 대해 나열하는 것에 비해 어떤 이점이 있는가?

13장

왜 사용자 스토리인가?

요구사항을 기술하기 위한 많은 방법 중에서 사용자 스토리를 선택해야 하는 이유는 무엇인가? 이번 장에서는 다른 요구사항 분석 기법들과 비교한 사용자 스토리의 다음과 같은 장점들에 대해 살펴 본다.

- 사용자 스토리는 구두 의사소통을 강조한다.
- 사용자 스토리는 모든 사람이 이해할 수 있다.
- 사용자 스토리는 계획 수립에 적합한 크기다.
- 사용자 스토리는 반복적 개발에 효과적이다.
- 사용자 스토리는 세부사항을 나중에 고려할 수 있게 한다.
- 사용자 스토리는 기회주의적 설계를 지원한다.
- 사용자 스토리는 참여적 설계를 유도한다.
- 사용자 스토리는 암묵적 지식을 구축한다.

이번 장에서는 먼저 사용자 스토리의 장점을 다른 요구사항 기술 기법들과 비교하여 알아볼 것이다. 그 다음에 사용자 스토리의 단점을 몇 가지 지적하며 마무리하겠다.

구두 의사소통

인간에게는 입에서 입으로 전해지는 멋진 이야기들이 있다. 신화와 역사는 한 세대에서 다음 세대로 구전됐다. 아테네의 한 통치자가 호머의 '일리아드'를 기록으로 남기기 전까지는 그 이야기도 구두로 전해 온 것이다. 예전에는 우리의 기억력이 훨씬 좋았을 것이다. 그리고 1970년대쯤부터 감퇴하기 시작한 것이 분명하다. 이 시절부터 우리는 '시스템은 사용자에게 아이디와 암호를 입력하도록 프롬프트를 표시해야 한다'와 같은 짧은 문장조차도 잘 기억하지 못하게 되었고 그것들을 기록하기 시작했다.

그리고 문제가 발생하기 시작하였다. 이해를 공유하는 것에서 문서를 공유하는 것으로 초점을 옮긴 것이다.

모든 것을 기록하고 기록된 사항에 모두가 동의했다면, 어떠한 의견 차이도 발생하지 않을 것이며, 개발자들은 정확히 무엇을 만들어야 하는지 알고, 테스터들은 정확히 무엇을 테스트해야 하는지 알며, 무엇보다 고객들은 정확히 자신들이 원하는 것을 얻게 될 거라고 생각하는 것이 당연해 보인다. 그러나 그렇지 않다. 고객들은 '기록된 것'에 대해 개발자들이 해석한 내용을 받을 것이며, 그것은 고객이 '원했던 것'이 아닐 수도 있다.

해보기 전에는, 소프트웨어 요구사항 문서를 작성하여 개발 팀에게 정확히 여러분이 원하는 것을 만들게 하는 것이 간단하게 느껴질 것이다. 그러나 그렇지 않다. 점심 메뉴 예를 통해 소프트웨어 요구사항을 작성하는 것이 얼마나 어려운지 느껴 보자. 어느 날 식당에서 다음과 같은 메뉴를 보았다고 하자.

주 요리를 주문하시면 수프 또는 샐러드와 빵을 함께 제공합니다.

점심 메뉴가 이해하기 어렵다는 것이 말이 안 되겠지만 앞의 메뉴는 정말 어려웠다. 다음 중 어느 것을 주문할 수 있다는 것인가?

수프 또는 (샐러드와 빵)

(수프 또는 샐러드)와 빵

우리는 흔히 기록된 것은 정확하다고 믿는 경향이 있다. 하지만 그렇지 않다. 앞에서 본 메뉴와 종업원의 다음과 같은 말을 비교해 보라. "수프를 드시겠어요, 샐러드를 드시겠어요?" 고맙게도 그녀는 주문을 받기 전에 빵 바구니를 테이블 위에 올려 놓음으로써 혼란을 없애 준다.

한 단어에 여러 의미가 있는 것도 이러한 어려움에 한몫 한다. 극단적인 예지만 다음 두 문장을 살펴 보자.

Buffalo buffalo buffalo.

Buffalo buffalo Buffalo buffalo.

와우! 이 문장들에 뜻이 있기라도 한 것인가? 버펄로(buffalo)는 사나운 물소(혹은 아메리카 들소), 뉴욕주(州)의 도시, 혹은 '위협하다'[1]라는 의미 등으로 사용된다. 따라서 첫 문장은 '아메리카 들소가 다른 들소를 위협한다.'는 의미다. 둘째 문장은 '아메리카 들소가 버펄로시(市) 들소를 위협한다.'는 의미다.

우리가 들소를 위해 소프트웨어를 만드는 것이 아니므로 다소 억지스런 예라는 것을 인정한다. 그렇다면 다음의 요구사항 문장은 어떠한가?

- 시스템은 사용자가 잘못된 데이터를 입력하는 경우 항상 경고 메시지를 눈에 띄게 출력해야 한다.

'해야 한다(should)'는 무엇을 의미하는가? 원한다면 무시해도 된다는 의미인가? 나는 하루 세 끼 채식을 '해야 한다'. 하지만 나는 그렇게 하지 않는다. '눈에 띄게 출력한다'는 것은 무엇을 의미하는가? 이 요구사항을 작성한 사람이 생각하는 눈에 띄는 것이 이것을 구현하고 테스트하는 사람이 생각하는 눈에 띄는 것과 다를 수 있다.

1) 역자 주: 원문에는 'buffalo'를 동사로 사용한 다음과 같은 예문이 있다. 'The developers were buffaloed into promising an earlier delivery date.' (개발자들은 인도 날짜를 앞당기도록 위협받았다.)

또 다른 예제로, 나는 최근에 다음 요구사항을 보았다. EDM 시스템에서 사용자가 폴더의 이름을 바꿀 수 있다는 것을 기술하는 요구사항이었다.

- 사용자는 폴더 이름을 입력할 수 있다. 이름은 127자가 될 수 있다.

이 문장에서는 사용자가 폴더의 이름을 반드시 입력해야 하는지가 명확하지 않다. 사용자가 폴더의 이름을 입력하지 않으면 기본 이름을 할당할 수도 있을 것이다. 두 번째 문장은 거의 무의미하다. 폴더 이름이 반드시 127자가 되어야 하는가? 아니면 길이가 달라도 상관 없는가?

무언가를 기록하는 것은 장점이 있기는 하다. 단기 기억의 한계, 주의력의 분산, 다른 일로부터의 방해 등을 극복할 수 있게 도와주기 때문이다. 하지만 불명확하게 기록된 내용이라든가 여러 의미가 있는 단어 등 혼동을 일으키는 요인이 너무 많다. 이러한 것들은 요구사항을 기록하는 것에서 요구사항에 대해 대화를 나누는 것으로 초점을 옮김으로써 제거할 수 있다.

구두 의사소통 역시 언어이기 때문에 기록을 통한 의사소통에서 나타나는 문제점들이 어느정도 동반된다. 그러나 고객, 개발자, 사용자가 대화를 나눌 때에는 서로 즉각적인 피드백을 주고 받을 수 있으며, 이는 상호 학습과 이해를 증진시킨다. 그리고 기록된 것에서 느끼는 것과 같은 명확성과 정확성에 대한 잘못된 인상이 대화에서는 배제된다. 누구도 대화 내용에 서명하지 않는다. 그리고 누구도 대화 내용을 꺼내 들고 이렇게 말하지는 않을 것이다. "이 부분을 들어보세요, 석달 전 화요일에 당신이 패스워드는 숫자를 포함할 수 없다고 말하지 않았습니까?"

사용자 스토리를 사용하는 목적은 우리가 바라는 기능들의 모든 세부사항까지 문서로 자세히 기록하자는 것이 아니다. 오히려 나중에 개발자와 고객이 대화를 이어갈 수 있을 정도의 내용을 담은 짧은 문장들을 기록하자는 것이다. 나는 주로 이메일로 대화를 나눈다. 이메일이 없으면 일을 할 수 없을 정도다. 매일 수백 통의 이메일을 주고 받는다. 그러나 복잡한 문제에 대해 누군가와 이야기하고자 할 때는 전화를 하거나 그 사람의 사무실이나 작업실로 찾아간다.

　최근 열린 전통적 요구 공학에 관한 어느 컨퍼런스에는 '완벽한 요구사항' 작성에 관한 튜토리얼이 있었다. 완벽한 요구사항을 작성하기 위한 더 나은 문장 작성 기법들을 가르치는 시간이었다. 그럴듯해 보이지만 '완벽한' 요구사항을 작성한다는 것은 이룰 수 없는 목표인 듯하다.

　그리고 비록 요구사항 문서에 쓰여있는 각 문장이 완벽하더라도 여전히 두 가지 문제가 존재한다. 첫째, 사용자는 소프트웨어가 개발됨에 따라 더 많은 것을 배우게 되고, 자신이 원하는 것을 더 구체적으로 알게 된다. 둘째, 각 부분의 완벽함이 전체의 완벽함을 보장하지 않는다. 톰 파펜딕은 완벽하게 제작된 왼쪽 신발 100개가 있더라도 그것이 완벽한 신발 한 켤레가 될 수는 없다고 하였다. 따라서 완벽한 요구사항보다 훨씬 가치 있는 것은 '적절한 스토리'와 '잦은 대화'를 병행하는 것이다.

사용자 스토리는 이해하기 쉽다

　IEEE 830 스타일의 소프트웨어 요구사항 명세서와 비교할 때 유스케이스와 시나리오는 사용자와 개발자가 모두 이해하기 쉽다는 장점이 있다. IEEE 830 스타일의 문서는 사용자가 이해하기에는 너무 기술적인 용어를, 개발자가 이해하기에는 너무 특정 분야의 고유 용어를 포함한다.

　스토리는 유스케이스나 시나리오보다 더 이해하기 쉽다. 콘스탄틴과 록우드(Constantine and Lockwood, 1999)는 시나리오가 현실적인 상황과 세부사항에 중점을 두기 때문에 문제를 더 넓은 시각으로 바라보지 못하게 만든다는 것을 관찰하였다. 이 때문에 시나리오를 통해서는 상호작용이라는 기본적인 특성을 파악하기가 더 어렵다. 스토리는 간명하고 항상 고객과 사용자의 가치를 표현하도록 작성되기 때문에 비즈니스를 하는 사람이든 개발자든 쉽게 이해할 수 있다.

　1970년대 말에 수행된 한 연구에서 사람들이 사건을 기억할 때 스토리로 구성된 사건들을 더 잘 기억한다는 것을 발견하였다(Bower, Black, Turner, 1999). 게다가 그 연구의 참가자들은 직접 언급된 사건뿐만 아니라 거기서부터 추론할 수 있는 내용까지도 잘 기억했다. 즉, 스토리의 형태는 언급된 행위의 회상을 촉진할 뿐만 아니라 언급되지 않은 행위의 회상도 촉진한다. 우리가 작성하는 스토리는 전통적인 요구사항 명세서나 심지어 유스케이스보다 더 간결하며, 스토리의 형태로 작성되므로 기억하기도 훨씬 쉽다.

사용자 스토리는 계획 수립에 적합한 크기다

사용자 스토리는 계획 수립에 적합한 크기로 되어 있다. 너무 크지도 않고 그렇다고 너무 작지도 않은 딱 적당한 크기다. 개발자들은 대부분 고객이나 사용자에게 IEEE 830 스타일의 요구사항에 우선순위를 부여해 줄 것을 요청한 적이 있을 것이다. 그 결과는 보통 90% 정도가 필수적인 것, 5% 정도가 중요하지만 잠시 미루어도 될 것, 그리고 나머지 5% 정도가 더 미루어도 될 것으로 나온다. 이런 결과의 이유는 '시스템은 …… 해야 한다'는 수천 개의 비슷한 문장에 대해 우선순위를 부여하는 일이 어렵기 때문이다. 예를 들어 다음에 나오는 간단한 요구사항을 살펴보자.

4.6) 시스템은 신용카드로 객실을 예약할 수 있어야 한다.
    4.6.1) 시스템은 비자, 마스타, 아메리칸익스프레스카드 등을 받을 수 있어야 한다.
        4.6.1.1) 시스템은 만료된 신용카드가 아닌지 확인해야 한다.
    4.6.2) 시스템은 예약 완료 확인 전에 숙박 기간에 해당하는 금액을 신용카드에 청구해야 한다.
4.7) 시스템은 사용자에게 고유의 예약 확인 번호를 주어야 한다.

IEEE 830 요구사항 명세서에서 들여쓰기 수준은 요구사항 문장 사이의 관계를 나타낸다. 앞의 예에서, 고객이 4.6.1과는 독립적으로 4.6.1.1을 먼저 구현하도록 요청하는 경우는 없을 것이다. 만약 어떤 항목들에 우선순위를 개별적으로 부여하고 개발할 수 없다면 그 항목들은 처음부터 별도의 항목으로 작성해서는 안 된다. 만약 따로 테스트하기 위한 목적으로 분리하여 작성한 경우라면 명시적인 테스트의 형태로 작성하는 것이 더 나을 것이다.

여러분이 소프트웨어 요구사항 명세서 상의 수천, 수만에 달하는 문장을 (그들 사이의 관계까지 포함하여) 검토한다면, 거기에 우선순위를 부여하는 것이 어려울 수 밖에 없다는 것을 알게 될 것이다.

유스케이스나 상호작용 설계 시나리오의 경우에는 그 반대의 문제를 안고 있다. 항목 하나 하나의 크기가 너무 크다는 것이 문제다. 몇십 개의 유스케이스나 시나리오에 우선순위를 부여하는 것이 쉬울지는 몰라도, 그 결과는 별로 유용하지 않을 것이다. 왜냐하면 중요한 내용을 각각 조금씩은 담고 있기 때문이다. 이러한 문제를 해결하기 위해 유스케이스를 좀더 작게 작성하려는 시도가 많이 이뤄지고 있다. 그러나 그것은 임시방편일 뿐 여전히 너무 크다.

반면에 스토리는 관리하기 적합한 크기로 릴리즈를 계획하거나, 개발자들이 프로그램을 작성하고 테스트를 수행하는 데 적절히 사용할 수 있다.

사용자 스토리는 반복적 개발에 효과적이다

사용자 스토리는 반복적 개발과 함께 사용할 수 있다는 커다란 장점이 있다. 코딩을 시작하기 전에 스토리를 모두 작성할 필요는 없다. 몇 가지 스토리를 작성한 후 그것들을 코딩하고 테스트한 뒤 이 과정을 필요한 만큼 반복하면 된다. 스토리를 작성할 때는 우리가 원하는 만큼 적절한 수준의 세부사항만 작성하면 된다. 즉 스토리를 작성한 다음에도 더 상세한 수준으로 반복해서 수정해 나가기가 쉽기 때문에 반복적 개발에 아주 효과적이다.

예를 들어 어떤 프로젝트를 시작했다고 하자. 나는 제일 먼저 '사용자는 이메일을 작성, 전송할 수 있다' 와 같은 에픽을 작성한다. 이 스토리는 초기 계획 단계에 적절하게 쓰일 수 있다. 나중에 이 스토리를 다음과 같이 여러 개의 스토리로 나눈다.

- 사용자는 이메일 메시지를 작성할 수 있다.
- 사용자는 이메일 메시지에 그림을 포함할 수 있다.
- 사용자는 이메일 메시지를 전송할 수 있다.
- 사용자는 이메일을 특정 시간에 전송하도록 예약할 수 있다.

시나리오나 IEEE 830 스타일의 문서는 이렇게 점진적으로 상세한 내용을 기술해 나가는 데 적합하지 않다. IEEE 830 스타일의 문서에서는 만약 '시스템은 …… 해야 한다' 는 문장이 없으면 시스템은 그렇게 하지 않는 것으로 간주한다. 그렇기 때문에 어떤 요구사항이 문서에 존재하지 않는다면 그 요구사항이 실수로 누락된 것인지, 아니면 단지 아직 추가하지 않은 것인지를 구별하기 힘들다.

시나리오의 장점은 요구사항을 한번에 상세하게 기술한다는 것이다. 따라서 세부사항을 모르는 상태에서 시나리오를 작성하기 시작하여 필요한 시점마다 점진적으로 세부사항을 추가해 나가는 것은 시나리오의 장점을 살리지 못하는 방법이다.

유스케이스의 경우는 요구사항을 기술할 때 그 상세한 정도를 조절할 수 있다. 코번(Cockburn 2001)은 그렇게 할 수 있는 훌륭한 방법을 제시한 바 있다. 그렇지만 대부분의 조직에서는 유스케이스를 자유 문장 형식으로 작성하는 대신 표준 템플릿을 정의해 놓고 모든 유스케이스를 그 템플릿에 맞춰 작성하라고 규정하고 있다. 여기에는 양식의 빈 공간을 반드시 모두 채워야 한다는 강박관념을 갖게 되는 문제가 있다. 파울러(Fowler 1997)는 이러한 강박관념을 '완전주의(completism)' 라 불렀다. 현실적으로는 극히 적은 수의 조직에서만 요약 수준의 유스케이스와 상세한 수준의 유스케이스를 적절히 조절하며 활용하고 있다. 반면 사용자 스토리는 완전주의자들이 사용하기에도 문제가 없다. 왜냐하면 (적어도 아직까지는) 그 누구도 스토리를 작성할 때 채워야 하는 여러 필드를 가진, 완전주의자들에게는 부담이 되는 템플릿을 제안한 적이 없기 때문이다.

스토리는 세부사항을 나중에 고려할 수 있게 해준다

스토리를 사용하면 세부사항들을 나중에 고려할 수 있도록 하는 장점이 있다. 초기에는 단지 프로젝트의 목적을 기술하는 수준('채용 담당자는 채용 공고를 게시할 수 있다')에서 시작하여 세부사항들이 필요할 때 내용을 추가해 나가는 것이다.

이러한 특징은 시한부(time-constrained) 프로젝트에 아주 도움이 된다. 프로젝트 팀은 재빨리 몇 가지 스토리를 작성하여 시스템의 전반적인 윤곽을 잡을 수 있다. 그 중에서 가장 중요한 스토리에서 시작해 세부사항을 추가하여 바로 코딩에 착수할 수 있다. 이는 개발을 시작하기 전에 IEEE 830 스타일의 소프트웨어 요구사항 명세서를 완성해야 한다고 믿는 팀보다 훨씬 빠른 것이다.

스토리는 기회주의적 개발을 지원한다[2]

시스템의 모든 요구사항을 작성한 후 탑-다운 방식으로 솔루션을 생각해 내는 것이 가능하다고 믿는 경향이 있다. 약 20년 전 파나스와 클레멘츠(Parnas and Clements 1986)는 이러한 형태로 진행되는 프로젝트를 절대 볼 수 없을 것이라고 말했다. 그들은 다음과 같은 이유를 제시하였다.

- 일반적으로 사용자와 고객은 자신이 원하는 것을 정확히 알지 못한다.
- 소프트웨어 개발자가 모든 요구사항을 파악했더라도, 그 소프트웨어를 개발하기 위해 필요한 많은 세부사항은 시스템을 개발하면서 비로

[2] 역자 주: 실험적 관찰에 의하면, 설계자가 사전에 작업 계획을 세울 때는 순서가 있고 계층적인 방법으로 세우지만, 실제로 작업을 진행할 때는 처음 계획과 일치하지 않더라도 매 순간 인지적 비용(cognitive cost)이 낮은 단계를 선택하였다. 즉 사전 계획을 따르기보다는 대안들 중에서 비용이 낮은 방향으로 설계를 진행한다는 것을 의미하며, 이러한 방식으로 진행되는 설계를 기회주의적 설계(opportunistic design)라고 한다.

소 명확해진다.
- 모든 세부사항을 미리 알 수 있다 해도 인간인 이상 그 모든 것을 이해하기는 힘들다.
- 우리가 모든 것을 이해할 수 있더라도 제품이나 프로젝트에는 변경 사항이 발생하기 마련이다.
- 사람은 실수를 한다.

우리가 엄격한 탑-다운 방식으로 소프트웨어를 개발하지 못한다면 도대체 어떠한 방식으로 개발하고 있는 것인가? 귄돈(Guindon 1990)은 소프트웨어 개발자들이 문제를 대하는 방식에 대해 연구하였다. 그녀는 한 소프트웨어 개발자 집단에게 엘리베이터 제어 시스템을 설계하는 문제를 제시하였다. 그리고 개발자들이 문제를 해결하는 과정을 비디오로 관찰하였다. 그녀가 발견한 것은 개발자들이 탑-다운 접근법을 전혀 따르지 않는다는 것이었다. 오히려 그들은 '기회주의적(opportunistic)' 접근법을 따랐다. 요구사항을 분석하기도 하고 사용 시나리오를 고안, 논의하기도 하며, 경우에 따라서는 다양한 추상 차원에서 설계를 수행하기도 하는 등 자유로운 방식으로 일을 하였다. 개발자들은 여러 방식들 중 어느 것이 좋다고 느끼는 순간 곧바로 그 방식을 사용하는 것이 관찰되었다.

스토리는 파나스와 클레멘츠가 제기한 문제점을 인정하고 그것을 극복할 수 있게 한다. 스토리는 대화 중심이고 손쉽게 작성할 수 있으며 다양한 상세화 수준으로 작성할 수 있다는 장점이 있다. 이러한 장점들을 바탕으로 다음과 같은 특징을 가진 해결책을 제시한다.

- 사용자가 사전에 자신들의 요구사항들을 완전히 알고 있다고 가정하지 않는다.
- 개발자들이 모든 세부사항을 완전히 이해할 수 있다고 가정하지 않는다.
- 변화를 포용한다.

이러한 점에서 스토리는 소프트웨어가 기회주의적으로 개발되어야 한다는 점을 인정한다. 높은 수준의 요구사항들을 한번에 코드로 바꾸는 마법은 없다. 스토리는 프로젝트 팀이 요구사항에 대해 다양한 수준으로 생각하고 이야기 나눌 수 있게 해준다.

스토리는 참여적 설계를 유도한다

사용자 스토리도 시나리오와 마찬가지로 사람들의 참여를 유도한다. 시스템의 특성에 대해 이야기하는 것이 아니라 사용자가 시스템을 사용하는 목적을 이야기함으로써 시스템에 관해 더 흥미로운 대화를 나눌 수 있다. 많은 프로젝트들이 사용자의 참여 부족으로 실패하고 있다. 스토리는 소프트웨어 설계에 사용자를 참여하게 하는 손쉬운 방법이다.

'참여적 설계(participatory design)' (Kuhn and Muller 1993, Schuler and Namioka 1993) 기법에서는 사용자들이 소프트웨어의 기능을 설계하는 팀의 일원이 된다. 단지 '다기능 팀(cross-functional team)을 구성하고 사용자들을 포함시켜라'와 같은 관리 계명을 따르기 위함이 아니라, 요구사항 분석과 소프트웨어 설계에 사용자들이 직접 관여하기 때문이다. 예를 들어 참여적 설계 기법에서는 사용자들이 초기부터 사용자 인터페이스의 프로토타이핑 작업을 돕는다. 그들은 초기 프로토타입이 가시화되기까지 계속해서 그 일에 관여한다.

'실험적 설계(empirical design)' 기법은 참여적 설계 기법과는 대조적인 기법이다. 실험적 설계 기법에서는 설계자가 예상되는 사용자와 소프트웨어 사용 상황 등을 연구하여 설계 결정을 내리게 된다. 실험적 설계 기법은 인터뷰와 관찰에 많이 의존하지만 사용자가 소프트웨어 설계에 실제로 참여하지는 않는다.

사용자 스토리와 시나리오는 전문 용어를 포함하지 않기 때문에 사용자와 고객들이 이해하기에 쉽다. 유스케이스도 쉬운 용어를 사용하여 작성할 수는 있지만 여전히 유스케이스를 읽는 사람은 유스케이스의 작성 양식을 이해하고 있어야 한다. 유스케이스를 처음 읽는 사람들은 대부분 유스케이스 양식에 일반적으로 포함되는 확장, 전제조건, 보장 등과 같은 항목의 의미를 잘 모른다. IEEE 830 문서는 전문 용어를 포함할 뿐만 아니라 방대한 양과 계층적인 문서 구조로 사용자들이 이해하기 힘들다.

스토리와 시나리오는 사용자들이 쉽게 이해할 수 있으므로 사용자가 소프트웨어 설계에 참여하도록 유도한다. 게다가 사용자가 자신의 요구사항을 스토리로 만드는 데 익숙해지면 그것으로 이득을 보게 되는 개발자로서는 더욱 더 사용자의 참여를 독려하게 된다. 이러한 선순환 구조는 소프트웨어를 개발하는 사람이나 사용하는 사람에게 모두 유익하다.

스토리는 암묵적 지식을 구축한다

스토리는 직접 대화하는 것을 강조하기 때문에 팀 전체에 암묵적 지식을 쌓도록 해준다. 개발자와 고객이 대화를 많이 나눌수록 팀에 더 많은 지식이 축적된다.

왜 스토리를 택하지 않나?

애자일 방법론에서 요구사항을 취급하는 데 스토리를 선호하는 이유를 몇 가지 살펴 보았으니 스토리의 단점에 대해서도 살펴보도록 하자.

사용자 스토리를 사용하는 것의 단점 중 하나는 대규모 프로젝트에서 스토리가 많을 때 스토리 사이의 관계를 이해하기 어렵다는 점이다. 이 같은 경우에는 사용자 역할을 사용하거나 개발에 들어가기 전까지는 적당한 수준 이상으로 스토리를 유지함으로써 문제를 다소 완화할 수 있다. 유스케이스는 본래부터 계층적인 구조를 띄고 있으므로 요구사항이 많은 작업에 유용하다. 유스케이스는 주 성공 시나리오, 확장 등을 통해 여러 사용자 스토리에 해당하는 내용을 하나로 나타낼 수 있다.

두 번째 문제는 요구사항 추적성(requirements traceability)이 요구되는 경우 사용자 스토리 외에 문서를 추가로 작성해야 할지도 모른다는 것이다. 다행히 이 문제는 쉽게 해결할 수 있다. 예를 들어 ISO 9001 인증을 받은 회사로부터 하청을 받은 일이 있었다. 요구사항 작성부터 테스트를 수행하기까지의 추적 가능성을 보여 주어야 했다. 우리는 이를 아주 간단한 방법으로 해결하였다. 먼저 각 이터레이션을 시작할 때 그 이터레이션에서 구현하고자 계획했던 각 스토리를 담은 문서를 만들었다. 테스트를 작성할 때에는 해당 테스트의 이름을 그 문서에 추가하였다. 이터레이션을 수행하는 동안에는 스토리들이 이터레이션 내에 포함되거나 제외됨에 따라 그 문서에 이러한 상황을 반영하여 문서를 최신 버전으로 유지하였다. 우리의 개발 프로세스에서 이 정도의 추가 작업은 한 달에 한 시간 정도의 비용에 불과했다.

마지막으로 스토리는 팀 내의 암묵적 지식을 강화한다는 점에서는 훌륭하지만, 매우 큰 규모의 팀에서는 이 장점이 그대로 적용되지 않는다. 규모가 큰 팀에서는 기록이 필요한 대화도 있다. 그래야 팀 전체에 그 정보가 전달될 수 있기 때문이다. 그렇지만 많은 사람들이 (대역폭이 낮은 문서를 통해) 조금의 지식을 가질 것인가 혹은 적은 사람들이 (대화를 통해) 많은 지식을 가질 것인가에 대한 절충안이 필요하다는 것을 염두에 두기 바란다.

요약

- 사용자 스토리는 구두 의사소통을 유도한다. 사용자 스토리는 작성된 문서에 의존하는 다른 요구사항 분석 기법과 달리 개발자와 사용자의 대화에 중점을 둔다.
- 구두 의사소통으로의 이동은 신속한 피드백 구조를 형성하여 더 깊이 이해할 수 있도록 한다.
- 사용자 스토리는 개발자와 사용자가 모두 이해할 수 있다. IEEE 830 소프트웨어 요구사항 명세서는 너무 많은 전문 용어와 비즈니스 용어를 포함한다.

- 일반적으로 사용자 스토리가 다루는 영역은 유스케이스나 시나리오 보다는 좁고 IEEE 830의 문장들보다는 넓다. 사용자 스토리는 계획 수립에 적합한 크기다. 사용자 스토리는 추가로 병합하거나 분리하지 않아도 계획, 개발, 테스트 등에 그대로 사용할 수 있다.
- 사용자 스토리는 반복적 개발에 효과적이다. 에픽 스토리로 시작하여 추후에 더 작은 스토리들로 나누는 식으로 진행하는 것이 쉽기 때문이다.
- 사용자 스토리는 세부사항을 나중에 고려할 수 있게 해준다. 개개의 사용자 스토리는 빠르게 작성할 수 있고, 다양한 크기의 스토리를 작성하기는 매우 쉽다. 덜 중요한 부분, 또는 개발 초기에 포함되지 않는 부분은 그대로 남겨 두고 다른 스토리들을 더 상세히 작성해 나갈 수 있다.
- 스토리는 기회주의적 개발을 가능하게 해 개발 팀은 기회 요소에 따라 스토리를 상세히 기술하거나 개략적으로 기술할 수 있다.
- 스토리는 팀 내의 암묵적 지식을 강화한다.
- 사용자 스토리는 경험적 설계보다 참여적 설계를 유도하고, 이에 따라 사용자들은 소프트웨어의 기능 설계에 능동적으로 참여하게 된다.
- 스토리를 사용해야 하는 이유는 많지만, 몇 가지 단점도 있다. 대규모 프로젝트에서는 수백 수천 개의 스토리를 구조화하기 힘들다. 요구사항 추적성을 위해 추가로 문서를 작성해야 할지도 모른다. 또한 스토리는 직접 대화를 통해 암묵적 지식을 구축할 수 있지만, 대규모 프로젝트에서는 대화만으로 문서를 완전히 대체할 수 없다.

개발자 책임

- 여러분이 선택한 기법을 왜 선택하였는지에 대해 이해할 책임이 있다. 프로젝트 팀이 사용자 스토리를 작성하기로 결정하였다면, 왜 사용자 스토리를 사용해야 하는지 알아야 할 책임이 있다.

- 다른 요구사항 작성 기법의 장점을 이해하고, 언제 그것들을 사용하는 것이 적절한지에 대해서도 알아야 할 책임이 있다. 예를 들어 여러분이 고객과 함께 일하는 중 어떤 기능에 대해 적절히 이해하지 못한다면, 상호작용 설계 시나리오를 논의하거나 유스케이스를 작성하는 것이 도움이 될 수 있다.

고객 책임

- 다른 요구사항 작성 기법에 비해 사용자 스토리가 가지는 장점 중 하나는 참여적 설계를 유도한다는 점이다. 여러분은 소프트웨어가 무엇을 수행할 것인지를 설계하는 데 능동적으로 참여할 책임이 있다.

연습문제

13.1 사용자 스토리를 사용하여 요구사항을 표현하는 것의 네 가지 장점은 무엇인가?

13.2 사용자 스토리를 사용하는 두 가지 단점은 무엇인가?

13.3 참여적 설계와 실험적 설계의 주요 차이점은 무엇인가?

13.4 '여러 페이지로 구성된 보고서는 모두 번호를 매겨야 한다' 는 요구사항 문장에서 잘못된 점은 무엇인가?

14장

스토리 냄새 카탈로그

이번 장에서는 사용자 스토리를 사용할 때 나타나는 '나쁜 냄새(bad smell)' 들의 카탈로그를 제공한다. 냄새를 감지함으로써, 프로젝트에서 사용자 스토리를 사용하는 데 어떤 문제가 있음을 알 수 있다. 냄새들을 차례로 설명하고 각 냄새를 제거하기 위한 해결책을 살펴본다.

너무 작은 스토리

증상 : 추정치를 빈번히 조정해야 함.

논의 : 작은 스토리는 추정이나 일정을 계획할 때 흔히 문제가 된다. 그 이유는 작은 스토리에 대한 작업 추정치는 구현 순서에 따라 크게 달라질 수 있기 때문이다. 예를 들어 다음 스토리들을 살펴 보자.

- 검색 결과를 XML 파일로 저장할 수 있다.
- 검색 결과를 HTML 파일로 저장할 수 있다.

앞의 두 스토리를 구현하는 데는 중복되는 작업이 많을 것이다. 따라서 하나를 먼저 구현하면 남은 스토리를 구현하는 데 걸리는 시간이 많이 줄 것이다. 이러한 스토리들은 하나로 합치는 것이 계획 수립에 용이하다. 스토리를 한 이터레이션 내에서 처리하기 위해 나누는 것은 좋지만, 그렇다고 하더라도 나눌 필요가 있을 때까지는 합친 상태로 두는 것이 좋다.

상호 의존적인 스토리

증상 : 스토리들 간의 의존성 때문에 이터레이션을 계획하기가 어려움.

논의 : 스토리들이 상호 의존적인 경우 이터레이션을 계획할 때 개별적으로 다루는 것이 어렵다. 어떤 스토리를 이터레이션에 추가하려면 다른 스토리도 함께 추가해야 하는 상황이 발생하는 것이다. 그 다른 스토리를 위해 또 다른 스토리를 추가해야 하는 등 이터레이션을 계획하기 어렵게 된다. 스토리가 너무 작거나 스토리를 적절하게 나누지 못했을 때 이러한 현상이 발생한다.

스토리들이 너무 작아서 상호 의존적인 것 같다면 간단히 그것들을 하나로 합쳐서 해결할 수 있다. 하지만 스토리들이 적절한 크기처럼 보이면서 상호 의존적이라면, 스토리들이 어떠한 방식으로 나누어진 것인지 살펴보라. 7장 「좋은 스토리를 위한 지침」에서는 각 스토리가 마치 '케이크의 한 조각' 처럼 애플리케이션 모든 계층의 기능을 포함하도록 나누어야 한다고 설명하였다.

금도금

증상 : 개발자들이 이터레이션 계획에 포함되지 않은 기능을 추가하거나 스토리를 마음대로 해석하여 그 스토리를 구현하는 데 필요한 것 이상의 작업을 하고 있다.

논의 : '금도금(goldplating)' 이라는 용어는 개발자가 불필요한 기능들을 추가하는 것을 말한다. 개발자는 흔히 고객에게 필요한 것 이상을 구현하곤 한다. 거기에는 몇 가지 이유가 있다. 첫째, 몇몇 개발자는 멋진 기능으로 고객을 놀라게 해주고 싶어한다. 그러나 이런 일은 고객이 깊이 관여하는 애자일 프로세스에서는 힘든 일이다. 고객이 매일 개발에 관여한다면

그것을 즐기는 개발자라도 고객이 깜짝 놀랄만한 일을 하기가 쉽지 않을 것이다.

둘째, 짧은 이터레이션 단위로 빠르게 진행하는 스토리 주도의 프로젝트에서는 개발자들이 지속적인 개발로 인해 극심한 압박을 느끼게 된다. 이런 경우 금도금은 개발자들이 잠시나마 압박에서 벗어날 수 있게 해준다. 설령 그 기능을 마무리하지 못한다 하더라도 다른 사람들은 그 일을 시작했는지조차 모를 것이기 때문이다.

마지막으로, 개발자는 프로젝트에 자신만의 흔적을 남기는 것을 즐긴다. 몇 가지 자신만의 기능을 추가하는 행위는 이를 위한 한 방편이다.

금도금의 예

내가 참여했던 한 프로젝트에서는 사용성을 높이기 위해 기존의 복잡했던 화면을 탭 다이얼로그로 다시 작성하는 스토리가 포함되어 있었다. 한 개발자가 이를 구현하였는데, 그는 부가기능으로 탭 모음에서 하나를 분리하여 따로 옮겨놓을 수 있게도 만들었다. 그러나 이 기능은 고객이 요청한 것이 아니었다. 개발자들은 고객이 우선순위를 부여한 스토리에 충실해야 한다. 만약 새로운 스토리에 대한 좋은 아이디어가 있다면 고객에게 제안하여 그것이 다음 이터레이션에 포함될 수 있도록 상의하는 것이 바람직하다.

프로젝트에서 개발자들이 금도금 행위를 과도하게 한다면, 각자 진행하는 작업 내용을 더 가시화함으로써 이를 막을 수 있다. 예를 들어 각자 무엇을 진행하고 있는지 말하는 간단한 일일 회의를 시행해 보라. 각 개발자의 작업 진행에 대한 가시성이 높아지면 금도금 행위는 자연적으로 통제될 것이다.

마찬가지로, 이터레이션 종료 시점에 고객과 기타 이해관계자 앞에서 새롭게 추가된 모든 기능을 자세히 시연하는 이터레이션 검토 회의를 하게 되면 금도금 행위를 했는지 파악하는 데 도움이 된다. 이터레이션의 종료 시점에 문제를 파악하는 것은 늦은 일이라고 생각할 수 있으나, 그렇게 해야 팀으로 하여금 미래의 이터레이션에서 비슷한 문제를 발생시키는 것을 미연에 방지할 수 있다.

마지막으로, QA 조직이 있는 프로젝트라면 금도금 행위를 식별하는 데 도움을 받을 수 있다. QA 조직이 고객과 개발자 간의 대화에 관여하면 더욱 좋다.

너무 상세한 스토리

증상 : 스토리 구현에 앞서 세부사항들을 모으는 데 시간을 과도하게 소비한다. 또는 스토리에 대해 이야기 나누는 것보다 스토리를 작성하는 데 시간을 더 많이 소비한다.

논의 : 인덱스 카드에 스토리를 작성하는 것의 이점 중 하나는 작성할 공간이 확실히 제약된다는 것이다. 작은 인덱스 카드를 이용함으로써 너무 많은 세부사항이 포함되는 것을 방지할 수 있다. 스토리에 너무 상세한 부분까지 포함시키는 것은 대화를 나누는 것보다 문서화하는 것에 더 가치를 두고 있다는 것을 나타낸다.

톰 파펜딕(Tom Poppendieck 2003)은 다음과 같이 말한 바 있다. "공간이 부족하다고 느끼는가? 그렇다면 '더 작은' 카드를 사용해 보라." 이 방법은 스토리 작성자로 하여금 의식적으로 스토리에 세부사항들을 덜 포함시키도록 만든다는 점에서 훌륭한 방법이라고 생각한다.

사용자 인터페이스와 관련된 세부사항을 너무 일찍 포함시키기

증상 : 프로젝트(특히 신제품 개발 프로젝트) 초기에 작성된 스토리들이 사용자 인터페이스와 관련된 세부사항들을 포함한다.

논의 : 프로젝트 팀은 프로젝트를 진행할 때 은연중에 사용자 인터페이스에 대한 가정을 가지고 스토리를 작성하는 경우가 있다. '구직자는 일자

리 정보 페이지에서 고용 회사에 대한 정보를 열람할 수 있다'와 같은 스토리가 그러한 예다. 여러분은 스토리를 작성할 때 이 정도로 상세한 내용을 넣는 것을 가능한 늦추는 것이 좋다.

프로젝트 초기에는 '일자리 정보 페이지'를 만들게 될지 알지 못한다. 따라서 스토리에 페이지를 직접 언급함으로써 프로젝트 자체를 제약하는 일은 피해야 한다. 앞의 스토리 대신, '일자리 정보를 열람할 때 구직자는 고용 회사에 대한 정보를 열람할 수 있다'와 같은 스토리를 사용하도록 하라.

너무 앞서 생각하기

증상 : 이 냄새는 여러 가지 증상으로 확인할 수 있다. 스토리들을 인덱스 카드에 기록하기 어렵다거나, 팀의 규모나 위치 조건 때문에 어쩔 수 없는 경우가 아닌데도 인덱스 카드보다 소프트웨어를 활용하려고 한다거나, 누군가가 세부사항들까지 잡아내기 위한 스토리 템플릿을 제안한다거나, 더 상세한 (예를 들어 일 단위 대신 시간 단위의) 추정치를 부여할 것을 제안하는 등의 증상이 있다.

논의 : 이 냄새는 '요구 공학'에서 얘기하는 사전 작업에 익숙한 팀에서 흔히 발생한다. 이 냄새를 제거하려면 사용자 스토리의 강점에 대해 복습해 보기 바란다. 사용자 스토리를 사용하는 가장 근본적인 이유는 모든 요구사항을 사전에 식별해낼 수 없다는 데 있다. 훌륭한 소프트웨어는 이터레이션을 반복하면서 세부사항들을 추가함으로써 만들어지는 것이다. 스토리는 확정적인 것이 아니며 이후 버전들에서 세부사항들을 쉽게 추가할 수 있기 때문에 반복적 접근법에 잘 맞는다. 이러한 문제에 직면한 팀은 이전 개발 프로세스로부터 스토리를 채택하도록 이끈 것이 무엇이었는지를 다시 떠올려 보기 바란다.

스토리를 너무 많이 나누기

증상 : 이터레이션을 계획할 때 작업량을 맞추기 위해 스토리를 나누는 경우가 많다.

논의 : 개발자와 고객이 다음 이터레이션에서 개발할 스토리를 고를 때, 스토리를 나누어야 할 경우가 생긴다. 일반적으로 계획 시 스토리를 나누는 이유는 다음 두 가지 중 하나다.

1. 스토리가 너무 커서 이터레이션에 포함할 수 없다.
2. 스토리가 서로 다른 우선순위의 하위 스토리들을 포함하고, 고객이 그 중에서 우선순위가 높은 하위 스토리들만 다음 이터레이션에서 구현하기를 원한다.

이 두 가지 이유가 문제되는 것은 아니다. 많은 프로젝트에서 스프린트[1] 기간에 맞추거나 측정된 개발 속도에 맞추기 위해 스토리들을 나누는 것이 유용한 때가 있다. 그러나 스토리를 자주 나눈다고 느낄 정도가 되면 냄새가 나는 상황이다.

스토리를 너무 자주 나누는 것 같다면, 단지 이터레이션 길이를 맞추느라 나눌 필요 없는 스토리를 나누기보다 남은 다른 스토리들을 훑어 보고 그 중에서 정말 나누어야 할 스토리를 찾아 보는 것이 좋다.

---

[1] 역자 주: 15장 「스크럼에서 사용자 스토리 사용하기」 참고.

고객이 우선순위 부여를 어려워 함

증상 : 스토리를 선택하고 우선순위를 부여하는 일은 어렵다. 때로는 스토리에 우선순위를 부여하는 것이 너무나 어려워 거기서 냄새가 날 수도 있다.

논의 : 고객이 우선순위를 부여하는 것을 어려워한다면 우선 스토리의 크기를 살펴 보라. 스토리가 너무 크면 우선순위를 부여하기 어렵다. 극단적인 예로 BigMoneyJobs 웹 사이트에 다음 세 가지 스토리만이 있다고 가

정해 보자.

- 구직자는 채용 정보를 검색한다.
- 회사는 채용 정보를 게시한다.
- 채용 담당자는 후보자들을 검색할 수 있다.

이 세 가지 스토리에 우선순위를 부여해야 하는 불쌍한 고객을 생각해 보라. 아마 고객은 이렇게 반응할 것이다. "이것 조금, 그리고 저것 조금 그렇게 구현할 수 없나요?" 이 경우에는 앞의 스토리들을 치워버리고 더 작은 것들로 대체하여 고객이 그 중에서 원하는 조각만 고를 수 있도록 해 주는 것이 좋다.

또한 비즈니스 상의 가치를 표현하지 않은 스토리에 우선순위를 부여하는 것이 어렵다. 예를 들어, 고객에게 다음 두 가지 스토리가 제공되었다고 하자.

- 사용자는 커넥션풀을 통해 데이터베이스에 접속한다.
- 사용자는 로그 파일에 있는 상세한 에러 정보를 열람할 수 있다.

이러한 스토리는 비즈니스 상의 가치가 불명확하기 때문에 고객이 우선순위를 부여하기가 매우 어렵다. 이 스토리들은 고객에게 가치를 명확히 보여줄 수 있도록 다시 작성되어야 한다. 각 스토리가 어떠한 형태로 다시 작성되어야 하는가는 고객의 기술적 지식에 따라 달라질 수 있는 것이므로, 가장 좋은 방법은 고객이 직접 스토리를 작성하게 하는 것이다. 예를 들어, 다음 스토리들은 앞의 두 스토리를 다시 작성한 것이다.

- 사용자는 데이터베이스에 접속하느라 눈에 띄게 느려지는 현상 없이 애플리케이션을 구동할 수 있다.
- 에러가 발생할 때마다 사용자가 에러를 바로잡을 수 있도록 충분한

정보를 제공해야 한다.

고객이 스토리를 작성하거나 우선순위를 부여하지 않으려고 함

증상 : 고객이 스토리를 작성하고 거기에 우선순위를 부여하는 책임을 지지 않으려고 한다.

논의 : 비난이 난무하는 조직에서는 모든 책임을 회피하는 것이 최선이라고 아는 사람들이 있기 마련이다. 책임이 있는 일이 아니라면 실패한다고 비난 받을 이유가 없으며, 그러면서도 성공했을 때는 거기에 기여했다는 명분을 가질 수 있다. 이러한 문화에 젖은 사람들은 릴리즈에 포함할 것들의 우선순위를 결정하는 것과 같이 결정하기 힘든 문제에 관여하지 않으려고 한다. 그들은 한발짝 물러서서 "당신이 마감 기일에 맞추어 모든 것을 완성하지 못하는 것은 내 문제가 아니니 당신이 알아서 하라." 하고 말할 것이다.

이러한 상황에서 내가 찾은 최선의 해결책은 고객이 궁지에서 벗어날 수 있는 방법을 찾는 것이다. 나는 고객이 그들의 생각을 표현하게 만드는 위협적이지 않은 방법을 찾는다. 개인에 따라 그것은 일대일 대화가 될 수도 있다. 고객이 여럿이라면 나는 그들 각자에게 지금 다른 사람들로부터도 의견을 모으고 있지만 최종 결정에 대한 책임(특히 일이 잘못되었을 때)은 나에게 있다고 말해 준다.

요약

이번 장에서 우리는 다음 냄새에 대해 알아 보았다.

- 너무 작은 스토리
- 상호 의존적인 스토리
- 금도금

- 너무 상세한 스토리
- 사용자 인터페이스와 관련된 세부사항을 너무 일찍 포함하기
- 너무 앞서 생각하기
- 스토리를 너무 많이 나누기
- 고객이 우선순위 부여를 어려워 함
- 고객이 스토리를 작성하거나 우선순위를 부여하지 않으려고 함

개발자 책임

- 고객과 함께 이러한 냄새(그 밖의 다른 냄새까지)를 자각하고 프로젝트에 영향을 주는 냄새들을 제거하기 위해 노력할 책임이 있다.

고객 책임

- 개발자와 함께 이러한 냄새(그 밖의 다른 냄새까지)를 자각하고 프로젝트에 영향을 주는 냄새들을 제거하기 위해 노력할 책임이 있다.

연습문제

14.1 팀이 지속적으로 다음 이터레이션을 계획하는 데 어려움을 겪는다면 어떻게 해야 하는가?

14.2 만약 지속적으로 스토리 카드의 공간이 부족하다는 것을 느낀다면 어떻게 해야 하는가?

14.3 고객이 우선순위 부여를 어려워 하게 만드는 것에는 무엇이 있는가?

14.4 스토리를 너무 많이 나누고 있다는 것을 어떻게 알 수 있는가?

15장

스크럼에서 사용자 스토리 사용하기

사용자 스토리는 익스트림 프로그래밍(XP)의 일부로 시작되었다. 자연히 익스트림 프로그래밍의 다른 실천법들과 잘 맞는다. 그렇지만 스토리는 요구사항 기법으로서 다른 프로세스와도 함께 사용할 수 있다.

이번 장에서는 또 다른 애자일 프로세스 중 하나인 스크럼(Scrum)을 살펴 보고, 스토리가 스크럼의 중요한 한 부분으로 어떻게 사용될 수 있는지 살펴볼 것이다.[1] 스크럼과 관련된 용어를 처음 사용할 때는 '고딕서체'로 표현하겠다.

[1] 저자 주: 스크럼에 대해 자세히 알고 싶다면, 『Agile Development with Scrum』(Schwaber and Beedle 2002)를 보라.

스크럼은 반복적이고 점진적이다

XP와 마찬가지로 스크럼은 반복적이고 점진적인 프로세스다. 반복적이고 점진적이라는 말을 제대로 정의하지 않고 자주 사용하고 있으므로 여기서 그 용어들을 정의하겠다.

반복적(iterative) 프로세스는 계속적인 정련 작업을 통해 진행되는 프로세스를 의미한다. 개발 팀은 제품을 일단 만들어 본다. 이렇게 처음 만든 제품은 불완전하며 취약한 부분도 있다는 것을 모두 알고 있다. 만족스러운 결과가 나올 때까지 그러한 부분들을 반복적으로 정련해 나간다. 소프트웨어는 이터레이션마다 더 상세한 부분들이 첨가되면서 개선된다. 검색 화면을 코딩하는 것을 예로 들면, 첫 이터레이션에서는 검색 화면에서 간단한 검색 기능만을 지원하도록 코딩한다. 두 번째 이터레이션에서는 부가 검색 조건들을 지원한다. 세 번째 이터레이션에서 마지막으로 에러 처리 부분을 추가하는 식이다.

반복적 프로세스는 조각에 비유할 수 있다. 조각가는 먼저 적당한 크기의 돌을 고른다. 다음으로 모양을 대충 갖추도록 돌을 조각한다. 이제 머리와 몸통 부분을 구별할 수 있을 정도가 되고 지금 만들고 있는 작품이 새가 아니라 사람이라는 것도 알 수 있다. 그 다음으로 조각가는 세부사항을 더하며 조각을 정련한다. 이때 조각가는 전체 작품이 완성되기 전까지 특정 부분만을 놓고 그 부분이 완성되었다고 생각하지 않는다.

점진적(incremental) 프로세스는 소프트웨어를 여러 부분으로 나누어 각 부분을 개별적으로 개발하고 전달하는 프로세스를 의미한다. 증가분(increment)에 해당하는 각 부분은 그 자체로 온전한 기능을 수행한다. 증가분의 규모는 다양하다. 시스템의 로그인 화면 같이 작은 부분일 수도 있고, 데이터 관리 화면과 같이 큰 부분일 수도 있다. 각 증가분은 코딩 뿐만 아니라 테스트까지 완전히 마치게 되며, 일반적으로 한번 완성된 증가분에 대해서는 재작업하지 않을 정도가 되도록 해야 한다.

다시 이를 조각 행위에 비유하자면, 점진적인 방법으로 작업하는 조각가는 작품의 한 부분을 선택한 후 그 부분이 완료될 때까지 거기에만 집중한다. 조각가는 (눈, 코, 입처럼) 작은 증가분을 선택할 수도 있고, (머리, 몸통, 팔, 다리처럼) 큰 증가분을 선택할 수도 있다. 증가분의 크기를 어떻게 정했든 조각가는 일단 한 부분을 선택하고 나면 그 부분을 최대한 완벽하게 조각한 뒤 다음 부분을 진행한다.

스크럼과 XP는 둘 다 반복적이고 점진적인 프로세스다. 둘 다 이터레이션 단위로 작업 계획을 세우며 이어지는 이터레이션을 통해 이를 개선해 간다는 측면에서 반복적이다. 또한 둘 다 프로젝트 전 기간에 걸쳐 완성된 부분들을 배포하기 때문에 점진적이다.

스크럼의 기본

스크럼 프로젝트는 스프린트(sprint)라 불리는 30일 단위의 이터레이션을 통해 진행된다. 각 스프린트를 시작할 때, 스크럼 팀은 그 스프린트 동안 수행할 작업량을 결정한다. 수행할 작업들은 제품 백로그(product backlog)라 불리는 우선순위가 매겨진 목록에서 선택한다. 스크럼 팀이 해당 스프린트 동안 완료하기 위해 선택한 작업들은 제품 백로그에서 스프린트 백로그(sprint backlog)라는 목록으로 옮겨진다. 매일 열리는 일일 스크럼 회의(daily scrum meeting)에서는 현재 진행 상황을 파악하고 대처할 수 있도록 한다. 그림 15.1은 스크럼을 도식화한 것으로, 켄 쉬와버(Ken Schwaber)[2]의 웹 사이트 www.controlchaos.com에서 가져온 것이다.

2) 역자 주: 켄 쉬와버는 애자일 동맹(AgileAlliance)의 의장이며 스크럼의 공동 창시자다.

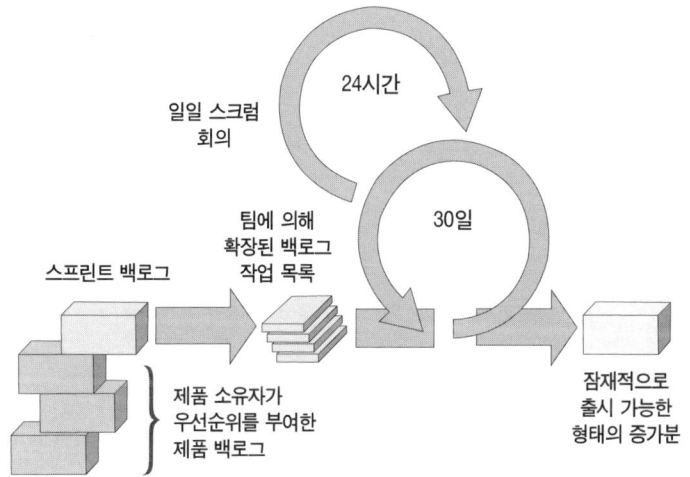

그림 15.1 스크럼 프로세스의 도해

스크럼 팀

스크럼 팀은 일반적으로 네 명에서 일곱 명의 개발자로 구성한다. 스크럼 팀은 테스터나 데이터베이스 관리자와 같은 전문 분야 개발자들을 포함하기도 하지만, 그렇다고 하여 자신의 전문 분야만을 담당하기보다는 '모두 함께 한다'는 자세를 공유한다. 테스트를 해야 할 때 전문 테스터들이 모두 바쁘다면 팀원 중 한 사람이 테스트를 한다. 스크럼 팀은 자기조직적 (self-organizing)이다. 즉 스크럼 팀에는 '메리는 코딩을 맡고 빌은 테스트를 담당한다'와 같은 관리 지침이 존재하지 않는다. 그렇기 때문에 스크럼 팀에서는 프로그래머, 아키텍트, 테스터와 같은 역할 명칭을 잘 사용하지 않는다. 팀원들이 무엇을 할지는 전적으로 팀원들이 결정한다.

스크럼 팀은 개발자 외에 특별히 제품 소유자(product owner)와 스크럼마스터(ScrumMaster)의 보조가 필요하다. 제품 소유자는 XP의 고객에 해당한다. 제품 소유자의 주된 역할은 필요한 기능들을 제품 백로그에 추가하고 우선순위를 부여하는 일이다. 스크럼마스터는 프로젝트 관리자와 비슷한데, 다만 그들의 역할은 관리자보다 리더에 가깝다. 스크럼 팀은 자기조직적이고 스프린트를 완료하기까지 많은 자유가 주어지므로 스크럼마스터는 팀을 이끌기보다 팀에 봉사하는 역할을 수행한다. 스크럼마스터는 보통 프로젝트의 진행에 방해되는 장애물을 제거하거나 팀이 스크럼 프로세스에서 규정하는 몇 가지 간단한 규칙들을 잘 따르도록 도움으로써 팀에 봉사한다.

제품 백로그

제품 백로그는 제품에 필요한 모든 기능을 담은 주 목록이다. 프로젝트를 시작할 때, 처음부터 필요한 기능을 모두 파악하기 위해 노력하는 일은 없다. 보통 제품 소유자와 개발 팀이 모여 가장 명백한 기능들을 우선 기록한다. 거의 대부분 이렇게 하는 것만으로도 첫 번째 스프린트의 작업량보다는 충분히 많게 된다. 제품 백로그는 나중에 제품과 고객에 관하여 더 많이 알게 됨에 따라 늘어나거나 변경될 수 있다.

실제 프로젝트에서 사용했던 제품 백로그의 예가 표 15.1에 나와 있다. 표를 보면 알 수 있듯이, 백로그에는 기술적인 작업('Login 클래스가 예외를 던지도록 리팩터링하라')도 있고, 좀더 사용자 중심적인 작업('설치화면에서 실행취소가 가능하게 하라')도 있다.

제품 소유자는 제품 백로그의 항목들을 우선순위에 따라 정렬한다. 제품 소유자는 매달 항목들의 우선순위가 변경됨에 따라 제품 백로그 항목들을 재정렬할 수도 있다(이렇게 할 것을 추천한다).

표 15.1 제품 백로그 목록의 예

번호	설명
1	데이터베이스 버전 관리를 끝마쳐라
2	데이터베이스에서 불필요한 자바 코드를 제거하라
3	Login 클래스가 예외를 던지도록 리팩터링하라
4	동시 사용자 라이선스에 대한 지원을 추가하라
5	평가판 라이선스에 대한 지원을 추가하라
6	검색 시 와일드카드를 사용할 수 있게 하라
7	사용자 설정을 저장하라
8	설치화면에서 실행취소가 가능하게 하라

스프린트 계획 회의

스프린트 계획 회의(sprint planning meeting)는 스프린트를 시작할 때마다 열린다. 회의는 보통 하루 종일이며, 제품 소유자, 스크럼마스터, 팀의 개발자 전체가 회의에 참석한다. 관심 있는 관리 부서 소속이나 고객 대표가 참석할 수도 있다.

스프린트 계획 회의의 전반부는 제품 소유자가 팀에게 제품 백로그에 남아 있는 항목 중에서 우선순위가 높은 항목들을 설명한다. 팀원들은 회의 후반부에 스프린트 백로그로 옮길 항목들을 결정할 수 있도록 충분한 질문을 통해 각 항목들을 숙지한다.

제품 소유자가 제품 백로그의 모든 항목을 설명할 필요는 없다. 제품 백로그 목록의 크기와 현재 팀의 개발 속도를 고려하여, 우선순위가 높은 항목들만 설명하고 낮은 항목들은 다음 스프린트 계획 회의로 미룰 수 있을 것이다. 보통 제품 소유자가 설명하는 중에 개발 팀이 판단하여 이번 스프린트의 작업량으로 충분하다고 여겨질 때 제품 소유자에게 알려주게 된다.

팀원들과 제품 소유자는 함께 스프린트 목표(sprint goal)를 정의한다. 스프린트 목표는 해당 스프린트 동안 팀이 이루고자 하는 것을 간략히 기술한 것이다. 스프린트의 종료 시점에 하는 스프린트 검토 회의(sprint review meeting)에서 해당 스프린트의 성공 여부는 제품 백로그의 개별 항목들을 구현했는지 여부가 아니라 스프린트 목표를 달성했는지에 따라 평가된다.

스프린트 계획 회의의 후반부에는 개발 팀이 따로 모여 제품 소유자가 설명한 기능들을 논의하고 이번 스프린트 동안 수행할 작업량을 결정한다. 개념적으로 보면 제품 백로그 항목에서 우선순위가 가장 높은 항목부터 시작하여 그들이 완료할 수 있다고 생각하는 만큼 선택하면 된다. 하지만 현실에서는 우선순위가 높은 항목을 선택할 때 약간의 여유를 두어 우선순위는 낮지만 선택한 항목과 관련성이 큰 항목을 한두 개 더 선택하기도 한다. 제품 소유자와 협상해야 할 경우도 있지만 작업량을 결정하는 일은 언제나 개발 팀이 맡는다.

일단 스프린트가 시작되면 개발 팀만이 스프린트에 작업을 추가할 수 있다. CEO라고 해도 추가를 요청할 수 없다. 아무리 중요한 고객이 요구한다 해도 영업 사원이 와서 기능 추가를 요청할 수 없다. 제품 소유자라도 생각을 바꾸어 추가 기능을 요청하는 것은 안 된다. 스프린트에 작업을 추가하는 것은 오직 팀 자체에서 일정에 여유가 있다고 판단한 경우에만 이뤄진다. 이 경우 팀은 제품 소유자에게 추가할 항목을 알려 달라고 요청할 수 있다.

개발 팀은 해당 스프린트에서 선택한 작업들을 완료하겠다는 이행약속을 하는 대신 조직으로부터 스프린트 기간 동안에는 스프린트의 내용을 변경하지 않을 것이라는 약속을 받는다. 만약 스프린트를 변경해야 할 만큼 중요한 일이 발생한다면 진행중인 스프린트 자체를 취소하고 스프린트 계획 회의를 다시 열어서 새로운 스프린트를 시작한다.

제품 백로그의 항목들을 선택하여 스프린트 백로그에 추가하면서 각 항목을 작업 단위로 확장하게 된다. 제품 백로그의 항목 하나가 스프린트 백로그에서 여러 개로 확장됨으로써 팀은 더 효과적으로 작업을 분담할 수 있다.

스크럼의 주요 규칙

스프린트를 시작할 때 스프린트 계획 회의를 연다.
각 스프린트에서는 최종 사용자나 고객에게 가치를 제공하는, 온전히 동작하며 테스트까지 완전히 마친 코드를 만들어야 한다.
제품 소유자는 제품 백로그 항목에 우선순위를 부여한다.
팀 전체가 참여하여 해당 스프린트에서 수행할 작업량을 결정한다.
스프린트가 시작되면 개발 팀만이 스프린트 백로그에 새로운 항목을 추가할 수 있다.
제품 백로그에 언제라도 새로운 항목을 추가할 수 있다. 또 백로그 내의 항목들은 언제라도 우선순위를 변경할 수 있다.
짧은 스크럼 회의를 매일 한다. 회의 참가자들은 각자 다음 질문들에 답한다. 어제 무엇을 했는가? 오늘 무엇을 할 것인가? 장애요소는 무엇인가?
일일 스크럼 회의에서는 (관찰자 혹은 제외된 이해관계자가 아닌) 오직 현재 프로젝트에 직접 참가하는 사람들만 발언할 수 있다.
스프린트의 결과물은 스프린트를 종료할 때 열리는 스프린트 검토 회의에서 시연된다.
스프린트 검토 회의에서는 소프트웨어가 동작하는 모습을 시연한다. 슬라이드쇼 자료는 허락되지 않는다.
스프린트 검토를 준비하는 데 두 시간 이상을 소모하면 안 된다.

스프린트 검토 회의

각 스프린트에서는 잠재적으로 출시 가능한 형태의 증가분을 제품 소유자에게 인도해야 한다. 즉 스크럼 팀은 한 달간의 스프린트를 마쳤을 때 소프트웨어의 일부분이기는 하지만 테스트까지 모두 마친, 사용 가능한 형태를 완성해야 한다. 잠재적으로 출시 가능한 형태란, 이렇게 만들어진 소프트웨어가 새 버전으로 출시 및 배포하는 데 드는 노력을 감수할 만큼 충분한 기능을 포함한다면, 기꺼이 고객(혹은 내부 고객)에게 출시할 수도 있음을 의미한다. 예를 들어 상용 소프트웨어 판매자는 고객을 번거롭게 할 것이 뻔하기 때문에 매달 새 버전을 출시하지는 않을 것이다. 하지만 스크럼을 따른다면 개발자들은 매달 잠재적으로 출시 가능한 버전을 만들어야 한다.

스프린트 검토 회의는 스프린트의 종료 시점에 열린다. 이 회의를 통해 팀은 해당 스프린트 동안 수행한 일을 보여준다. 보통은 새로 추가된 기능들을 데모하는 식으로 진행된다.

스프린트 검토 회의는 의도적으로 비공식적임을 표방한다. 이를 위해 PowerPoint 사용을 금지한다거나 회의를 준비하는 데 두 시간 이상 걸리지 않도록 하는 등의 규칙을 정하기도 한다. 스프린트 검토 회의가 팀에 추가적인 부담이 되어서는 안 된다. 그보다는 해당 스프린트의 자연스러운 마무리가 되어야 한다.

스프린트 회의에는 전체 팀원뿐만 아니라 제품 소유자와 스크럼마스터도 참석한다. 기타 프로젝트에 관심 있는 사람들(경영진, 고객 혹은 다른 프로젝트의 엔지니어들)도 원한다면 참석할 수 있다.

스프린트 검토 회의에서는 스프린트 계획 회의에서 정의한 스프린트 목표를 대상으로 프로젝트를 평가한다. 해당 스프린트에 계획된 작업들을 모두 완료하면 좋겠지만, 더욱 중요한 것은 스프린트 목표를 완수하는 것이다.

일일 스크럼 회의

아마 스크럼이 짧은 일일 회의를 하도록 문서화한 최초의 프로세스일 것이다(Beedle 1999). 스크럼에서는 이 회의를 '일일 스크럼(daily scrum)'이라 부른다. 이 아이디어는 곧 XP나 기능 주도 개발(Feature Driven Development)과 같은 다른 많은 애자일 프로세스에 전파되었다. 일일 스크럼은 짧은 시간 내에 업무에 큰 지장 없이 프로젝트의 진행 상황을 체크할 수 있게 해 준다.

일일 스크럼은 일반적으로 하루 중 가장 이른 시각에 열린다. 보통 전체 팀원들이 다 도착한 직후 열게 되며, 9시나 9시 30분 정도일 것이다. 여기에는 프로그래머, 테스터, 제품 소유자, 스크럼마스터 등 팀 내의 모든 사람이 참석해야 한다. 회의는 짧게 진행한다. 보통 15분 남짓 진행하며 절대 30분을 넘기지 않는다. 회의를 짧게 하기 위해 기립 회의를 하는 팀도 있다.

일일 스크럼에서 각 팀원들은 다음 세 가지 질문에 대답한다.

1. 어제 무엇을 했는가?
2. 오늘 무엇을 할 것인가?
3. 장애요소는 무엇인가?

일일 스크럼이 스크럼마스터에 의해 진행되어서는 안 된다. 회의의 목적 중 하나는 개발자들이 동료들 앞에서 이행 약속을 하는 것이다. 이행 약속을 하는 대상은 관리자나 회사 측이 아닌 바로 동료들이다.

일일 스크럼은 가능하면 위의 질문들만으로 진행되어야 하며, 시스템 일부에 대한 설계나 제기된 문제 해결을 시도하면 안 된다. 그러한 사항들은 어딘가에 적어 두었다가 회의가 끝난 뒤에 해결하도록 한다. 쟁점사항 해결을 위해 나중에 모일 팀원들을 정하는 것은 괜찮지만 회의 중에 문제를 해결하려 해서는 안 된다. 예를 들어 누군가 애플리케이션 서버의 최신 버전 5.0이 출시되었으니 그것을 사용해야 하는지 질문했다고 하자. 이 경우 일일 스크럼이 끝난 후 다음 사람들이 모여 그 문제에 대해 논의하기로 결정할 수 있다.

- 아키텍트 – 새로운 애플리케이션 서버를 사용하는 것의 기술적 영향을 평가
- 제품 소유자 – 고객이 새로운 애플리케이션 서버를 설치할 의향이 있는지를 판단
- 테스트 팀 대표 – 서버 변경이 테스트 그룹에 끼치는 영향 평가

스크럼마스터는 촉진자로서 참여하여, 일일 스크럼이 세 가지 질문에 초점을 맞추고 활발히 진행되는지 확인한다. 제품 소유자는 다른 팀원들과 마찬가지로 진행 상황을 보고할 업무가 있기 때문에 참여한다. 예를 들어 제품 소유자의 업무 보고는 다음과 같을 것이다. "어제 '책을 장바구니에 추가한다' 는 스토리의 테스트 작성을 마쳤고, 오늘은 어떤 신용카드를 지원해야 하는지 결정하기 위해 시장조사를 할 예정입니다. 이 일은 오늘 내로 마무리할 수 있을 것입니다."

일일 회의를 하면 상급 관리자나 기타 프로젝트의 진행 상황에 관심을 가진 사람들에게 어느 때나 진행 상황을 알려 줄 수 있는 이점이 있다. 매일 일정한 시간에 회의를 열고 관심 있으면 언제든지 참석할 수 있다고 널리 알림으로써 월별 프로젝트 검토와 같은 성가신 회의에서 벗어날 수도 있을 것이다. 하지만 팀 외부인을 일일 스크럼에 초대할 때는 규칙을 정하여 회의 중에는 프로젝트와 직접 관련된 사람들만 질문할 수 있게 하라. 사장도 참여하고 마음껏 들을 수는 있지만 질문을 하여 회의의 방향을 흐릴 수는 없다.

일일 스크럼을 통해 모든 팀원이 현재 프로젝트가 어디까지 왔는지 알 수 있다. 그러므로 이 시간은 팀원들의 작업 분배를 재고하기에 이상적이다. 예를 들어 랜디가 작업 중인 스토리가 예상보다 훨씬 오래 걸리고 있으며 앤드류는 일정보다 훨씬 앞서 있다고 보고되었다고 하자. 이러한 경우에는 앤드류가 오늘 하루는 랜디와 짝을 이뤄 랜디의 작업을 함께 수행하거나, 아예 앤드류에게 랜디의 작업 중 일부를 넘겨 주는 것이 적절한 대응이다.

스크럼마스터는 일일 스크럼 동안 위험한 줄타기를 해야만 한다. 회의를 활기차게 이끌어야 하면서도 한편으로는 참가자들에게 회의가 스크럼마스터만을 위해 열린다는 느낌을 갖게 해서는 안 된다. 절대 질문하면 안 되는 것 중 하나는 " '책을 주문한다' 는 스토리를 완성하려면 얼마나 남았습니까?"와 같은 것이다. 이 정보는 정말 중요하지만, 일일 스크럼에서 질문하게 되면 회의가 오로지 추정치와 숫자에 관한 것이 되고 만다. 나는 일일 스크럼과는 별도로 공용 화이트보드에 각 팀원들이 추정치를 갱신하도록 한다. 팀원들이 같은 장소에 있지 않은 경우라면 소프트웨어를 이용한다.

스크럼에 스토리 추가하기

스크럼에 대해 알아 보았으니 이제 스크럼을 스토리와 함께 사용하는 방안에 대해 알아 보겠다.

스토리와 제품 백로그

나는 스크럼의 백로그 항목들을 사용자 스토리의 형태로 작성하여 큰 효과를 보았다(Cohn 2003). 일반적인 스크럼에서 제품 백로그에 새로운 기능, 논의해야 할 쟁점사항, 고쳐야 할 결함 등 다양한 사항을 넣을 수 있는 것과 달리 오직 사용자 스토리만을 넣도록 제한하였다. 제품 백로그의 각 스토리는 사용자나 제품 소유자에게 가치 있는 내용을 기술해야만 한다.

제품 백로그에 사용자 스토리만을 넣도록 제한함으로써 제품 소유자가 우선순위를 부여하는 것이 훨씬 쉬워진다. 사용자 스토리로 작성된 백로그 항목들은 제품 소유자가 이해할 수 있는 용어로 기술되어 있으므로 제품 소유자가 기능 간 우선순위를 비교하는 것이 더 쉬워진다.

XP에서와 마찬가지로 스크럼에서도 제품 소유자가 사전에 모든 요구사항을 식별할 필요는 없다. 그러나 초기에 가능한 많이 기술해 놓는 것이 좋은 경우도 있다. 스크럼은 최초로 제품 백로그에 항목들을 추가하는 방법에 대해서는 규정하지 (심지어 언급하지도) 않는다. 전통적으로 제품 소유자, 스크럼마스터, 개발자가 자유롭게 논의하여 최초 제품 백로그를 마련해 왔다. 하지만 나는 사용자 역할들을 먼저 식별하고 각 사용자 역할과 관련된 스토리들에 초점을 맞춤으로써 스크럼에 강력한 요구사항 분석 기법을 결합할 수 있게 되었다.

스프린트 계획 회의에서의 스토리

스프린트 계획 회의 동안 제품 소유자와 팀은 제품 백로그에서 우선순위가 가장 높은 항목들을 논의한다. 그리고 나서 팀은 해당 스프린트 동안 수행할 항목들을 골라낸다. 그리고 필요에 따라 항목들을 더 작은 작업 단위로 나누어 스프린트가 진행되는 동안 개발자들에게 할당한다.

스토리는 고객에게 가치 있는, 즉 고객이 가치를 평가할 수 있는 내용을 담는다. 제품 백로그 항목을 스토리로 한정함으로써 스프린트 계획 회의의 진행이 더 쉽고 빨라짐을 발견하였다. 팀은 더 이상 'Login 클래스가 예외를 던지도록 리팩터링하라'와 같은 기술적인 내용의 백로그 항목을 설명하는 데 시간을 낭비할 필요가 없다.

또한 10장 「이터레이션 계획하기」에서 보았듯이, 스토리는 작업 단위로 쉽게 나눌 수 있으므로 스프린트 계획에 잘 맞는다.

스프린트 검토 회의에서의 스토리

스토리를 사용하면 스프린트에서 완료된 부분을 쉽게 알 수 있기 때문에 스프린트 검토 회의도 쉬워진다. 반면에 일반적인 스크럼에서처럼 기술적인 작업, 요구사항, 쟁점사항, 버그 수정 사항 등 다양한 형태의 내용을 담은 백로그를 사용한다면 해당 스프린트 동안 개발한 내용을 데모하기가 어려울 수 있다. 모든 제품 백로그가 고객이나 사용자에게 가치 있는 스토리로 이루어진다면 그러한 항목들을 데모하는 것도 더 쉬울 것이다.

스토리와 일일 스크럼 회의

스토리는 고객과 최종 사용자의 요구에 초점을 두므로 일일 스크럼 회의가 수월하게 진행될 수 있게 해 준다. 스프린트는 사전 요구사항 분석 단계를 포함하지 않으므로, 보통 무엇이 만들어질지에 대한 단편적인 이해만으로 시작된다. 팀원들은 검색 화면을 추가해야 한다는 것은 알지만, 계획할 때는 어떤 필드가 검색 가능한지, 검색 기준은 무엇이 될 등에 대해 미리 알지 못한다. 스토리는 팀이 현재 개발중인 작업의 바탕에 깔린 전반적인 의도를 환기시켜 준다는 측면에서 유용하다. 스프린트의 중간에는 특정 스토리의 프로그래밍이 충분한지 지나치지는 않은지 판단하기 위해 스토리를 사용할 수 있다. 물론 제품 소유자와 지속적으로 논의할 때에도 스토리를 사용할 수 있다.

사례 연구

스토리를 스크럼에서 사용하는 예로 내가 참여했던 프로젝트를 살펴보겠다. 편의상 회사 이름은 Cosmodemonic Biotech로 정하겠다. 이 회사는 생명 과학 업계를 대상으로 소프트웨어를 개발하는 작은 규모의 기업이다. Cosmodemonic Biotech는 인간 유전자 연구가들에게 도움이 될 새로운 소프트웨어 제품을 9개월 동안 개발해 완성하였다. 새로운 제품의 베타 버전을 선보이고 얼마 지나지 않아 이 회사는 다른 회사에 인수되었다고 발표하였다.

인수한 회사는 제품을 사용하게 될 고객들의 목록에 관심을 가졌다. 하지만 몇 가지 이유로 인해 결국 소프트웨어를 다시 개발하기로 결정하였다. 이유는 다음과 같다.

- 제품의 클라이언트 측 인터페이스(HTML)가 인수 회사의 전략적 비전에 맞지 않았다.
- 제품의 표적 시장이 수 테라 바이트에 이르는 데이터베이스를 보유한 초대형 제약 회사에서 훨씬 작은 규모의 데이터베이스를 보유한 학계의 연구소와 소규모 바이오테크 회사로 수정되었다.
- 코드의 구현 상태가 좋지 않았다.

기존의 제품은 100여 명의 개발자들로 구성된 팀이 9개월에 걸쳐 폭포수 모델을 엄격하게 준수하여 개발한 것이었다. 새로운 제품은 동일한 기능을 제공하면서도 7명 이하의 팀으로 개발할 예정이었다.

이를 위해 우리는 이번 장에서 설명한 것처럼 사용자 스토리를 채용한 스크럼을 사용하였다. 모든 측면에서 프로젝트는 성공적이었다. 스크럼 팀은 폭포수 팀이 9개월 걸려 수행한 일을 하는 데 12개월 걸렸다. 그렇지만 스크럼 팀은 제품 소유자와 스크럼마스터를 포함하여 7명을 넘지 않았기 때문에, 총 54월 – 인원(man-month)이 들었다. 폭포수 팀은 완료까지 540월 – 인원이 들었다.

폭포수 팀은 Jave 언어로 주석을 제외하고 58,000줄의 소스 코드를 작성했다. 스크럼 팀은 더 적은 51,000줄의 소스 코드를 작성하고도 더 많은 일을 수행하였다. 이것은 폭포수 팀이 월 – 인원당 120줄을 생성하였고 스크럼 팀은 월 – 인원당 840줄을 생성하였다는 것을 의미한다. 표 15.2는 두 팀을 비교한 자료다.

표 15.2 동일 프로젝트에 대한 두 접근법의 비교

	폭포수	스토리를 채용한 스크럼
유스케이스 페이지	3,000	0
스토리	0	1,400
소요 개월	9	12
월 · 인원	540	54
자바 코드	58,000	51,000
자바 코드/월 – 인원	120	840

요약

- 스크럼은 반복적이고 점진적인 프로세스다.
- 스크럼 프로젝트는 스프린트라 불리는 30일 단위의 이터레이션을 통해 진행된다.
- 스크럼마스터는 프로젝트 관리자의 역할을 수행하지만 관리자보다는 리더나 촉진자에 가깝다.
- 일반적인 스크럼 팀은 5명에서 7명의 개발자로 구성된다.
- 제품 백로그는 아직 제품에 추가되지 않았거나 현 스프린트에 포함되

지 않았지만 추후 제품에 추가될 기능들의 목록이다.
- 스프린트 백로그는 현 스프린트에서 수행할 작업들의 목록이다.
- 스크럼에서는 제품 소유자가 XP의 고객 역할을 수행한다.
- 제품 소유자는 제품 백로그에 우선순위를 부여한다.
- 스프린트의 시작 시 팀은 해당 스프린트 동안 무엇을, 얼마나 완료할 것인지 선택하고 이행 약속을 한다.
- 짧은 일일 스크럼 회의를 연다. 이 회의에서 각 팀원은 어제 무엇을 완료하였으며, 오늘은 무엇을 할 것이고, 장애요소는 무엇인지를 말한다.
- 각 스프린트에서는 잠재적으로 출시 가능한 증가분을 생성해야 한다.
- 스프린트를 종료할 때 팀은 스프린트 검토 회의를 열고 소프트웨어를 시연한다.

연습문제

15.1 점진적 프로세스와 반복적 프로세스의 차이점을 기술하라.
15.2 제품 백로그와 스프린트 백로그는 어떠한 관계인가?
15.3 잠재적으로 출시 가능한 증가분이라는 것은 무엇을 의미하는가?
15.4 작업에 우선순위를 부여하는 일과 스프린트 동안 수행할 작업을 선별하는 일은 누구의 책임인가?
15.5 일일 스크럼에서 각 팀원들은 어떤 질문에 대답해야 하는가?

16장

그 밖의 주제

3부에서는 사용자 스토리와 관련해 자주 등장하는 주제를 살펴 보았다. 지금까지는 사용자 스토리가 다른 요구사항 분석 기법과 어떻게 다른지, 그리고 어떤 경우에 사용자 스토리를 더 선호하는지를 논의하였다. 또한 사용자 스토리를 사용할 때 발생할 수 있는 냄새, 즉 문제 상황을 살펴 보았으며, 그 문제들의 해결 방안을 논의하였다. 이번 장에서는 몇 가지 주제를 더 살펴보겠다.

- 비기능 요구사항 처리하기
- 인덱스 카드와 소프트웨어 중 어느 것을 사용할 것인가
- 사용자 스토리가 사용자 인터페이스에 미치는 영향
- 개발이 끝난 후에도 사용자 스토리를 계속 보관할 것인가
- 버그 리포트와 사용자 스토리의 관계

비기능 요구사항 처리하기

모든 것을 스토리 형태로 표현해야 한다는 강박관념은 사용자 스토리를 사용하는 데 장애물이 될 수 있다. 프로젝트를 진행하다 보면 적어도 몇 가지 요구사항은 스토리로 표현하기가 어렵다는 것을 느끼게 된다. 흔히 이러한 요구사항들은 시스템의 비기능 요구사항인 경우가 많다.

비기능 요구사항은 시스템과 관련된 다양한 요구사항을 표현한다. 다음은 비기능 요구사항과 관련된 시스템 특성들이다.

- 성능(performance)
- 정확성(accuracy)
- 이식성(portability)
- 재사용성(reusability)
- 관리용이성(maintainability)
- 상호운용성(interoperability)
- 가용성(availability)
- 사용성(usability)
- 보안(security)
- 용량(capacity)

비기능 요구사항들은 시스템의 동작 방식에 제약을 가하는 경우가 많다. 예를 들어 '시스템은 Java로 작성되어야 한다'는 요구사항은 프로젝트에 흔히 포함되는 요구사항이다. 이 요구사항은 분명히 시스템 설계 전반에 영향을 주는 제약사항이다. 7장 「좋은 스토리를 위한 지침」에서 논의하였듯이, 제약사항은 그 내용을 카드에 기록하고 '제약사항'이라고 표시해 두는 것이 좋다. 제약사항들을 만족하는지 확인하기 위해서는 (적어도 하루에 한 번 이상 수행되는) 자동화된 테스트를 사용하라. 몇 가지 제약사항은 현실적으로 테스트하기 힘들다거나 테스트하는 것이 의미가 없을 수도 있다. '시스템은 Java로 작성되어야 한다'는 제약 사항이 이러한 부류에 속한다. 테스트하지 않더라도 이 제약사항을 만족하는지 확인하는 것은 어렵지 않을 것이다.

표 16.1은 여러 시스템에 공통적으로 나타나는 제약사항의 예를 보여 준다. 제약사항이 아닌 다른 비기능 요구사항들이 있다면 적절한 양식을 사용하여 서로 이해할 수 있게 하라. 예를 들어 시스템에서 사용되는 변수들

의 크기 및 타입 정보를 저장 관리하는 데이터 사전(data dictionary)이 필요하다고 판단되면 그것을 만들어 활용하도록 하라.

시스템 특성	제약사항 예
성능	데이터베이스 검색 질의 중 80% 이상이 2초 이내에 결과를 화면에 보여주어야 한다.
정확성	적어도 55% 이상의 확률로 축구 경기의 승자를 예측할 수 있어야 한다.
이식성	리눅스로 이식하는 것을 어렵게 만드는 어떠한 기술도 사용하지 않아야 한다.
재사용성	데이터베이스와 데이터베이스 접근 코드는 추후 다른 애플리케이션에서 재사용 가능하도록 작성되어야 한다.
관리용이성	각 컴포넌트에 대해 자동화된 단위 테스트가 존재해야 한다. 적어도 24시간마다 한 번씩 모든 자동화된 단위 테스트를 실행해야 한다.
상호운용성	시스템은 Java로 작성되어야 한다. 모든 설정 데이터는 XML로 저장되어야 한다. 데이터베이스로는 MySQL을 이용한다.
용량	데이터베이스는 성능 목표치를 만족하면서도 명세된 하드웨어에서 2천만 명의 회원 정보를 저장할 수 있어야 한다.

표 16.1 다양한 비기능 요구사항을 제약사항으로 작성한 예

종이? 소프트웨어?

슈퍼마켓에서 "종이? 플라스틱?"[1]이라고 묻는 것만큼이나 흔한 질문이 스토리를 종이 인덱스 카드에 적어야 하는지 소프트웨어에 저장해야 하는지를 묻는 것이다. XP 공동체의 많은 사람들은 단순함을 이유로 종이 카드 사용을 선호한다. XP는 단순한 해법을 장려하며, 확실히 종이 카드는 단순하다. 뿐만 아니라 인덱스 카드는 상호협업과 대화를 장려한다. 계획 회의에서 책상 위에 두고 펼쳐볼 수 있으며, 묶음을 만들거나 우선순위대로 정렬할 수도 있다. 어떤 회의에나 들고 다니기도 편하다.

한편 스토리 추적을 쉽게 하도록 해주는 소프트웨어 제품(VersionOne[2],

[1] 역자 주: "Paper or plastic?" (종이봉투에 넣어드릴까요? 비닐봉투에 넣어드릴까요?)

[2] 저자 주: www.versionone.net

3) 저자 주: www.xplanner.org
4) 저자 주: http://www.selectscopemanager.com

XPlanner[3], Select Scope Manager[4])이나 혹은 범용 소프트웨어(스프레드시트, 결함 추적 시스템, 위키)를 사용하여 스토리를 저장 관리할 수도 있다.

이러한 소프트웨어들과 비교할 때 인덱스 카드의 주요 장점은 로우테크(low-tech) 특성으로 인하여 스토리의 부정확성을 지속적으로 떠올리며 대화를 촉진하게 된다는 점이다. 소프트웨어를 이용하게 되면 스토리들이 IEEE 830 스타일의 요구사항처럼 보이게 되어 스토리 작성자가 불필요한 세부 사항을 추가할지도 모른다.

일반적인 인덱스 카드는 제한된 크기로 인해 적을 수 있는 내용의 양이 제한된다. 따라서 스토리를 작성할 때에도 스토리 내용의 양을 자연스럽게

ClickTactics에서 소프트웨어를 선택한 이유

ClickTactics는 마케팅 솔루션 회사로, 웹 접근이 가능한 소프트웨어 컴포넌트를 제작한다. 이 회사에서는 처음에 인덱스 카드를 사용하다가 나중에 VersionOne의 V1:XP 제품으로 대체하였다.

ClickTactics의 선임 제품 관리자 마크 모숄더(Mark Mosholder)는 인덱스 카드 대신 소프트웨어를 사용하게 된 이유 중 하나가 판매 부서와 경영진들이 여러 곳에 흩어져 있기 때문이라고 한다. 멀리 떨어져 있는 이해관계자들에게 "여기 와서 화이트보드에 적힌 내용을 보십시오." 하고 말할 수는 없으므로 그들은 관리자나 다른 이해관계자에게 보여줄 자료를 준비하느라 많은 시간을 소모하였다고 한다. 또한 인덱스 카드를 이용할 때에는 가끔씩 카드를 잃어 버리고 그것을 몇 주 후에 책상 밑에서 발견한 적도 있다고 한다.

소프트웨어를 사용하여 스토리를 관리하게 되자 ClickTactics는 XP를 제품 판매에도 적용할 수 있었다. 그들은 소프트웨어의 접근 권한 기능을 이용하여 고객들에게 현재 진행되고 있는 이터레이션의 내용을 제한적으로 보여주면서, "우리는 새로운 기능을 3주 이내에 드릴 수 있습니다." 하는 식으로 고객들에게 빠른 개발 속도를 내세우기도 한다.

마크는 소프트웨어를 사용하기로 한 자신들의 결정에 만족하며, 지금 다시 결정해야 하는 상황이라도 같은 결정을 내릴 것이라고 말한다.

제한하게 된다. 스토리 관리에 사용할 수 있는 소프트웨어에는 대부분 그러한 제한이 없다. 한편, 인덱스 카드의 뒷면에 해당 스토리의 인수 테스트를 기록하는 것이 일반적이지만, 이 경우에는 테스트 케이스를 작성할 때 카드의 크기가 제한되어 있는 것이 단점으로 작용하기도 한다.

ISO 인증 혹은 유사한 다른 인증을 획득하고자 하는 프로젝트라면 요구사항 명세로부터 구현, 테스트에 이르기까지의 추적성을 확보해야 하므로 아마도 소프트웨어 사용을 선호할 것이다. 손으로 작성한 카드라고 ISO 인증을 얻지 못할 리야 없겠지만 그러기 위해서는 카드 묶음을 대상으로 알

위키를 사용한 Diaspar Software Services의 사례

J.B. 레인스버거(J.B. Rainsberger)는 소프트웨어 개발 및 컨설팅 회사인 Diaspar Software Services의 창립자다. 컨설턴트인 J.B.는 고객들과 항상 함께 있기 어렵다. 그러한 경우 J.B.는 멀리 떨어진 고객들과 의사소통을 원활히 하기 위해 위키를 사용한다. 위키는 누구나 자유롭게 수정할 수 있는 웹 페이지로 구성되어 있다. J.B.와 Diaspar Software Services는 FitNesse 위키를 사용한다. 그들은 스토리마다 스토리 카드를 작성하듯이 스토리마다 대응하는 위키 페이지를 새로 만든다.

J.B.는 최근에 수행한 작은 프로젝트에서 위키를 이용한 효과를 톡톡히 체험했다고 한다. 그는 프로젝트를 진행하면서 어떤 스토리에 대해 질문이 생기면 해당 페이지에 질문을 추가하고 그 옆에 'todo'라고 표시하였다. 고객은 매주 수차례씩 위키를 확인하면서 'todo'를 검색하였다. 긴급한 문제는 전화로 해결했지만, 위키를 효율적으로 사용했기 때문에 놀랍게도 긴급한 문제가 거의 발생하지 않았다. J.B.는 다른 프로젝트에서 종이 인덱스 카드를 사용해 왔지만, 고객들이 멀리 떨어져 있는 이 프로젝트에서는 스토리를 위키 외에 인덱스 카드에도 작성해야겠다고 생각한 적이 전혀 없었다고 한다. 그는 모든 프로젝트에서 FitNesse 위키를 사용하여 실행 가능한 테스트들을 작성하고 있지만, "모든 사람이 한 방에 있는 경우에는 굳이 스토리를 위키에 저장할 필요가 없다."고 지적한다.

맞은 변경 통제 절차를 시연해야 할 것이다.

팀이 한 곳에 모여 있지 않은 경우에도 인덱스 카드보다 소프트웨어를 선호할 것이다. 개발자들 중 일부, 혹은 특히 고객들이 멀리 떨어져 있는 경우라면 인덱스 카드로 작업을 진행하는 것은 무척 힘들다.

인덱스 카드의 다른 이점은 다양한 방법으로 정렬하기가 매우 쉽다는 것이다. 인덱스 카드 묶음은 쉽게 상, 중, 하 우선순위의 묶음으로 분류할 수 있다. 또는 좀더 정밀하게 가장 우선순위가 높은 스토리를 제일 위에 두어 순서대로 정렬할 수도 있다.

각각의 기법에 대한 열렬한 지지자들과 달리, 나는 두 방법 모두 타당하다고 생각한다. 내가 추천하는 방법은 먼저 인덱스 카드를 사용하여 여러분의 환경에 적절한지 알아 보는 것이다. 그리고 나서 소프트웨어를 사용해야 할 뚜렷한 이유가 있다면 소프트웨어를 사용하도록 하라.

사용자 스토리와 사용자 인터페이스

애자일 기법들은 사용자 인터페이스를 설계하는 것에 관한 이슈들을 무시한다는 지적이 있다. 어느 정도 수긍이 가는 지적이다. 사용자 인터페이스 설계에 대한 전통적인 접근법이 선행 설계(upfront design)에 과도하게 의존하여 빅뱅과 같이 짧은 기간에 전체적인 구현이 이루어지는 반면, 애자일 프로세스는 대단히 반복적으로 접근하기 때문이다. 사용자 인터페이스가 큰 비중을 차지하는 애플리케이션이라면 스토리 기반의 애자일 접근법을 따르는 것이 갖는 잠재적 리스크를 이해해야 한다.

시스템을 반복적으로 정련해 나갈 수 있다는 것은 애자일 개발에 있어서는 교리와도 같다. 사용자 스토리를 사용하면 스토리를 프로그램에 추가할 준비가 될 때까지 구체적인 대화를 미룰 수 있다. 가끔은 대화를 미루는 것이 개발자들로 하여금 현재까지 진행된 애플리케이션의 일부분에 대해 재작업을 수행하게 만들 수도 있다. 그러나 이러한 재작업에 따르는 비용은 충분히 보상되고도 남는다. 나중에 누락될지도 모를 기능에 관한 요구사항을 미리 논의하는 비용이 절감되며, 고객이 단계적 수정을 주도하도록 하여 제품을 그들이 원하는 형태로 만들수 있다는 장점이 있기 때문이다.

만약 재작업이 사용자 인터페이스 뒤에서 이루어진다면 앞의 비용 보상에 관한 믿음은 옳을 수 있다. 하지만 그것이 사용자 인터페이스에까지 영향을 준다면 어떻게 될까? 래리 콘스탄틴(Larry Constantine 2002)은 다음과 같이 썼다.

사용자 인터페이스 아키텍처(전체적인 구성, 탐색 방법, 외관(look-and-feel) 등)는 전체 작업과 잘 어울리도록 설계해야 한다. 사용자 인터페이스에는 아키텍처의 후반 정련 작업이 그다지 바람직하지 않다. 이미 이전 인터페이스에 익숙해진 사용자들이 불편할지도 모르기 때문이다. 기능의 위치나 양식이 조금만 변해도 사용자들에게 문제를 야기할 수 있다.

사용자 인터페이스가 제품 성공 여부의 매우 중요한 부분을 차지한다면 사용자 인터페이스를 프로젝트 시작부터 신중히 고려할 필요가 있다. 사용자 인터페이스를 변경하는 것이 사용자들에게 문제를 야기한다면 프로젝트 상에 '일단 사용자가 시스템을 사용하면 사용자 인터페이스는 가능한 적게 변경하도록 하라' 와 같은 숨겨진 제약사항이 존재한다고 보아야 한다.

콘스탄틴과 록우드(Constantine and Lockwood 2002)는 해결책으로 애자일 사용례 중심 설계(Agile Usage-Centered Design) 기법을 제안하였다. 애자일 사용례 중심 설계는 사용자 스토리보다는 핵심 유스케이스(essential use case)나 태스크 케이스(task case)에 의해 진행된다. 그러나 핵심 유스케이스 대신 스토리를 사용함으로써 다음과 같은 애자일 사용례 중심 설계의 응용판을 만들 수 있다.

1. 사용자 역할 모델링 수행
2. 고수준의 사용자 스토리 수집(trawl)
3. 스토리에 우선순위 부여

4. 상위 우선순위와 중간 우선순위의 스토리들 정련
5. 스토리들 그룹 짓기
6. 종이 프로토타입 제작
7. 프로토타입 정련
8. 프로그래밍 시작

첫 번째 단계는 3장 「사용자 역할 모델링」에서 설명한 것과 같이 사용자 역할 모델링 세션을 여는 것이다. 다음의 몇 단계는 4장 「스토리 수집하기」에서 설명한 것과 같이 스토리 작성 워크숍을 열어서 진행한다. 워크숍 초기에는 상위 수준의 스토리들을 찾아내는 데 초점을 맞춘다. 아마 20여 개가 넘지 않을 것이다.

다음으로 고수준 스토리들을 우선순위에 따라 세 그룹으로 나눈다. 상위 우선순위 스토리는 이번 릴리즈에 반드시 포함되어야 하는 것이고, 중간 우선순위 스토리는 이번 릴리즈에 포함되길 바라는 것이며, 하위 우선순위 스토리는 다음 릴리즈로 미루어질 수 있는 것이다. 상위 우선순위와 중간 우선순위 스토리들을 작은 스토리들로 세분화하는 동안 하위 우선순위 스토리들은 보류해 둔다. 세분화된 스토리들은 릴리즈 계획을 세우기에 적절한 크기여야 한다.

다음으로 상위 및 중간 우선순위 스토리들을 나중에 같이 처리할 수 있는 것들끼리 묶어 그룹을 짓는다. 그 다음 각 그룹의 스토리들에 대해 종이에 프로토타입을 그려 본다. 만들어진 종이 프로토타입을 사용자(필요할 경우 대리 사용자)들에게 보여 주고 그들의 의견을 반영하여 프로토타입을 정련한다.

여러분이 이러한 단계를 프로젝트에서 사용하고자 한다면 가능한 프로세스를 가볍게 진행하도록 하라. 종이 프로토타입까지 만든 스토리라도 개발되지 않고 프로젝트에서 제거될 수 있다. 필요 이상 시간을 들이지 않도록 하라. 대부분의 애플리케이션에서 이 과정은 며칠에서 몇 주(사용자들이 멀리 떨어져 있는 상용 소프트웨어의 경우)를 넘지 않는다.

두 개를 작성하라

몇 년 전에 참여한 어느 프로젝트에서 컨설팅 및 평가를 위해 워드 커닝햄(Ward Cunningham)을 불러 오게 되었다. 당시 우리 팀은 사용자 인터페이스와 관련된 문제와 씨름하고 있었다. 사용자들이 웹 브라우저 기반의 인터페이스를 선호할지, 네이티브 애플리케이션을 선호할지에 대해 뜨겁게 논쟁을 했다. 마케팅 부서에서 이와 관련된 사항을 사용자들에게 확인해 보았지만, 그들이 충분한 모집단을 대상으로 조사했는지 혹은 제대로 조사를 한 것인지 확신할 수 없었다.

워드는 "두 가지 사용자 인터페이스를 모두 작성하세요." 하고 말함으로써 이 문제를 종식시켰다. 두 인터페이스를 작성하는 것이 그리 어렵지 않을 뿐더러, 두 인터페이스를 지원하게 함으로써 중간 계층의 역할이 명확해질 거라는 게 워드의 설명이었다. 두 가지 사용자 인터페이스를 모두 작성하게 되면 적절하지 않은 기능이 클라이언트 계층 쪽으로 옮겨지는 것도 피할 수 있었다. 로직을 클라이언트에서 구현할 경우 해당 기능을 두 번 구현해야 하기 때문이다.

워드의 제안은 옳았다. 물론 우리는 그의 말을 제대로 듣지 않았고, 두 가지 사용자 인터페이스를 모두 만드는 것은 비용이 너무 많이 든다고 생각했다. 제품 개발이 끝났을 때 고객은 그들이 원하던 사용자 인터페이스가 아니라고 말했다. 그래서 우리는 즉시 두 번째 사용자 인터페이스를 추가하는 프로젝트를 시작하였다.

스토리 보관하기

스토리를 보관해야 하는지에 대한 논쟁은 자주 일어난다. 한 쪽은 완료한 스토리 카드를 찢어 버리는 기쁨이 카드를 보관함으로써 얻는 이득보다 중요하다고 말하며, 다른 한 쪽의 다소 보수적인 사람들은 나중에 필요할지 모를 스토리를 버리는 위험을 감수하기보다는 스토리를 보관하는 것이 좋다는 입장을 취한다.

소프트웨어를 사용하여 스토리를 관리하는 경우라면 완료했다고 해서 굳이 스토리를 삭제할 이유는 없을 것이다. 컴퓨터에 저장된 스토리를 삭제하는 데서 기쁨을 느끼는 사람도 있겠지만 종이로 된 카드를 찢어 버리는 기분보다는 못할 것이다.

종이 인덱스 카드를 사용하면 그것을 완료한 뒤 반으로 찢어 버리는 기쁨을 만끽할 수 있다. 나는 이 책을 쓰면서 카드를 사용하였고 새로운 절을 끝낼 때마다 해당 카드를 찢어 버렸다. 그러나 내가 소프트웨어 프로젝트에 참여하고 있다면 카드를 찢어 버리기보다 고무줄로 묶어 어딘가에 보관해 두는 쪽을 택하겠다.

수년간 요구사항들을 보관함으로써 다행스러웠던 순간을 많이 겪었다. 그 중 몇 가지 경우를 소개한다.

- 내가 일하던 회사가 팔렸다. 매수한 회사는 우리가 사용하던 경량 소프트웨어 개발 프로세스에 관심을 보였지만 그들의 프로세스는 폭포수 모델에 가까웠다. 그 프로세스에는 어떤 프로젝트든 반드시 통과해야 하는 관문이 많았다. 내가 그들에게 스토리부터 코드와 테스트까지 이어지는 우리 프로세스를 실제로 확인시킬 수 있었기 때문에 그들은 우리가 회사 표준 프로세스를 따르지 않고 우리 프로세스대로 진행할 수 있게 했다. 게다가 결국 우리의 프로세스를 다른 부서에까지 퍼뜨릴 수 있었다.
- 상용 제품을 완전히 다시 개발하는 일에 관여하는 경우가 가끔 있다. 한 번은 처음 버전이 적절치 못한 기술적 선택으로 인하여 상업적으로 완전히 실패한 경우가 있었다. 그 제품은 완전히 다시 개발했고, 어느 정도 성공을 거두었다. 또 한 번은 클라이언트·서버 애플리케이션으로 개발해 굉장한 성공을 거둔 제품을 5년 후 웹 기반으로 다시 개발하는 경우도 있었다. 비록 오래된 것이지만 기존 제품의 스토리나 요구사항 등은 요긴하게 사용되었다.
- 큰 회사와의 계약을 마무리하려고 하는 작은 회사에 참여한 상황이었

다. 그 계약이 잘 마무리될 경우 회사는 큰 이익을 얻을 수 있었고, 사장은 이미 모든 개발자들에게 고액 보너스를 약속한 상태였다. 우리는 상대 회사로부터 '요구사항 문서의 복사본을 달라'는 요청을 받았다. 나는 왜 특별히 요구사항 문서라는 것을 만들지 않았는지를 설명하고 대신 대화와 협동에 더 초점을 맞추었음을 설명하려고 준비하였다. 그러나 그들은 잘 이해하지 못했고, 결국 회사의 이익과 수많은 개발자의 보너스가 날아갈지도 모를 상황이 되었다. 나는 전략을 바꾸어 우리가 요구사항을 사용자 스토리라는 형태로 작성하였음을 설명하였다. 그들은 방법에 만족했다. 운 좋게도 우리는 모든 스토리를 컴퓨터에 저장해 두었기 때문에 잘라내기, 붙여넣기를 이용하여 쉽게 워드 문서로 만든 다음 표지와 서명란을 추가하여 전달할 수 있었다. 그것으로 모두 만족스러웠다.

나는 스토리를 보관함으로써 다양한 상황에서 유용하게 썼기 때문에 여러분들도 그렇게 하길 추천한다. 여러분이 소프트웨어를 사용한다면 소프트웨어를 계속 사용하거나 스토리의 내용을 보고서로 출력하여 어딘가에 보관해 두어라. 여러분이 인덱스 카드를 사용한다면 그것들을 그대로 묶어서 보관하거나 관리하기 적절한 (예를 들어 A4) 크기의 용지에 카드 세 장씩 한 장에 복사하는 식으로 정리하여 보관하도록 하라.

버그 스토리

자주 제기되는 질문 중 하나는 스토리와 버그 리포트 사이의 관계에 대한 것이다. 경험에 비추어볼 때 각 버그 리포트를 하나의 스토리로 간주하는 것이 가장 좋다. 버그 수정이 보통의 스토리 하나를 구현하는 것과 비슷한 시간이 걸린다면 버그를 다른 스토리와 마찬가지로 취급할 수 있다. 다만 쉽게 수정할 수 있는 버그는 몇 개씩 묶어서 스토리로 취급한다. 인덱스 카드를 사용하는 경우라면 버그를 적은 카드를 스토리 카드로 취급하되 작은 버그는 작은 스토리와 마찬가지로 여러 장을 묶어서 커버 스토리 카드를 붙여 철하고, 계획 수립 시에는 그 묶음을 하나의 스토리로 취급하면 된다.

색깔은 어떻게?

어떤 팀은 서로 다른 종류의 스토리라는 것을 나타내기 위해 다른 색의 카드를 사용한다. 예를 들어 보통의 하얀 카드는 일반적인 스토리, 빨간 카드는 버그 스토리, 파란 카드는 기술적인 작업을 기록하는 데 사용하는 식이다. 개인적으로는, 색 카드를 사용하면 스토리를 쉽게 구분할 수 있으므로 좋은 방법인 것 같다. 그러나 이것은 어디까지나 이론 상 그렇다는 것이며 실제로는 다소 번거로운 것 같다. 일단, 주머니에 하얀 카드 외에도 색깔별로 여분의 카드를 가지고 다녀야 한다. 또한 특정 색깔의 카드가 떨어질 경우 다른 카드에 스토리를 기록하고 나중에 옮겨 적어야 한다. 색 카드를 사용하는 것이 좋다면 그렇게 하라. 나는 단순한 것을 택할 것이다. 가득 쌓인 하얀 카드 더미 말이다.

요약

- 비기능 요구사항(성능, 정확성, 이식성, 재사용성, 관리용이성, 상호운용성, 용량 등)은 제약사항 카드를 만들어 처리한다. 시스템이 더 복잡한 요구사항을 가지고 있다면 그것을 가장 잘 표현할 수 있는 방법을 사용하여 사용자 스토리와 함께 사용하도록 하라.
- 인덱스 카드나 소프트웨어 어느 쪽도 모든 경우에 최선의 방법은 아니다. 프로젝트나 팀 별로 적절한 도구를 선택하도록 하라.
- 반복적 프로세스는 사용자 인터페이스에 반복적인 수정을 야기할 수 있다. 사용자 인터페이스에 익숙해진 사용자들은 사용자 인터페이스가 변경되는 것을 좋아하지 않는다. 사용자 인터페이스의 빈번

한 수정을 피하기 위해서는 애자일 사용례 중심 설계 기법을 도입해 보라.
- 스토리가 완성되었을 때 해당 스토리 카드를 찢는 행위는 즐거움을 준다. 그러나 카드를 보관해야 하는 이유도 있다. 안전을 취하려면 스토리를 보관해 두자.
- 작은 버그 스토리 카드들은 표지 스토리 카드와 묶어서 하나의 스토리처럼 사용하라.

개발자 책임

- 요구사항을 기술하는 다양한 기법을 제안하고 그 중 적절한 것을 사용할 책임이 있다.
- 프로젝트에서 인덱스 카드를 사용할 것인지 소프트웨어 시스템을 사용할 것인지 결정할 책임이 있다.
- 프로젝트 초기에 사용자 인터페이스를 설계하는 것의 장단점을 이해할 책임이 있다.

고객 책임

- 사용자 스토리가 제대로 반영하지 못하는 요구사항이 있다고 느낀다면 다른 요구사항 기법을 사용할 것을 요구하고 적절한 기법을 사용할 책임이 있다.
- 프로젝트에서 인덱스 카드를 사용할 것인지 소프트웨어 시스템을 사용할 것인지 결정할 책임이 있다.
- 프로젝트 초기에 사용자 인터페이스를 설계하는 것의 장단점을 이해할 책임이 있다.

연습문제

16.1 천 명의 동시 사용자를 지원할 수 있는 시스템에 대한 요구사항은 어떻게 기술할 것인가?

16.2 여러분은 인덱스 카드와 소프트웨어 시스템 중 어느 것을 선호하는가? 그 이유는 무엇인가?

16.3 반복적 프로세스가 애플리케이션의 사용자 인터페이스에 미치는 영향은 무엇인가?

16.4 일반적인 애자일 프로젝트와 다르게 사용자 인터페이스를 사전에 고려하는 것이 유리한 시스템의 예를 들어 보아라.

16.5 여러분은 완료된 스토리를 보관하는 것이 좋은가 버리는 것이 좋은가? 그 이유는 무엇인가?

4부
예제

4부에서는 지금까지 다룬 모든 것을 담은 포괄적인 예제를 제공한다. 앞으로 나올 각 장에서 여러분은 기존 인쇄물 카탈로그를 보강하기 위해 웹 사이트를 만들고자 하는 South Coast Nautical Supplies와 그 회사의 직원들을 만나게 된다. 그리고 사우스코스트의 영업 마케팅 담당 부사장이자 이 프로젝트의 고객 역할을 맡은 로리(Lori)와 함께 사용자 역할을 식별하고, 스토리를 작성하며, 작성된 스토리들의 개발 기간을 추정해 보고, 릴리스 계획을 수립한 후, 초기 계획에 포함된 스토리들에 대해 인수 테스트를 작성하는 등의 기회가 있을 것이다.

17장

사용자 역할

앞으로 다섯 장에 걸쳐 가상의 소규모 프로젝트를 경험하게 될 것이다. 이번 장에서는 중요한 사용자 역할을 식별하는 것에서 시작해 스토리를 작성하고, 스토리 구현 시간을 추정하며, 릴리즈 계획을 수립하고, 해당 릴리즈에서 스토리에 대한 인수 테스트를 작성하는 순서로 진행할 것이다.

프로젝트 개요

South Coast Nautical Supplies는 30년 동안 인쇄된 카탈로그를 사용하여 선박 지원물품들을 판매해 왔다. 카탈로그의 주요 품목은 위성항법장치(GPS), 시계, 기상 장비, 항해 작도 장비(plotting eguipment)[1], 구명보트, 구명조끼, 해도, 지도, 도서 등이다. 지금까지 이 회사의 웹 사이트는 수신자 부담 전화를 걸어 카탈로그를 요청하라는 간단한 문구로 구성된 한 페이지짜리였다.

사장은 시대에 발맞출 필요가 있다면서 다른 기업들과 마찬가지로 인터넷에서 물건을 판매해야 한다고 결정을 내렸다. 하지만 처음부터 고가의 물건을 다루기보다는 도서 판매와 같은 것부터 시작하기를 원한다. 우리 카탈로그의 일부 품목은 만 달러 이상이어서 사이트가 원활하게 잘 운영되고 주문정보를 잃어버리지 않게 안정화되기 전까지는 그런 고가의 물품들을 취급하면서 발생할 수 있는 위험을 감수하지 않으려고 한다. 하지만 앞

---

[1] 역자 주: 화면에 위치정보가 표시되는 장치.

으로 사이트가 잘 운영되고 고가의 물품들을 온라인으로 주문하려는 고객이 있을 경우 나머지 품목들도 취급하도록 사이트를 확장할 예정이다.

아! 그리고 사장이 마지막으로 남긴 한마디는, 성수기인 여름 항해 기간에는 판매고를 올리는 데 지장이 없도록 사이트가 30일간 장애 없이 작동해야 한다는 것이었다.

고객 식별하기

프로젝트를 진행할 때 스토리를 식별하고 작성해 나가는 데 도움을 줄 고객이 필요하다. 구축하려는 웹 사이트의 고객은 책을 사는 선원들로, 모두 회사 외부의 인물이므로 실제 고객의 역할을 대신할 수 있는 내부 고객이 필요했다. 그래서 사장은 영업 및 마케팅 부서의 이사인 로리를 내부 고객으로 지목했다.

로리는 첫 미팅에서 시스템에 필요하다고 생각하는 기본 기능들을 제시하였다. 그녀는 '전형적인 인터넷 서점 사이트'를 원했다. 고객이 다양한 방법(현 시점에서는 어떠한 방법들을 지원할지 구체화하지 않았다)으로 도서를 검색할 수 있어야 하고, 나중에 사고자 하는 도서의 목록(일종의 찜 목록, 위시리스트)을 관리할 수 있어야 하며, 구입한 도서에 대해 점수를 부여하고 서평을 작성하고, 주문 상태를 확인할 수 있어야 한다. 우리는 이와 유사한 사이트를 많이 보았기 때문에 로리에게 시작할 준비가 되었다고 말했다.

초기 역할 식별하기

처음 할 일은 커다란 탁자가 있는 방에 로리와 함께 일할 개발자들을 몇 명 모으는 것이었다. 로리는 시장 조사를 통해 어떤 고객들이 있을지 이미 잘 알고 있었다. 로리와 개발자들은 아래와 같이 사용자 역할 카드를 작성하고 그것들을 그림 17.1 처럼 탁자에 배치하였다.

- 고참 선원(Hardcore Sailor)
- 초급 선원(Novice Sailor)
- 신참 선원(New Sailor)
- 선물 구매자(Gift-Buyer)
- 선원 배우자(Non-Sailing Spouse)
- 관리자(Administrator)
- 영업 이사(Sales Vice President)
- 선장(Charter Captain)[2]
- 숙련된 선원(Experienced Sailor)
- 항해 학교(Sailing School)
- 도서관(Library)
- 강사(Instructor)

[2] 역자 주: 자신의 선박이 아닌 전세 선박의 선장.

통합하고 세분화하기

카드에 사용자 역할 이름을 기록한 후에는 프로젝트를 시작하기에 적합하도록 사용자 역할 목록을 다듬어야 한다. 중복되거나 유사한 역할들을 제거하고 하나로 합칠 것은 없는지 살펴봐야 한다. 가장 쉽게 시작할 수 있는 방법은, 중복되는 정도에 따라 카드를 겹쳐 놓았을 때 완전히 겹치는 카드부터 하나씩 제거해 보는 것이다.

예를 들어 '신참 선원' 카드는 '초급 선원' 카드 위에 놓여 있다. 두 카드의 작성자들은 자신이 의도했던 바를 설명하고 원한다면 누구나 자신의 견해를 보탤 수 있다. 이 과정을 통해 '초급 선원'과 '신참 선원' 간의 차이점이 드러났다. '신참 선원'은 항해를 처음 접한 사람으로, 현재 교육을 받고 있거나 몇 차례 항해 경험이 있는 사람을 의미했다. '초급 선원' 카드는 몇 년간 항해했지만 아직 일에는 능숙하지 못한 사람을 의도한 것이었다. 팀원들은 의미하는 바가 조금 다르지만 일을 진행하는 데 두 역할을 구분할 이유는 없다고 판단하였다. 그들은 '초급 선원'이라는 하나의 역할에 두 가지 역할의 의미를 합친 후 '신참 선원' 카드를 찢어버렸다.

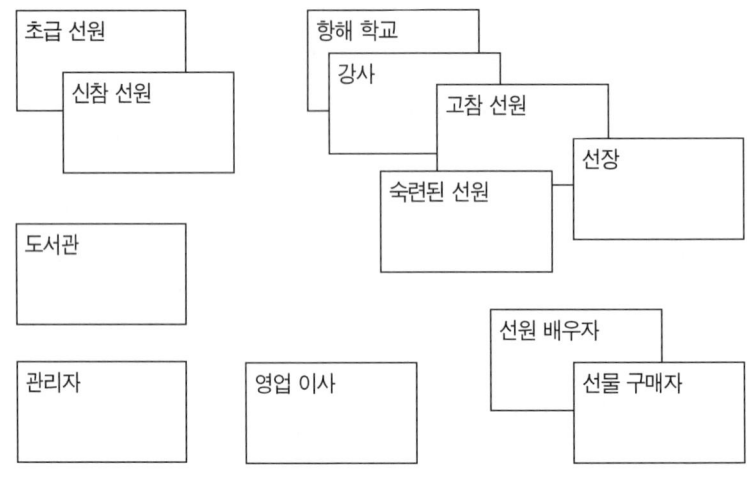

그림 17.1 사용자 역할 카드 배치

다음으로, 팀원들은 겹쳐 있는 '항해 학교'와 '강사' 카드를 주시하였다. '강사' 카드의 작성자는 그것이 항해 수업을 가르치는 선원을 나타내는 역할이라고 설명하였다. 그녀가 주장하기를, 강사는 빈번하게 학생들을 위하여 책을 여러 권 구입하거나 학생들이 읽어야 하는 도서목록을 작성한다고 하였다. '항해 학교' 역할 카드를 작성한 사람은 '강사' 역할과 유사하지만, 그러한 일은 전형적으로 '강사' 개인보다는 학교의 관리자가 수행하는 거라고 생각했다. 고객으로서 로리는 설령 학교 관리자가 그 일을 수행한다고 하더라도 관리자는 강사와 동일한 특성들이 많을 거라며 이러한 상황을 정리해 주었다. 둘 중에서 '강사' 카드가 '항해 학교'보다 더 명확하게 특정한 사람을 지칭하기 때문에 '항해 학교' 카드는 찢어 버렸다.

'고참 선원' 카드는 '강사', '숙련된 선원'은 물론 심지어 '선장' 역할 카드와 일부 겹쳐져 있다. 팀원들은 이 역할들에 대해 토의하였으며, '고참 선원' 역할은 자신이 원하는 책이 어떤 것인지 정확하게 알고 있는 선원 유형을 표현한 것임을 알게 되었다. 예를 들어 '고참 선원'은 항해에 관한 최고의 책 제목을 이미 알고 있어서 식견이 부족한 선원('숙련된 선원'

포함)과 검색하는 패턴이 매우 다를 수 밖에 없다. '숙련된 선원' 역할은 사이트에서 제공할 제품에 매우 친숙하긴 하지만 가장 좋은 책의 제목이 곧바로 떠오르지 않는 사람을 나타낸 것이다.

'선장'에 대해 논의한 결과, 팀은 '고참 선원'과 본질적으로 동일한 역할이라는 결정을 내리고 카드를 찢었다.

이 시점까지 팀원들은 '신참 선원', '선장', '항해 학교' 역할을 처분하였고 '초급 선원', '강사', '고참 선원', '숙련된 선원' 역할을 남겨두기로 결정하였다. 한편 '선물 구매자', '선원 배우자', '관리자' 및 '영업 이사'에 대해서는 아직 고려하지 않았다. 남은 역할 카드의 작성자들은 계속해서 자신의 의도를 설명하였다.

'선물 구매자' 역할은 선원이 아니면서 다른 누군가를 위해 선물을 구입하는 사람을 나타낸다. '선원 배우자' 역할 카드의 작성자는 자신이 표현하고자 한 내용은 '선물 구매자' 이상의 의미를 나타낸다고 하였다. 팀원들은 두 개의 역할 카드에 대해 토론을 진행한 후에, 두 카드를 전부 찢어버리고 새로운 '비항해 선물 구매자' 역할 카드로 통합하기로 결정하였다.

'관리자' 역할의 작성자는 이 역할이 시스템에 데이터를 올리거나 시스템 구동을 유지해야 하는 한 명 또는 여러 명의 관리자를 의미한다고 설명하였다. 이 역할은 팀원들이 나열한 역할들 중 사이트로부터 품목을 구입하지 않는 첫 번째 역할이다. 토론을 거친 후 팀원들은 '관리자' 역할이 중요한 역할이라는 점에 동의하였고, 로리는 시스템이 어떻게 관리되는지, 사이트 재고에 신규 품목이 어떻게 추가되는지와 같은 '관리자' 역할과 관련된 몇 가지의 스토리를 알려줄 수 있을 것이라고 하였다.

다음으로 '영업 이사' 역할에 대해 논의하였다. 이 역할은 '관리자'와 함께 사이트에서 구입을 하지 않는 또 다른 역할이다. '영업 이사' 역할은 CEO가 새로운 시스템이 판매에 어떻게 영향을 미치는지를 긴밀하게 관찰하도록 위임한 것이었다. 팀원들은 이 역할을 제외하는 것에 대해 고려하였는데 '영업 이사' 역할에 특화된 스토리가 많을 거라고는 생각하지 않았기 때문이었다. 논의의 막바지에 이르러 이 역할을 남겨두되 '보고서 열람자' 라는 좀더 일반적인 이름으로 변경하기로 하였다.

'도서관' 역할에 대해, 얼마 동안 팀원들은 이 역할이 '항해 학교' 나 심지어 '선원 배우자' 와 비슷한 것은 아닌지 생각해 보았다. 만약 유사한 역할이라면 통합할 수 있기 때문이다. 하지만 팀원들은 이러한 생각을 버리고 '도서관' 을 하나의 역할로 유지할 것을 결정하였다. 최종적으로는 역할을 생성할 때 명확히 구별된 사용자를 표현해야 한다는 지침을 따르기 위해 '도서관' 카드를 찢고 '사서' 카드로 대체하였다.

이 시점에서 팀은 그림 17.2에서 보는 바와 같이 역할들을 정리하였다.

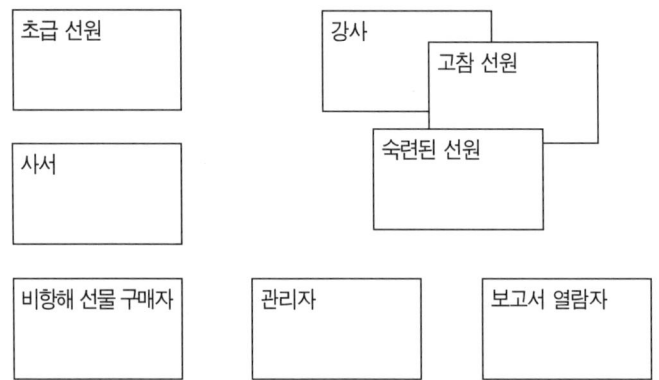

그림 17.2 통합과 초기 토론을 거친 후의 역할들

역할 모델링

다음으로 팀원들은 각각의 역할에 대해 생각하면서 역할 카드에 상세한 내용을 추가한다. 세부 내용은 도메인과 소프트웨어의 유형에 따라 다양하겠지만 다음과 같은 일반적인 요소들을 포함하는 것이 좋다.

- 사용자가 소프트웨어를 사용하는 빈도
- 사용자의 도메인 전문성 수준
- 사용자의 일반적인 컴퓨터와 소프트웨어 숙련도 수준

- 사용자의 개발될 소프트웨어에 대한 친숙도 수준
- 사용자가 소프트웨어를 사용하는 일반적인 목적 (편리함이 우선인 사용자도 있고 화려한 사용자 인터페이스를 선호하는 사용자도 있다)

팀원들은 각각의 역할 카드에 대해 이러한 이슈들을 논의하였고, 다음과 같이 사용자 역할 카드를 갱신하였다.

초급 선원: 웹 사이트에서 물건을 구입한 경험이 있음. 항해를 시작하고 첫 3개월 동안 여섯 건의 구매를 할 것으로 예상됨. 가끔씩 특정 제목으로 구입하지만 대개는 올바른 책을 구입하는 데 도움이 필요함. 적절한 책(적절한 수준으로 쓰여진 좋은 내용의 책)을 선택하는데 있어 직접 서점에서 구입하는 것보다 더 많은 도움을 얻길 원함.

강사: 대개 일주일에 한 번 정도 웹 사이트를 이용할 것으로 예상됨. 회사의 통신판매그룹이 전하는 바에 따르면 강사는 유사한 주문을 자주 한다고 함(예를 들어 같은 책을 20권 주문). 웹 사이트 이용에 익숙하지만 컴퓨터와 관련된 것에는 문외한인 경우가 많음. 가장 저렴한 가격으로 물건을 구입하는 데 관심이 있음. 서평이나 불필요한 서비스에 관심 없음.

고참 선원: 일반적으로 컴퓨터와 친숙하지 않음. 회사의 카탈로그에서 물건을 다량으로 구입하지만 책은 많이 구입하는 편이 아님. 우리에게 추가 장비를 많이 구입함. 대개 찾는 것이 무엇인지 정확하게 알고 있음. 사이트를 이용하는 동안 바보라고 느끼는 것을 원치 않음.[3]

숙련된 선원: 컴퓨터를 능숙하게 사용함. 분기별로 한 번 혹은 두 번 정도, 여름에는 더 많이 주문할 것으로 예상됨. 항해에 관하여 아는 것이 많지만 대개는 특정 분야에 국한된 것들임. 다른 선원들이 어떤 제품이 가장 좋은지, 항해하기 가장 좋은 곳은 어디인지 이야기하는 것에 무척 관심이 많음.

비항해 선물 구매자: 대개 컴퓨터를 능숙하게 사용함(하지만 온라인으로 선물을 구매하지 않을 수도 있음). 선원이 아니지만 정확한 항해 용어를 사용하는 데 친숙함. 주로 특정 책을 주문하지만 가끔 어떤 주제에 관련한

---

3) 역자 주: 사이트를 이용하는 데 단계가 너무 많거나 설명이 잡다하게 많은 것을 원치 않음.

책을 찾기도 함.

사서: 컴퓨터를 능숙하게 사용함. 자신이 찾으려는 것이 무엇인지 정확하게 알고 있으며, 저자나 책 제목으로 찾기보다는 ISBN을 사용하여 주문하는 것을 선호함. 상품 포장이나 배송 추적과 같은 불필요한 서비스에 대해서는 별로 관심을 갖지 않음. 대개 일년 동안 하는 주문 건수는 적지만, 각 주문 별로는 일반적인 개인 사용자보다 많이 주문함.

관리자: 컴퓨터를 능수능란하게 사용함. 항해에 관해서는 최소한의 지식만 있음. 매일 시스템의 백엔드 서버에 접근하는 것이 업무의 일부임. 소프트웨어를 빨리 익히는 데 관심이 있고 고급 사용자를 위한 단축키 기능을 원함.

보고서 열람자: 컴퓨터를 사용하는 적절한 능력이 있으며 대개 오피스 프로그램인 스프레드시트나 워드 프로세서를 사용함. 어떻게 시스템이 동작하는지, 어떤 방문객이 물건을 구입하고 어떤 방문객이 구입하지 않는지, 사이트를 어떻게 사용하며 검색하는지에 대한 아주 구체적인 데이터에 관심이 많음. 보고서의 다양함과 상세함을 위해 사이트의 속도를 희생할 수 있음.

등장인물 추가하기

때때로 작업이 끝난 후에 등장인물을 추가하는 데 몇 분을 더 투자하는 것이 가치 있을 때가 있다. 팀원들은 로리에게 이러한 사용자 역할 중에서 프로젝트를 성공으로 이끌기 위해 새로운 웹 사이트가 반드시 만족시켜야 하는 역할이 무엇인지를 물었다. 그녀는 고객으로 유지되는 기간을 고려할 때 '고참 선원'이 가장 중요하다고 답하였다. 하지만 그들이 빈번하게 항해를 나간다고 해도 책을 많이 구매하지는 않는다. 반면에 다수의 '숙련된 선원'은 상당량의 책을 구매하기 때문에 중요하다고 할 수 있다. 로리는 만족시켜야 하는 가장 중요한 역할로 '강사'를 추가하였다. '강사'는 일년간 수백 권의 책을 구입할 수 있기 때문이다. 사실 로리는 새로운 웹 사이트의 홍보를 위해 학생들에게 사이트를 알려주는 '강사'들에게 재정적인 장려금을 제공할 방법을 모색하고 있었다.

이런 정보를 바탕으로 팀원들은 두 명의 등장인물을 만들기로 결정하였다. 첫 번째 등장인물은 테레사다. 테레사는 4년간 항해를 해왔다. 그녀는 주식회사 바이오테크의 CEO며, 온라인으로 주문하는 것이 너무나 편리하다고 생각한다. 테레사는 주로 여름에 항해를 하기 때문에 항해를 준비하는 봄이나 여름에만 사이트를 이용할 것이다. 그녀는 매우 바쁘기 때문에 우리 사이트를 이용하여 시간을 절약할 수 있고 이전에 접하지 못한 책을 찾을 수 있다는 점에 관심이 있다. 테레사는 톰과 결혼할 계획인데 톰 자신은 배를 타지 않지만 테레사와 동행하여 지중해 연안을 항해한 적이 있다.

두 번째 등장인물은 론 선장이다. 론 선장은 항해 경력이 40년이며 샌디에이고 외각에서 항해 학교를 운영하고 있다. 그는 5년 전에 고등학교 교사직에서 은퇴하였고 그 뒤로 항해 강사로 활동하기도 하였다. 론은 10년 동안 줄곧 카탈로그(우편 주문)를 사용해 온 우수 고객이다. 그는 여전히 사무실에서 컴퓨터를 사용하는 데 약간의 두려움이 있지만, 웹으로 주문하는 데 어느 정도 호기심이 있기 때문에 우리로서는 시도해 볼 만하다.

테레사와 론 선장에 관한 유의사항

이 시스템에 등장인물을 추가하는 것이 가치가 있는 것인지는 논쟁의 여지가 있다. 여러분의 팀원들이 시스템이 만족시켜야만 하는 민감한 사용자 스토리를 생각해 내는 데 도움을 주는 경우에만 등장인물을 추가하도록 한다. 이 장에서 기술한 South Coast Nautical Supplies의 시스템에서는 이러한 추가 작업이 가치가 없을 수도 있다.

하지만 '등장인물 추가하기' 기법을 여러분의 툴 박스에 추가하는 것은 가치가 있으며, 나는 좀더 완전한 예제를 제공하기 위하여 테레사와 론 선장을 추가하였다.

18장

스토리 작성

 스토리의 초기 목록을 작성하기 위해, 팀은 한두 시간 정도를 할애하여 가능한 많은 스토리를 작성할 수 있도록 스토리 작성 워크숍을 실시하기로 결정하였다. 스토리를 작성할 때는 관련된 사용자 역할이나 등장인물에 상관없이 일단 스토리를 작성해 나가는 방식을 택할 수도 있고, 특정 사용자 역할이나 등장인물을 선택하여 관련된 스토리를 전부 작성한 후에 다음 역할이나 등장인물로 넘어가는 방식을 택할 수도 있다. 어떤 방식을 택하더라도 동일한 결과를 얻을 것이다. 이번 장에서는 팀원들이 논의를 통해 사용자 역할과 등장인물을 순차적으로 선택하여 작업하기로 하였다.

테레사 관련 스토리

 팀은 앞 장에서 식별된 등장인물인 테레사부터 시작하기로 결정하였는데, 그 이유는 팀 내에서 고객 역할을 맡은 로리가 새로운 웹 사이트는 테레사를 만족시키는 것이 아주 중요하다고 언급했기 때문이었다. 팀은 테레사가 신속함과 편리함을 추구한다는 것을 알고 있다. 테레사는 진정한 파워 유저며, 그녀가 원하는 것을 신속하게 찾을 수 있도록 도와줄 수만 있다면 조금 복잡하더라도 개의치 않을 것이다. 팀이 작성한 첫 번째 스토리는 스토리 카드 18.1이다.

▶ 스토리 카드 18.1

> 사용자는 저자, 제목 또는 ISBN 번호로 책을 찾을 수 있다.

개발자들은 이 스토리에 대해 몇 가지 의문이 생겼다. 예를 들면 사용자가 동시에 저자와 제목, ISBN 번호를 모두 사용하여 검색할 수 있는 것인지, 아니면 사용자가 한 번에 하나의 조건만을 사용하여 검색할 수 있도록 하는 것인지 분명하지 않다. 하지만 지금은 이러한 질문들을 남겨두고 보다 근본적인 스토리를 기술하는 것에 초점을 맞추었다.

다음으로 로리는 사용자가 책을 검색한 후 해당 도서의 상세 정보를 볼 수 있어야 한다고 말했다. 그녀는 상세 정보의 예를 몇 가지 제시한 후 스토리 카드 18.2를 작성하였다.

▶ 스토리 카드 18.2

> 사용자는 책의 상세 정보를 볼 수 있다.
> 예) 쪽 수, 출간일 및 책 내용에 대한 간단한 설명문 등.

십중팔구 여기서 언급한 세 가지 상세 정보 외에도 그녀가 원하는 정보들이 더 있겠지만, 개발자들은 나중에 이 스토리를 코딩할 준비가 되었을 때 그녀에게 물어볼 수 있다.

전형적인 전자상거래 사이트처럼, 팀은 사용자에게 '장바구니' 기능이 필요할 것이고 장바구니에 넣어둔 책을 구매할 거라는 것을 알고 있다. 또한 고객 로리는 사용자들이 주문하기 전에 장바구니에서 책을 삭제할 수 있는 기회를 주어야 한다고 말했다. 이는 스토리 카드 18.3과 스토리 카드 18.4를 작성토록 하였다.

▶ 스토리 카드 18.3

> 사용자는 장바구니에 책을 넣어 두고 쇼핑을 마친 뒤에 구입할 수 있다.

> 사용자는 주문을 완료하기 전에 장바구니에서 책을 제거할 수 있다.

◀ 스토리 카드 18.4

실제로 신용카드로 주문을 처리하기 위해서는 시스템이 신용카드 정보와 몇 가지 주소 정보를 알아야 한다. 이와 관련된 스토리 카드 18.5를 작성해 보았다.

> 책을 구입하기 위해 사용자는 청구지 주소, 배송지 주소 및 신용카드 정보를 입력한다.

◀ 스토리 카드 18.5

로리는 개발자들에게 테레사가 항해를 한 지 4년 밖에 되지 않아서 그녀가 원하는 책이 무엇인지 정확히 모를 수도 있다는 점을 상기시켜 주었다. 테레사가 책을 고르는 데 도움을 주기 위해서 이 사이트는 고객들이 책을 평가하고 서평을 쓸 수 있는 기능을 제공해야 한다. 이 내용은 스토리 카드 18.6에 기술하였다.

> 사용자는 책에 평가점수를 매기고 서평을 작성할 수 있다.

◀ 스토리 카드 18.6

테레사는 가능한 신속하게 주문할 수 있기를 원하기 때문에, 팀은 시스템이 배송지 정보와 요금청구 정보를 기억할 필요가 있다고 판단하였다. 그러나 '비항해 선물 구매자'와 같은 역할의 고객들 중 일부는 책을 자주 구매하지 않을 것이므로 계정을 만드는 일을 번거로워 할 수도 있다. 이와 유사하게 새로운 웹 사이트를 이용하는 데 약간의 망설임을 느끼는 론 선장 같은 사람에게 첫 주문에서 별도의 추가적인 절차[1]를 수행하게 하는 것은 그를 성가시게 할 수 있다. 따라서 로리는 사용자가 계정이 있든 없든 책을 주문할 수 있어야 한다고 결정하고, 스토리 카드 18.7과 스토리 카드

[1] 역자 주: 계정을 만드는 데 필요한 절차.

18.8을 작성하였다.

▶스토리 카드 18.7

> 사용자는 배송지 정보와 요금청구 정보를 기억하는 계정을 만들 수 있다.

▶스토리 카드 18.8

> 사용자는 자신의 계정 정보를 수정할 수 있다(신용카드, 배송지 주소, 청구지 주소 등).

또한 팀은 테레사가 오늘 당장 구입할 것은 아니지만 추후에 사려는 아이템을 위시리스트에 넣기를 원할 것임을 알고 있다. 그녀는 위시리스트에 있는 책을 자신이 나중에 구입하거나, 남편 톰을 졸라 위시리스트의 책을 구입하게 할 것이다. 그래서 로리는 스토리 카드 18.9와 스토리 카드 18.10을 작성하였다.

우리는 누가 스토리 카드 18.10을 프로그래밍하든지 사용자가 자신이나 다른 사람의 위시리스트에서 책을 고를 수 있어야 한다는 점을 분명히 하고 싶었다. 이 내용을 잊지 않기 위하여 카드에 메모를 남겼다(여기서는 괄호를 사용하여 작성하였음).

▶스토리 카드 18.9

> 사용자는 사이트의 다른 방문객들이 열람할 수 있는 '위시리스트'에 책을 담아 둘 수 있다.

▶스토리 카드 18.10

> 사용자는 위시리스트에서 (심지어 다른 사용자의 위시리스트에서도) 아이템을 선택하여 자신의 장바구니에 넣을 수 있다.

테레사에게는 얼마나 빨리 구매할 수 있는가가 중요하기 때문에, 로리는 추가로 책을 주문하는 데 걸리는 시간과 관련된 성능 제약사항을 식별하였다. 로리는 이것을 스토리 카드 18.11에 기술하였다.

◀스토리 카드 18.11

> 단골고객은 90초 내에 책 한 권을 찾아 주문을 완료할 수 있어야 한다.
> (제약사항)

여기서 로리는 단골고객이 책을 찾아 주문을 완료하는 데 걸리는 시간에 초점을 맞추었다. 이것은 웹 사이트에서 사용자가 겪을 수 있는 모든 사항들을 반영한 좋은 성능 요구사항이다. 사용자 인터페이스가 너무 복잡해서 검색 화면을 접하는 데 3분이 걸린다면, 엄청나게 빠른 데이터베이스 질의와 미들웨어도 아무 가치가 없다. 이 스토리는 '검색은 반드시 2초 내에 완료되어야 한다'와 같은 스토리보다 바람직하다. 물론, 로리가 시스템의 성능에 대해 더 많은 제약사항들을 추가할 수 있겠지만, 대개 이 스토리처럼 전반적인 사항의 것을 골라 내는 것으로 충분하다.

론 선장 관련 스토리

숙련된 선원인 테레사와 관련된 스토리를 거의 다 작성하였다. 이어서 팀원들은 론 선장에 초점을 맞추기로 하였다. 항해 학교를 운영하는 론 선장은 테레사에 비해 컴퓨터를 약간 두려워 한다. 론 선장이 사이트에 방문할 때에는 자신이 찾는 것이 무엇인지를 정확하게 아는 경우가 대부분이다. 로리는 스토리 카드 18.12와 스토리 카드 18.13을 작성하였다.

◀스토리 카드 18.12

> 사용자는 자신의 모든 주문 이력을 볼 수 있다.

▶ 스토리 카드 18.13

> 사용자는 과거 주문내역을 보고 손쉽게 다시 구입할 수 있다.

　　이러한 스토리들은 론 선장이 과거 주문내역을 돌이켜보고 주문 목록에서 아이템들을 다시 구입할 수 있도록 해준다. 하지만 로리는 론 선장이 구입하진 않았지만 최근에 본 아이템 중에서 구입하기를 원할지도 모른다고 지적하였다. 로리는 스토리 카드 18.14를 작성하였다.

▶ 스토리 카드 18.14

> 사이트는 항상 고객이 최근에 본 아이템을 3개(?)까지 보여주고 각 아이템을 열어 볼 수 있도록 링크를 제공한다.(이것은 세션이 바뀌어도 동작해야 한다.)

'초급 선원' 관련 스토리

　　다음으로 팀은 '초급 선원' 역할을 고려하기로 하였다. '초급 선원'의 요구사항은 상당 부분 테레사와 론 선장의 요구사항과 겹친다. 그래도 로리는 초급 선원에게 우리가 제공하는 추천도서 목록을 볼 수 있게 하는 것이 도움이 될 거라고 판단하였다. 이를 통해 그는 다양한 주제에 걸친 우리의 추천서들을 찾아 볼 수 있을 것이다. 로리는 스토리 카드 18.15를 작성하였다.

▶ 스토리 카드 18.15

> 사용자는 다양한 주제에 대해 우리가 추천하는 도서들을 볼 수 있다.

'비항해 선물 구매자' 관련 스토리

　　팀은 '비항해 선물 구매자' 역할로 옮겨, 어떻게 하면 구매자가 다른 사람의 위시리스트를 쉽게 찾을 수 있을 것인지에 대해 토론하였다. 팀원들은 다양한 설계 방법과 어떤 필드를 검색에 사용할 것인지 등을 이야기하다가, 그러한 설계와 관련된 논의는 뒤로 미루어야 한다는 것을 깨달았다. 이번 회의에서 구체적인 기능들을 설계하는 대신, 로리는 스토리 카드 18.16을 작성하였다.

> 사용자(특히 '비행해 선물 구매자')는 다른 사용자의 위시리스트를 쉽게 찾을 수 있다.

◀ 스토리 카드 18.16

또한 로리는 선물 카드를 동봉하거나 책을 포장할 것인지의 여부를 고객이 지정할 수 있게 해야 한다는 것을 안다. 그녀는 스토리 카드 18.17과 스토리 카드 18.18을 작성하였다.

> 사용자는 아이템을 선물 포장하도록 지정할 수 있다.

◀ 스토리 카드 18.17

> 사용자는 선물 카드를 동봉하도록 선택할 수 있으며 카드에 들어갈 메시지를 직접 작성할 수 있다.

◀ 스토리 카드 18.18

'보고서 열람자' 관련 스토리

로리는 시스템이 구매 기록이나 웹 사이트 트래픽 통계 정보에 관한 보고서를 생성할 필요가 있다고 말했다. 그녀가 아직 보고서의 상세한 부분까지는 생각하지 않았기 때문에, 개발자들은 추후 보고서 기능을 개발할 때 기억할 수 있을 정도의 내용을 담는 간단한 스토리를 작성하였다. 그들은 나중에 보고서의 구체적인 내용들을 결정하게 될 것이다. 일단 로리가 스토리 18.19를 작성하였다.

▶ 스토리 카드 18.19

> '보고서 열람지'는 날짜 별/분기 별 구매 취소 건, 트래픽, 가장 많이 팔린 혹은 가장 적게 팔린 도시 등에 관한 보고서를 열람할 수 있다.

로리는 보고서에 민감한 정보가 포함된다는 것을 상기하였다. 따라서 보고서는 사이트에서 일반 고객에게 노출되면 안 되며, 회사 내부의 특정 사람들만 열람할 수 있어야 한다. 이 스토리는 하나의 보고서를 볼 수 있으면 모든 보고서를 볼 수 있다는 의미일 수도 있고, 보고서 중에서도 일부 보고서만을 볼 수 있다는 의미일 수도 있다. 개발자들이 당장 이러한 사항을 로리에게 물어보지는 않았고, 로리는 스토리 카드 18.20 을 작성하였다.

▶ 스토리 카드 18.20

> 사용자는 보고서를 열람하기 전에 반드시 적절한 인증절차를 거쳐야 한다.

보고서를 의미 있게 만들기 위해서, 로리는 웹 사이트에서 사용되는 데이터베이스가 기존의 전화 기반 시스템에서 사용되던 데이터베이스여야 한다는 것을 언급하였다. 로리는 스토리 카드 18.21의 제약사항을 기술하였다.

▶ 스토리 카드 18.21

> 웹 사이트에서 발생하는 주문은 전화 주문과 동일한 주문 데이터베이스에 기록되어야 한다.
> (제약사항)

몇 가지 관리자 스토리

이 시점에서 관리자 역할로 관심을 이동하여 보자. 팀은 곧바로 스토리 카드 18.22 와 스토리 카드 18.23을 생각하였다.

관리자는 사이트에 새로운 책을 추가할 수 있다.

◀ 스토리 카드 18.22

관리자는 서평이 사이트에 올라가기 전에 승인하거나 거부할 필요가 있다.

◀ 스토리 카드 18.23

새로운 책을 추가한다는 스토리는, 관리자가 책을 삭제하거나 어떤 책에 대해 부정확한 정보를 입력한 경우 그 내용을 편집할 수 있어야 한다는 것을 팀원들에게 상기시켰다. 스토리 카드 18.24와 스토리 카드 18.25는 이렇게 작성된 것들이다.

관리자는 책을 삭제할 수 있다.

◀ 스토리 카드 18.24

관리자는 기존 책에 관한 정보를 편집할 수 있다.

◀ 스토리 카드 18.25

정리

이제 스토리 작성하는 일에 끝이 보인다. 여태까지는 각 스토리가 쉽게 떠올랐지만, 이제 로리는 무엇이 남았는지 생각하고 있다. 프로젝트가 점진적이고 반복적인 개발 프로세스를 사용하여 진행될 것이기 때문에 프로젝트 초기에 모든 스토리를 생각해 내는 것은 중요치 않다. 하지만 그녀가 시스템을 구축하는 데 얼마나 오래 걸릴 것인지를 초기에 추정해 보길 원하기 때문에, 팀은 과도한 시간을 소모하지 않는 수준에서 좀더 생각해 보길 원한다. 만약 로리가 개발을 시작한 후에 새로운 스토리를 떠올렸다면, 그녀는 그것을 이번 릴리즈에 추가하고 반대로 기존의 릴리즈 내에 있던 유사한 작업 분량을 가진 스토리를 밖으로 뺄지를 결정해야 할 것이다.

개발자들이 로리에게 빠뜨린 다른 스토리가 있는지 묻자, 그녀는 스토리 카드 18.26을 작성하였다.

▶ 스토리 카드 18.26

> 사용자는 자신이 최근에 한 주문의 상태를 확인할 수 있다. 만약 주문한 것이 발송되지 않았다면 책을 추가 혹은 삭제하거나, 배송 방법을 변경하거나, 배송지 주소와 신용카드 정보를 변경할 수 있다.

로리는 또한 개발자들에게 시스템은 확장성(scalability)이 있어야 한다는 것을 언급하였다. 그것은 대단한 수준의 것은 아니고 적어도 50명의 동시 사용자를 처리할 수 있어야 한다는 것이었다. 팀은 이러한 제약사항을 스토리 카드 18.27에 기술하였다.

▶ 스토리 카드 18.27

> 시스템은 최대 50명의 동시 사용자 접근을 처리할 수 있어야 한다.
> (제약사항)

19장

스토리 추정

스토리 작성 워크숍을 통해 27개의 스토리를 얻었으며, 표 19.1에 정리하였다. 다음 목표는 개발자들이 완수하려는 것이 무엇인지와 사장의 30일 데드라인 내에 사이트가 작동할 수 있을지에 대해 고객인 로리에게 보여줄 릴리즈 계획을 작성하는 것이다. 십중팔구 30일 내에 완료할 수 있는 것보다 많은 일이 있을 것이기 때문에 개발자들은 로리와 함께 스토리에 우선순위를 부여하는 작업을 신중히 할 필요가 있다.

표 19.1 초기의 스토리 집합

스토리 텍스트
사용자는 저자, 제목 또는 ISBN 번호로 책을 찾을 수 있다.
사용자는 책의 상세 정보를 볼 수 있다.
예) 쪽 수, 출간일 및 책 내용에 대한 간단한 설명문 등.
사용자는 '장바구니'에 책을 넣어 두고 쇼핑을 마친 뒤에 구입할 수 있다.
사용자는 주문을 완료하기 전에 장바구니에서 책을 제거할 수 있다.
책을 구입하기 위해 사용자는 청구지 주소, 배송지 주소 및 신용카드 정보를 입력한다.
사용자는 책에 평가점수를 매기고 서평을 작성할 수 있다.
사용자는 배송지 정보와 요금청구 정보를 기억하는 계정을 만들 수 있다.
사용자는 자신의 계정 정보를 수정할 수 있다(신용카드, 배송지 주소, 청구지 주소 등).
사용자는 사이트의 다른 방문객들이 열람할 수 있는 '위시리스트'에 책을 담아 둘 수 있다.
사용자는 위시리스트에서 (심지어 다른 사용자의 위시리스트에서도) 아이템을 선택하여 자신의 장바구니에 넣을 수 있다.
단골고객은 90초 내에 책 한 권을 찾아 주문을 완료할 수 있어야 한다.

스토리 텍스트

사용자는 자신의 모든 주문 이력을 볼 수 있다.

사용자는 과거 주문내역을 보고 손쉽게 다시 구입할 수 있다.

사이트는 항상 고객 자신이 최근에 본 아이템을 3개(?)까지 보여주고 각 아이템을 열어볼 수 있도록 링크를 제공한다. (이것은 세션이 바뀌어도 동작해야 한다)

사용자는 다양한 주제에 대해 우리가 추천하는 도서들을 볼 수 있다.

사용자(특히 '비항해 선물 구매자')는 다른 사용자의 위시리스트를 쉽게 찾을 수 있다.

사용자는 아이템을 선물 포장하도록 지정할 수 있다

사용자는 선물 카드를 동봉하도록 선택할 수 있으며 카드에 들어갈 메시지를 직접 작성할 수 있다.

'보고서 열람자'는 날짜 별/분류 별 구매 취소 건, 트래픽, 가장 많이 팔린 혹은 가장 적게 팔린 도서 등에 관한 보고서를 열람할 수 있다.

사용자는 보고서를 열람하기 전에 반드시 적절한 인증절차를 거쳐야 한다.

웹 사이트에서 발생하는 주문은 전화 주문과 동일한 주문 데이터베이스에 기록되어야 한다.

관리지는 사이트에 새로운 책을 추가할 수 있다.

관리지는 서평이 사이트에 올라가기 전에 승인하거나 거부할 필요가 있다.

관리지는 책을 삭제할 수 있다.

관리지는 기존 책에 관한 정보를 편집할 수 있다.

사용자는 자신이 최근에 한 주문의 상태를 확인할 수 있다. 만약 주문한 것이 발송되지 않았다면 책을 추가 혹은 삭제하거나, 배송 방법을 변경하거나, 배송지 주소와 신용카드 정보를 변경할 수 있다.

시스템은 최대 50명의 동시 사용자 접근을 처리할 수 있어야 한다.

릴리즈 계획을 만들기 위해서는 각 스토리에 대한 추정이 필요하다. 8장 「사용자 스토리 추정」에서 배운 바와 같이, 개발자들은 스토리 점수를 사용하여 스토리를 추정할 것이다. 스토리 점수는 이상적 작업일(혹은 시간), 복잡도 또는 기타 팀에게 의미 있는 측정지표를 나타낸다.

첫 스토리

리스트의 첫 스토리('사용자는 저자, 제목 또는 ISBN 번호로 책을 찾을 수 있다')부터 시작할 필요는 없지만, 이 경우 첫 스토리는 추정하기 위한 좋은 출발점이다. 로리가 이 스토리를 작성할 때 개발자들은 동시에 세 가지 필드 전부 사용하여 검색할 수 있다는 것인지, 한 번에 하나의 필드만 사용하여 검색할 수 있다는 것인지 확실하지 않았다. 로리의 응답에 따라 추정치가 달라질 것이므로 그녀에게 물어보아야 한다.

물론 로리는 두 가지를 모두 원한다고 말했다. 그녀는 하나의 필드로 저자와 제목을 모두 검색하는 기본 검색 모드를 원한다. 그리고 조합을 통해 세 가지 필드 전부 혹은 일부만을 사용하여 검색하는 고급 검색 화면을 원한다. 두 가지 검색 모드를 지원하는 것이 그렇게 큰 스토리는 아니지만, 모드를 구분하여 나누는 것이 좋겠다는 점에 모두가 동의하였다. 그래서 처음 스토리 카드를 찢고 스토리 카드 19.1과 스토리 카드 19.2로 대체하였다.

◀스토리 카드 19.1

> 사용자는 검색어를 사용하여 저자와 제목 필드를 모두 검색하는 간단한 기본 검색을 할 수 있다

◀스토리 카드 19.2

> 사용자는 저자, 제목, ISBN의 어떠한 조합이든 입력하여 책을 검색할 수 있다

스토리를 추정하기 위하여 레이프와 제이, 마리아 세 프로그래머와 고객인 로리가 한 방에 모였다. 이들은 스토리 카드 뭉치와 몇 개의 빈 인덱스 카드 뭉치를 가지고 왔다. 프로그래머들은 스토리 카드 19.1에 대해 이야기하면서 몇 가지 세부사항을 분명히 하기 위해 로리에게 질문하였다. 그리고 각 개발자는 자신의 추정치를 인덱스 카드에 기술하였다. 모두가 작업을 마친 후에 각 개발자들은 자신의 카드를 들어올려 모든 이들이 볼 수 있게 하였다. 그들은 다음과 같이 작성하였다.

레이프 : 1

제   이 : $\frac{1}{2}$

마리아 : 2

세 명의 개발자는 자신들의 추정치를 놓고 토론하였다. 마리아는 왜 이 스토리가 2점을 받을 만한 가치가 있는지 설명하였다. 그녀는 검색엔진을 선정하고 검색엔진과 연동하는 것이 완료되어야만 스토리를 수행할 화면들을 작성할 수 있다고 하였다. 제이는 왜 그렇게 작게 추정하였는지 설명하였는데, 자신이 검색 옵션 같은 것들에 친숙하고 진행할 방향에 대해 상당히 자신 있다고 하였다.

모두에게 새롭게 추정하여 카드에 작성하라고 하였다. 개발자들이 카드를 내려 추정치를 입력하고 다시 카드를 들었을 때 결과는 다음과 같았다.

레이프 : 1

제   이 : 1

마리아 : 1

이것은 꽤나 간단했다. 제이는 자신의 추정치를 올렸고 마리아는 처음에 생각한 것보다 빨리 스토리를 개발할 수 있을 거라는 확신이 생겼다. 이제 모두 스토리 카드 19.1에 대해 스토리 점수 1점을 추정치로 부여하였다. 그들은 표 19.2에 나타난 바와 같이 추정치를 기술하기 시작하였다.

표 19.2 추정치 기록 시작하기

스토리	추정치
사용자는 검색어를 사용하여 저자와 제목 필드를 모두 검색하는 간단한 기본 검색을 할 수 있다.	1

여기서 주의할 점은, 고객인 로리는 개발자들이 추정하는 동안 함께 있지만 추정하지는 않는다는 것이다. 그녀가 이 프로젝트의 프로그래머가

아니기 때문에 추정하는 것은 허용되지 않는다. 나아가 추정치에 놀라거나 쇼크를 받았다는 것을 표현해서도 안 된다. 만약 그녀가 그렇게 한다면 추정의 의미가 퇴색될 것이다. 물론 로리 자신에게 추정치가 과대 혹은 과소 예측된 것으로 들린다면 개발자들에게 몇 가지 지침을 제공하거나 설명을 할 필요는 있다. 예를 들어 "여러분이 왜 10 점을 부여했는지 이해했습니다만, 저는 더욱 더 간단한 작업을 요청합니다. 제가 정말로 원하는 것은……" 하고 이야기할 수도 있을 것이다.

고급 검색

고급 검색에 관한 스토리 카드 19.2를 살펴보자. 프로그래머들은 다시 자신들의 추정치를 인덱스 카드에 적고 동시에 카드를 들어 올렸다.

레이프: 2
제 이: 1
마리아: 2

레이프는 고급 검색이 기본 검색보다 검색할 것이 많으므로 좀 오래 걸릴 거라고 했다. 제이는 그 말에 동의했지만 기본 검색이 이미 코딩되었으므로 고급 검색 기능을 추가한다고 해서 그렇게 오래 걸리지는 않을 거라고 말했다. 하지만 마리아는 두 스토리가 서로 독립적이고 어떤 스토리가 우선하는지 알 수 없다고 했다. 고객인 로리는 어느 것을 먼저 해야 할지 분명하지 않다고 하였다. 기본 검색을 먼저 개발하는 쪽으로 마음이 기울기는 했지만, 각각의 추정치(즉, 비용)를 알지 못하는 한 분명하지 않다고 하였다.

다음 라운드[1]를 거친 후, 기본 검색보다 고급 검색의 작업량이 더 많다는 점에 모두 동의하였다. 하지만 기본 검색과 비교하여 큰 차이가 없다고 판단하여 다시 1점을 부여하였다.

1) 역자 주: 서로 생각을 경청하고 다시 추정하여 공유하는 한 주기.

그 다음 몇 개의 스토리는 추정하기에 직관적이어서 분리할 필요가 없었다. 개발자들은 표 19.3에서 보이는 추정치 목록까지 만들었다.

표 19.3 추정치 목록 만들기

스토리	추정치
사용자는 검색어를 사용하여 저자와 제목 필드를 모두 검색하는 간단한 기본 검색을 할 수 있다.	1
사용자는 저자, 제목, ISBN의 어떠한 조합이든 입력하여 책을 검색할 수 있다.	1
사용자는 책의 상세 정보를 볼 수 있다. 예) 쪽 수, 출간일 및 책 내용에 대한 간단한 설명문 등.	1
사용자는 '장바구니' 에 책을 넣어 두고 쇼핑을 마친 뒤에 구입할 수 있다.	1
사용자는 주문을 완료하기 전에 자신의 장바구니에서 책을 제거할 수 있다.	½
책을 구입하기 위해 사용자는 청구지 주소, 배송지 주소 및 신용카드 정보를 입력한다.	2

평가점수를 매기고 서평 작성하기

다음 스토리인 '사용자는 책에 평가점수를 매기고 서평을 작성할 수 있다' 는 조금 어렵다. 추정치를 쓰고 서로 보여주기 전에 개발자들은 이 스토리에 대해 이야기한다. 평가점수를 매기는 부분은 어려워보이지 않지만 서평 작성 기능은 좀더 복잡해 보인다. 개발자들은 사용자가 서평을 입력할 수 있는 화면을 만들어야 하며 입력한 것을 미리 볼 수 있도록 할 필요도 있다. 서평은 텍스트로만 입력하는가 아니면 HTML로 입력할 수도 있는가? 책을 구입한 사용자들만 서평을 작성할 수 있도록 할 것인가?

서평은 책에 평가점수를 매기는 것보다 더 많은 것을 포함하기 때문에, 우리는 스토리를 분리하기로 결정하였다. 스토리 카드 19.3과 스토리 카드 19.4가 그것이다.

> 사용자는 책에 1(나쁨)부터 5(좋음)까지 평가점수를 매길 수 있다. 점수는 우리 사이트에서 책을 구입하지 않았더라도 부여할 수 있다.

◀스토리 카드 19.3

> 사용자는 책에 서평을 쓸 수 있다. 사용자는 서평을 올리기 전에 미리보기할 수 있다. 서평은 우리 사이트에서 책을 구입하지 않았더라도 작성할 수 있다.

◀스토리 카드 19.4

프로그래머들은 스토리 카드 19.3에 2점을 부여했고 스토리 카드 19.4에는 4점을 부여했다.

그들은 책에 평가점수를 매기고 서평을 작성하는 것에 대해 고민하면서, '관리자는 서평이 사이트에 올라가기 전에 승인하거나 거부할 필요가 있다'는 스토리도 함께 고려하였다. 이 스토리는 실제로 간단할 수도 있고 더 많은 것을 포함할 수도 있다. 즉, 관리자가 서평을 받아들이지 않은 이유를 설명해서 서평 작성자에게 이메일을 보낼 수도 있을 것이다. 프로그래머들은 로리가 복잡한 것을 원하지 않을 것이라 생각했기 때문에, 토론 후 이 스토리를 2점으로 추정하였다.

사용자 계정

다음 스토리인 '사용자는 배송지 정보와 요금청구 정보를 기억하는 계정을 만들 수 있다'는 직관적이어서 개발자들이 2점으로 추정하였다.

다음으로, 개발자들은 '사용자는 자신의 계정 정보를 수정할 수 있다(신용카드, 배송지 주소, 청구지 주소 등)' 스토리를 추정하기 시작하였다. 스토리가 아주 크지는 않지만 쉽게 나눌 수 있어 보인다. 이와 같이 스토리를 나누는 것은 대개 바람직하다. 스토리를 나눔으로써 릴리즈 계획을 수립하기가 더 유연해지고 고객이 훨씬 세밀하게 작업의 우선순위를 결정할 수 있기 때문이다. 로리의 의견은, 신용카드 정보를 수정하는 것은 꼭 필요한 것이므로 당장 구현되어야 하지만, 사용자의 주소를 수정하는 것은 몇 번의 이터레이션을 기다려도 괜찮다는 것이었다. 이에 따라 원래의 스토리를 분리하여 스토리 카드 19.5와 스토리 카드 19.6을 작성하였다. 두 스토리 모두 어려운 것이 아니므로 프로그래머들은 스토리 카드 19.5에 1/2점을, 스토리 카드 19.6에는 1점을 부여하였다.

▶스토리 카드 19.5

> 사용자는 자신의 계정에 저장된 신용카드 정보를 수정할 수 있다.

▶스토리 카드 19.6

> 사용자는 자신의 계정에 저장된 배송지와 청구지 주소를 수정할 수 있다.

추정치 마무리하기

남은 스토리들을 지금까지와 동일한 절차로 수행하였다. 그 중에서 몇 가지 살펴볼 가치가 있는 스토리들만 언급해 보자. 첫 번째는 내용이 막연한 '사용자(특히 '비항해 선물 구매자')는 다른 사용자의 위시리스트를 쉽게 찾을 수 있다' 는 스토리다. 사용자가 어떻게 위시리스트를 검색할 수 있는지 로리의 생각을 물어보았더니, 그녀는 스토리 카드 19.7과 같이 충분히 상세한 스토리를 제공하였다.

▶스토리 카드 19.7

> 사용자(특히 '비항해 선물 구매자')는 위시리스트의 소유자 이름과 주(state)를 기준으로 위시리스트를 검색할 수 있다.

다음은 모든 사람들이 분리하기로 한 '사용자는 자신이 최근에 한 주문의 상태를 확인할 수 있다. 만약 주문한 것이 발송되지 않았다면 책을 추가 혹은 삭제하거나, 배송 방법을 변경하거나, 배송지 주소와 신용카드 정보를 변경할 수 있다'는 스토리다. 이 스토리를 둘로 나눠, 첫 번째 스토리는 최근 주문의 상태를 확인하는 것으로, 두 번째 스토리는 아직 발송되지 않은 주문을 수정하는 것으로 하였다. 이 스토리들은 스토리 카드 19.8과 스토리 카드 19.9에서 살펴볼 수 있다.

◀스토리 카드 19.8

> 사용자는 자신이 최근에 한 주문의 상태를 확인할 수 있다.

◀스토리 카드 19.9

> 만약 주문한 것이 발송되지 않았다면 책을 추가 혹은 삭제하거나, 배송 방법을 변경하거나, 배송지 주소와 신용카드 정보를 변경할 수 있다.

마지막으로 아래 세 스토리는 제약사항에 관한 것이다.

- 단골고객은 90초 이내에 책 한 권을 찾아 주문을 완료할 수 있어야 한다.
- 웹 사이트에서 발생하는 주문은 전화 주문과 동일한 주문 데이터베이스에 기록되어야 한다.
- 시스템은 최대 50명의 동시 사용자 접근을 처리할 수 있어야 한다.

위 스토리들은 제약사항으로서 다른 스토리에 영향을 미치지만 그 자체로는 따로 코딩할 필요가 없다.

최종 추정 결과

표 19.4는 모든 스토리에 대한 추정치를 나타낸다.

표 19.4 스토리와 추정치의 최종 목록

스토리	추정치
사용자는 검색어를 사용하여 저자와 제목 필드를 모두 검색하는 간단한 기본 검색을 할 수 있다.	1
사용자는 저자, 제목, ISBN의 어떠한 조합이든 입력하여 책을 검색할 수 있다.	1
사용자는 책의 상세 정보를 볼 수 있다. 예) 쪽 수, 출간일 및 책 내용에 대한 간단한 설명문 등.	1
사용자는 책을 '장바구니'에 넣어 두고 쇼핑을 마친 뒤에 구입할 수 있다.	1
사용자는 주문을 완료하기 전에 장바구니에서 책을 제거할 수 있다.	½
책을 구입하기 위해 사용자는 청구지 주소, 배송지 주소 및 신용카드 정보를 입력한다.	2
사용자는 책에 1(나쁨)부터 5(좋음)까지 평가점수를 매길 수 있다. 점수는 우리 사이트에서 책을 구입하지 않았더라도 부여할 수 있다.	2
사용자는 책에 서평을 쓸 수 있다. 사용자는 서평을 올리기 전에 미리보기할 수 있다. 서평은 우리 사이트에서 책을 구입하지 않았더라도 작성할 수 있다.	4
관리자는 서평이 사이트에 올라가기 전에 승인하거나 거부할 필요가 있다.	2
사용자는 배송지 정보와 요금청구 정보를 기억하는 계정을 만들 수 있다.	2
사용자는 자신의 계정에 저장된 신용카드 정보를 수정할 수 있다.	½
사용자는 자신의 계정에 저장된 배송지와 청구지 주소를 수정할 수 있다.	1
사용자는 사이트의 다른 방문객들이 열람할 수 있는 '위시리스트'에 책을 담아 둘 수 있다.	2
사용자(특히 '비항해 선물 구매자')는 위시리스트의 소유자 이름과 주(state)를 기준으로 위시리스트를 검색할 수 있다.	1
사용자는 자신이 최근에 한 주문의 상태를 확인할 수 있다.	½
만약 주문한 것이 발송되지 않았다면 책을 추가 혹은 삭제하거나, 배송 방법을 변경하거나, 배송지 주소와 신용카드 정보를 변경할 수 있다.	1
사용자는 위시리스트에서(심지어 다른 사람의 위시리스트에서도) 아이템을 선택하여 자신의 장바구니에 넣을 수 있다.	½
단골고객은 90초 이내에 책 한 권을 찾아 주문을 완료할 수 있어야 한다.	0
사용자는 자신의 모든 주문 이력을 볼 수 있다.	1
사용자는 과거 주문 내역을 보고 손쉽게 다시 구입할 수 있다.	½

스토리	추정치
사이트는 항상 고객 자신이 최근에 본 아이템을 3개(?)까지 보여주고 각 아이템을 열어볼 수 있도록 링크를 제공한다. (이것은 세션이 바뀌어도 동작해야 한다)	1
사용자는 다양한 주제에 대해 우리가 추천하는 도서들을 볼 수 있다.	4
사용자는 아이템을 선물 포장하도록 지정할 수 있다	$\frac{1}{2}$
사용자는 선물 카드를 동봉하도록 선택할 수 있으며 카드에 들어갈 메시지를 직접 작성할 수 있다.	$\frac{1}{2}$
'보고서 열람자'는 날짜 별/분류 별 구매 취소 건, 트래픽, 가장 많이 팔린 혹은 가장 적게 팔린 도서 등에 관한 보고서를 열람할 수 있다.	8
사용자는 보고서를 열람하기 전에 반드시 적절한 인증절차를 거쳐야 한다.	1
웹 사이트에서 발생하는 주문은 전화 주문과 동일한 주문 데이터베이스에 기록되어야 한다.	0
관리자는 새로운 책을 사이트에 추가할 수 있다.	1
관리자는 책을 삭제할 수 있다.	$\frac{1}{2}$
관리자는 기존 책에 관한 정보를 편집할 수 있다.	1
시스템은 최대 50명의 동시 사용자 접근을 처리할 수 있어야 한다.	0

20장

릴리즈 계획

릴리즈 계획을 수립하기 위해서는 다음 단계가 필요하다.

1. 이터레이션 길이 선택
2. 속도 추정
3. 스토리에 우선순위 부여
4. 스토리들을 하나 또는 여러 이터레이션에 할당

새로운 웹 사이트의 기능은 4주 안에 이용할 수 있어야 하기 때문에, 팀은 2주 길이의 이터레이션을 사용하기로 결정하였다. 이로써 팀은 마감일까지 두 번의 이터레이션을 수행할 수 있을 것이다. 가장 우선순위가 높은 기능을 첫 번째 이터레이션에 배치하여 완성을 보장할 수 있다. 첫 번째 이터레이션이 끝나면 팀은 자신들의 속도를 평가하고 두 번째 이터레이션에서 얼마나 많은 일들을 해낼 수 있는지 결정한다.

속도 추정하기

마리아와 레이프는 프로젝트에서 프로그래밍을 담당할 것이다. 제이는 추정하는 데 도움을 주었지만 다른 일 때문에 웹 사이트 개발은 도와줄 수 없게 되었다. 이번 프로젝트는 프로그래머들이 이전에 개발하였던 웹 사이트와 달라서 이전 프로젝트의 속도에 기반하여 새 프로젝트의 속도를 추정할 수 없는 상태다. 따라서 팀원들은 알고 있는 경험과 지식을 토대로 추측해야 한다.

스토리를 추정할 때 마리아와 레이프는 대충 스토리 점수 1점을 '이상적 작업일' 하루 동안 프로그래밍할 수 있는 작업이라고 정의했었다. 그들은 '이상적 작업일' 하루 분량에 해당하는 작업을 하는 데 실제 2일에서 3일이 걸릴 것으로 판단하였다. 두 명의 프로그래머가 2주(10일) 이터레이션을 수행하므로, 한 이터레이션에 20일 분량의 작업을 수행할 수 있다. 마리아와 레이프는 각 이터레이션 내에서 7점에서 10점을 완료할 수 있을 것으로 추정하였다. 첫 번째 이터레이션에서는 어느 정도 보수적 입장을 취하기로 하고 속도를 8로 추정하였다.

스토리에 우선순위 매기기

고객인 로리는 스토리에 우선순위를 매긴다. 스토리에 우선순위를 부여하는 중요한 기준은 비즈니스에 얼마나 가치를 제공할 것인가다. 하지만 로리에게는 스토리의 추정치들을 고민하는 것도 필요하다. 때때로 비즈니스 가치에 따라 높은 우선순위를 부여하려다가 비용(추정치)을 감안하여 우선순위를 낮게 부여하는 경우도 있다.

로리는 우선순위를 매기기 위해 가장 먼저 스토리 카드들을 목표한 4주 안에 구현해야 할 중요도에 따라 필수(must-have), 희망(should-have), 선택(could-have), 보류(won't-have) 네 뭉치로 분류하였다. 표 20.1은 로리의 필수 스토리 목록이다.

스토리	추정치
사용자는 검색어를 사용하여 저자와 제목 필드를 모두 검색하는 간단한 기본 검색을 할 수 있다.	1
사용자는 책을 '장바구니'에 넣어 두고 쇼핑을 마친 뒤에 구입할 수 있다.	1
사용자는 주문을 완료하기 전에 장바구니에서 책을 제거할 수 있다.	½
책을 구입하기 위해 사용자는 청구지 주소, 배송지 주소 및 신용카드 정보를 입력한다.	2
사용자는 배송지 정보와 요금청구 정보를 기억하는 계정을 만들 수 있다.	2
웹 사이트에서 발생하는 주문은 전화 주문과 동일한 주문 데이터베이스에 기록되어야 한다.	0
관리자는 새로운 책을 사이트에 추가할 수 있다.	1
관리자는 책을 삭제할 수 있다.	½
관리자는 기존 책에 관한 정보를 편집할 수 있다.	1
시스템은 최대 50명의 동시 사용자 접근을 처리할 수 있어야만 한다.	0

표 20.1 4주 동안의 초기 릴리즈를 위한 필수 스토리 목록

    로리의 필수 스토리들의 추정치 총 합은 9점이다. 속도가 8이고 두 번의 이터레이션을 돌릴 것이기 때문에, 나머지는 희망 스토리 목록에서 채워 넣을 수 있다. 로리는 그녀의 희망 스토리 뭉치에서 표 20.2의 스토리들을 끄집어 냈다. 그녀의 필수 스토리와 희망 스토리는 총 15.5점으로, 16점에 근접하므로 개발자들은 두 번의 이터레이션 내에 완료할 수 있을 거라고 생각한다.

스토리	추정
사용자는 저자, 제목, ISBN의 어떠한 조합이든 입력하여 책을 검색할 수 있다.	1
사용자는 자신의 계정에 저장된 신용카드 정보를 수정할 수 있다.	½
사용자는 자신의 계정에 저장된 배송지와 청구지 주소를 수정할 수 있다.	1
사용자는 다양한 주제에 대해 우리가 추천하는 도서들을 볼 수 있다.	4

표 20.2 릴리즈 계획에 추가한 희망 스토리 목록

완료된 릴리즈 계획

완료된 릴리즈 계획은 표 20.3에서 보는 바와 같이 한 곳에 모아두었으

며, 이 자체로 조직 내 다른 사람들과 커뮤니케이션하게 된다. 마리아와 레이프는 첫 번째 이터레이션에서 계획된 작업을 완료하기 위하여 최선을 다할 것이다. 그들이 일을 잘 해낸다면 로리와 협의하여 새로운 스토리 한두 개를 첫 번째 이터레이션으로 추가할 수도 있다. 만약 그렇지 못하다면 로리와 협의하여 첫 번째 이터레이션에서 구현해야 할 스토리 한 두 개를 두 번째 이터레이션으로 넘길 수도 있다.

표 20.3 완료된 릴리즈 계획

이터레이션 1	이터레이션 2
사용자는 검색어를 사용하여 저자와 제목 필드를 모두 검색하는 간단한 기본 검색을 할 수 있다.	관리자는 기존 책에 대한 정보를 편집할 수 있다.
사용자는 책을 '장바구니'에 넣어 두고 쇼핑을 마친 뒤에 구입할 수 있다.	사용자는 저자, 제목, ISBN의 어떠한 조합이든 입력하여 책을 검색할 수 있다.
사용자는 주문을 완료하기 전에 장바구니에서 책을 제거할 수 있다.	사용자는 자신의 계정에 저장된 신용카드 정보를 수정할 수 있다.
책을 구입하기 위해 사용자는 청구지 주소, 배송지 주소 및 신용카드 정보를 입력한다.	사용자는 자신의 계정에 저장된 배송지와 청구지 주소를 수정할 수 있다.
웹 사이트에서 발생하는 주문은 전화 주문과 동일한 주문 데이터베이스에 기록되어야 한다.	사용자는 다양한 주제에 대해 우리가 추천하는 도서들을 볼 수 있다.
사용자는 배송 정보와 요금청구 정보를 기억하는 계정을 만들 수 있다.	
관리자는 새로운 책을 사이트에 추가할 수 있다.	
관리자는 책을 삭제할 수 있다.	
시스템은 최대 50명의 동시 사용자 접근을 처리할 수 있어야 한다.	

21장

인수 테스트

스토리의 인수 테스트는 그 스토리가 완료되었는지 여부를 판단하는 데 사용된다. 여기서 완료는 고객이 인정하는 수준을 의미한다. 이는 인수 테스트를 지정하는 것이 고객의 책임이라는 의미다. 하지만 고객이 프로젝트에 할당된 테스터의 도움을 받는 경우가 많다. 이번 프로젝트는 규모가 작고 할당된 테스터가 없기 때문에 로리는 마리아와 레이프의 도움을 받았다. 이렇게 함으로써 인수 테스트의 목록을 만들어낼 수 있었지만, 그보다 더 큰 성과는 로리와 프로그래머들이 심도 있는 대화를 나눌 수 있었다는 점이다.

검색 테스트

검색 기능은 로리가 첫 번째 릴리즈에 할당할 정도로 우선순위를 높게 부여한 것으로, 스토리 카드 21.1과 스토리 카드 21.2에서 살펴볼 수 있다. 스토리 카드 21.1에 대한 테스트는 다음과 같다.

- 제목에는 나타나지만 저자에는 나타날 가능성이 희박한 단어로 검색한다. 예) '항해'
- 저자에는 나타나지만 제목에는 나타날 가능성이 희박한 단어로 검색한다. 예) '존(John)'

- 제목과 저자 양쪽에서 나타날 가능성이 희박한 단어로 검색한다.
  예) '우키'

▶ 스토리 카드 21.1

> 사용자는 검색어를 사용하여 저자와 제목 필드를 모두 검색하는 간단한 기본 검색을 할 수 있다.

스토리 카드 21.2에 대한 테스트는 다음과 같다.

- 적어도 한 권은 있는 저자와 제목의 값을 사용한다.
- 존재하지 않는 책의 저자와 제목의 값을 사용한다.
- ISBN으로 검색을 시도한다.

▶ 스토리 카드 21.2

> 사용자는 저자, 제목, ISBN의 어떠한 조합이든 입력하여 책을 검색할 수 있다.

장바구니 테스트

스토리 카드 21.3과 스토리 카드 21.4는 장바구니 사용에 관한 것이다.

▶ 스토리 카드 21.3

> 사용자는 책을 '장바구니'에 넣어 두고 쇼핑을 마친 뒤에 구입할 수 있다.

▶ 스토리 카드 21.4

> 사용자는 주문을 완료하기 전에 장바구니에서 책을 제거할 수 있다.

로리와 프로그래머들은 위의 스토리들을 논의하다가 몇 가지 명확하지 않은 문제가 남은 것을 깨달았다. 사용자가 품절된 책을 장바구니에 담을 수 있는가? 출간되지 않은 책에 대해서는 어떠한가? 추가로, 스토리 카드 21.4가 아이템을 제거하여 수량을 0으로 만드는 경우는 다루지만, 수량을 증가시키는 경우를 다루는 구체적인 스토리를 빠뜨렸다는 것도 깨달았다. 이것을 별도의 스토리로 작성할 수도 있지만 팀원들은 스토리 카드 21.4를 찢어버리고 스토리 카드 21.5로 대체하기로 결정하였다.

◀스토리 카드 21.5

> 사용자는 장바구니에 있는 아이템의 수량을 조절할 수 있다. 수량을 0으로 지정하면 장바구니에서 아이템을 삭제한다.

이러한 논의에서 눈여겨볼 것은 결과적으로 시스템이 단순해졌다는 것이다. 장바구니로부터 아이템을 제거하는 스토리를 분리할 필요가 없다고 결정함으로써 시스템의 사용성은 향상시키고 향후 추가적인 업무는 피할 수 있게 되었다.

스토리 카드 21.3에 대한 테스트는 다음과 같다.

- 품절된 책을 장바구니에 담는다. 사용자에게 재고가 확보되면 배송할 거라고 알려주는지 확인한다.
- 아직 출간되지 않은 책을 장바구니에 담는다. 사용자에게 책이 출간되면 배송할 거라고 알려주는지 확인한다.
- 재고가 있는 책을 장바구니에 담는다.
- 동일한 책을 장바구니에 담는다. 수량이 증가하는지 확인한다.

스토리 카드 21.5에 대한 테스트는 다음과 같다.

- 책의 수량을 1에서 10으로 변경한다.
- 책의 수량을 10에서 1로 변경한다.
- 수량을 0으로 바꾸어 책을 제거한다.

도서 구입

스토리 카드 21.6은 실제 책을 구매하는 스토리를 담고 있다. 이 스토리를 논의하면서 프로그래머들은 고객인 로리와 함께 몇 가지 사항을 분명히 했다. 로리는 사용자가 배송지 주소와 청구지 주소를 각각 입력할 수도 있지만, 두 주소가 동일하다고 표시할 수도 있어야 한다고 하였다. 구축하려는 사이트는 비자카드와 마스타카드만 받게 될 것이다.

▶ 스토리 카드 21.6

> 책을 구입하기 위해 사용자는 청구지 주소, 배송지 주소 및 신용카드 정보를 입력한다.

스토리 카드 21.6에 대한 테스트는 다음과 같다.

- 청구지 주소를 입력하고 배송지 주소가 같음을 표시한다.
- 청구지 주소와 배송지 주소를 따로 입력한다.
- 주소와 일치하지 않는 우편번호를 입력해 보고 시스템이 불일치를 잡아내는지 확인한다.
- 유효한 비자카드를 사용하여 테스트한다.
- 유효한 마스타카드를 사용하여 테스트한다.
- 유효한 아메리칸익스프레스카드를 사용하여 테스트한다(실패).
- 유효기간이 만료된 비자카드를 사용하여 테스트한다.
- 한도가 초과된 마스타카드를 사용하여 테스트한다.
- 숫자가 빠진 비자카드 번호를 사용하여 테스트한다.
- 숫자 위치가 바뀐 비자카드 번호를 사용하여 테스트한다.
- 완전히 잘못된 비자카드 번호를 사용하여 테스트한다.

사용자 계정

스토리 카드 21.7은 사용자 계정 생성을 다루고 있다. 이 카드에 대한 테스트는 다음과 같다.

- 사용자는 계정을 생성하지 않고도 주문할 수 있다.
- 계정을 생성한 다음 계정 정보가 저장되었는지 확인한다.

◀스토리 카드 21.7

> 사용자는 배송지 정보와 요금청구 정보를 기억하는 계정을 만들 수 있다.

스토리 카드 21.8과 스토리 카드 21.9는 사용자가 자신의 계정에 저장된 정보를 수정할 수 있게 한다. 스토리 카드 21.8 에대한 테스트는 다음과 같다.

- 신용카드 번호를 유효하지 않은 번호로 변경하고 시스템이 사용자에게 경고하는지 확인한다.
- 카드의 유효기간 날짜를 하루 전으로 변경하고 시스템이 사용자에게 경고하는지 확인한다.
- 새 유효한 카드 번호로 수정하고 변경된 내용이 저장되는지 확인한다.
- 카드의 유효기간 날짜를 미래로 수정하고 변경된 내용이 저장되는지 확인한다.

◀스토리 카드 21.8

> 사용자는 자신의 계정에 저장된 신용카드 정보를 수정할 수 있다.

스토리 카드 21.9에 대한 테스트는 다음과 같다.

- 배송지 주소의 여러 부분을 수정해 보고 변경된 내용이 저장되는지 확인한다.
- 청구지 주소의 여러 부분을 수정해 보고 변경된 내용이 저장되는지 확인한다.

▶ 스토리 카드 21.9

사용자는 자신의 계정에 저장된 배송지와 청구지 주소를 수정할 수 있다.

시스템 관리

스토리 카드 21.10은 관리자가 사이트에 새로운 책을 추가할 수 있게 한다. 이 스토리에 대한 테스트는 다음과 같다.

- 관리자가 사이트에 책을 추가할 수 있는지 테스트한다.
- 관리자가 아닌 사람이 책을 추가할 수 없는지 테스트한다.
- 필요한 정보를 모두 입력해야만 책을 추가할 수 있는지 테스트한다.

▶ 스토리 카드 21.10

관리자는 새로운 책을 사이트에 추가할 수 있다.

스토리 카드 21.11은 관리자가 책을 삭제할 수 있게 한다. 이 스토리에 대한 테스트는 다음과 같다.

- 관리자가 책을 삭제할 수 있는지 확인한다.
- 관리자가 아닌 사람이 책을 삭제할 수 없는지 확인한다.
- 책을 삭제한 후 이전에 그 책을 주문한 고객에게는 문제없이 배송되는지 확인한다.

◀ 스토리 카드 21.11

> 관리자는 책을 삭제할 수 있다.

스토리 카드 21.12는 관리자가 책에 관한 정보를 수정할 수 있게 한다. 프로그래머들과 로리가 스토리 카드 21.12를 토론하다, 가격을 변경한 책이 이미 주문에 들어간 경우 어떻게 처리할 것인지 논의하게 되었다. 이것을 포함한 테스트는 다음과 같다.

- 제목, 저자, 쪽 수 등의 항목이 수정되는지 확인한다.
- 가격이 수정되는지 확인하고, 변경된 가격이 이전에 주문된 건(과금 되지도 배송되지도 않은)에 대해서는 영향을 미치지 않음을 확인한다.

◀ 스토리 카드 21.12

> 관리자는 기존 책에 관한 정보를 편집할 수 있다.

제약사항 테스트하기

로리가 릴리즈 계획에 포함시켰던 제약사항 스토리는 두 개인데, 스토리 카드 21.13과 스토리 카드 21.14에서 살펴볼 수 있다.

◀ 스토리 카드 21.13

> 웹 사이트에서 발생하는 주문은 전화 주문과 동일한 주문 데이터베이스에 기록되어야 한다.

◀ 스토리 카드 21.14

> 시스템은 최대 50명의 동시 사용자 접근을 처리할 수 있어야 한다.

스토리 카드 21.13에 대한 오직 한 가지 테스트는 데이터베이스를 검토하고 웹 사이트를 통해 입력된 주문이 동일한 데이터베이스에 저장되는지 확인하는 것이다.

- 주문을 하고, 전화 주문 데이터베이스를 열어 주문이 그 데이터베이스에 저장되었는지 확인한다.

로리가 스토리 카드 21.14를 뒤집어 아래의 내용을 기록하였다.

- 50명의 가상 사용자로 하여금 다양한 검색과 주문하는 것을 테스트한다. 나타나는 데 4초 이상 걸리는 화면이 없어야 하며 손실되는 주문도 없어야 한다.

마지막 스토리

마지막으로 살펴볼 스토리가 스토리 21.15다.

▶스토리 카드 21.15

> 사용자는 다양한 주제에 대해 우리가 추천하는 도서들을 볼 수 있다.

로리와 개발자들은 스토리 카드 21.15에 관하여 이야기하고 다양한 주제의 추천도서 목록을 담고 있는 정적인 HTML 페이지로 간단히 구현하기로 결정하였다. 그들은 다음과 같은 테스트를 작성하였다.

- 주제(예를 들어 항해 또는 순항)를 선택하면 해당 주제에 적절한 추천도서 목록이 나타나는지 확인한다.
- 추천도서 목록에 있는 아이템을 클릭하면 웹 브라우저가 해당 도서의 정보를 보여주는 페이지로 이동하는지 확인한다.

5부
부록

이 책을 읽고 사용자 스토리를 활용하기 위해 익스트림 프로그래밍을 잘 알아야 할 필요는 없다. 하지만 사용자 스토리가 익스트림 프로그래밍에 뿌리를 두고 있는 만큼 부록 A에서 익스트림 프로그래밍을 간단히 소개하고자 한다. 부록 B에는 각 장의 연습문제에 대한 모범 답안이 수록되어 있다.

부록 A
익스트림 프로그래밍의 개요

부록 A에서는 익스트림 프로그래밍(XP)의 주요 사상을 간단히 소개한다. 이미 XP를 잘 알고 있다면 이 부분을 건너뛰어도 좋을 것이다. XP가 생소하다면 이 부록을 XP의 소개 정도로 이해하고, 더 자세한 내용은 XP를 설명하는 다른 좋은 책을 참고하기 바란다.[1]

먼저 XP 프로젝트 팀을 구성하는 역할들을 살펴본 뒤, XP의 12가지 주요 실천법(practice)을 살펴볼 것이다. 마지막으로 XP가 지향하는 가치(value)를 살펴볼 것이다.

역할

XP에서 고객 역할은 스토리를 작성하고, 스토리의 우선순위를 결정하며, 스토리가 제대로 개발되었는지 확인하기 위한 테스트를 작성하고 실행하는 책임이 있다. XP의 고객 역할은 개발 중인 시스템의 사용자가 맡겠지만, 반드시 그런 것은 아니다. 사용자가 아닌 경우에는 제품 관리자나 프로젝트 관리자, 혹은 비즈니스 분석가가 고객 역할을 맡을 수 있다.

프로젝트에 따라 고객 역할을 여러 명이 맡을 수도 있다. 여러 명으로 구성된 고객 팀에는 인수 테스트의 작성을 돕기 위해 테스터를 포함시키기도 한다. 프로젝트에서 고객 팀이 구성되는 경우에는 하나의 목소리를 내는 것이 중요하다. 여러 방법이 있겠지만, 고객 팀 구성원 중에서 한 명을 선정하

---

[1] 저자 주: 특히 다음 책을 참고하기 바란다. 『Extreme Programming Explained: Embrace change』(Beck 2000), 『Extreme Programming Installed』(Jeffries, Anderson, Hendrickson 2000), 『Extreme Programming Explored』(Wake 2002).[2]

[2] 역자 주: 『Extreme Programming Explained』는 2004년 2판이 출간되었으며, 『Extreme Programming Installed』는 『Extreme Programming Installed: XP 도입을 위한 실전 입문』(인사이트)이라는 한국어판이 있다.

여 대표 역할을 맡도록 함으로써 한 목소리를 이끌어낼 수 있을 것이다.

XP에서 프로그래머 역할은 넓은 기술 영역을 포괄한다. XP 프로젝트에서는 대개 프로그래머, 설계자, 데이터베이스 관리자 등과 같은 구분을 하지 않는다. XP를 적용하지 않는 프로젝트에서는 특정 개인에게 부여될 만한 업무를, XP 프로젝트에서는 팀 전체가 공유하여 처리하는 것을 지향한다. 대부분의 방법론이 프로그래머에게 단위 테스트를 작성할 것을 요구한다. XP에서는 이러한 요구를 특히 강조하여 모든 프로그래머가 자신이 작성한 모든 코드에 대해 자동화된 단위 테스트를 작성하도록 요구한다.

마지막으로, 많은 XP 팀이 공통적으로 프로젝트 관리자 외에 XP 코치 역할을 두어 도움을 얻는다. 한 명이 두 역할을 동시에 맡는 경우도 있다. 코치의 책임은 XP의 실천법들을 잘 지키는지 모니터링하며 잘 지켜지지 않으면 이를 바로 잡는 것이다. 프로젝트 관리자는 관리자라기보다는 리더 역할에 가까우며, 조직의 관료주의 및 그 밖의 많은 장애 요소들로부터 팀을 보호할 책임이 있다.

12가지 실천법

XP는 12가지 실천법을 특징으로 한다. 여기서 설명하는 12가지 실천법[3]은 'white book'이라고 부르는 켄트 벡의 책에 잘 설명되어 있다(Beck 2000). 여러분이 XP를 프로젝트에 도입하기로 마음먹었다면 다음 12가지 실천법을 모두 수용하기를 적극 권한다. 실천법은 상호 보완적인 특징이 있다. 예를 들어 리팩터링 실천법은 짝 프로그래밍, 단순한 설계, 팀 코드 소유, 지속적인 통합, 테스트 등의 실천법들을 따름으로써 더 쉬워진다. 12가지 실천법은 취사선택하기 위해 좋다고 생각하는 것들만 모아 놓은 것이 아니다. XP에 숙련된 다음에는 특정 실천법을 빼거나 변경할 수도 있겠지만, 표준적 XP에 익숙해질 때까지는 커스터마이징을 늦추는 것을 추천한다.

이 절에서 설명하는 12가지 실천법은 다음과 같다.

3) 역자 주: 열거한 12가지 실천법은 초기 XP에서 얘기한 것으로 현재는 추가되거나 변경된 것들이 많다. 실천법 자체를 엄격히 따르느냐 그렇지 않느냐가 XP를 규정짓는 것은 아니므로 열거한 12가지에 지나치게 얽매일 필요는 없다.

- 작은 릴리즈
- 계획 게임
- 리팩터링
- 테스트
- 짝 프로그래밍
- 유지 가능한 페이스
- 팀 코드 소유
- 코딩 표준
- 단순한 설계
- 메타포
- 지속적인 통합
- 현장 고객

작은 릴리즈

XP 프로젝트는 1주에서 3주 길이의 이터레이션을 단위로 하여 진행된다. 사용자 스토리 형태로 기술된 기능들은 한 이터레이션 내에서 완전히 구현되어 사용자에게 인도된다. 일부 기능만 구현하여 전달하는 것은 안 된다. 모든 기능을 구현했지만 품질이 떨어지는 것도 안 된다. 각 이터레이션을 마치는 시점의 코드는 완전히 동작하고 모든 테스트를 통과해야 하며 즉시 사용할 수 있어야 한다.

보통, 프로젝트를 시작하면서 이터레이션 길이를 결정한다. 처음 결정한 이터레이션 길이는 프로젝트를 마칠 때까지 일정하게 유지해야 한다. 이터레이션 길이는 보통 1주 혹은 2주며 길어도 4주를 넘기면 안 된다. 이터레이션 길이를 결정할 때는 사용자에게 실제적인 가치를 전달할 수 있는 선에서 가능한 짧게 한다. 두 길이를 놓고 고민될 때는 짧은 것을 선택한다.

이터레이션은 엄격한 타임박스다. 이터레이션 마지막 날에 추가로 이틀을 더 작업하자고 결정해서는 안 되며, 일정에 따라 정확히 이터레이션을 종료하여야 한다. 이터레이션에 대한 협상은 (품질의 높고 낮음이 아니라)

작업량을 줄이거나 늘리는 것을 의미한다.

계획 게임

'계획 게임'은 릴리즈 계획이나 이터레이션 계획 활동을 XP가 부르는 이름이다. 계획 게임에서는 개발자와 고객이 협업하여 향후 작업이 어떻게 진행될지 예측한다. 계획을 시작할 때는 이미 고객이 작성한 사용자 스토리가 있고, 각 스토리에는 개발자들이 추정한 작업량 혹은 비용이 할당되어 있다.

계획을 시작하면 우선 개발자들이 해당 프로젝트에서 선택한 이터레이션 길이를 기준으로 첫 이터레이션 동안 작업할 수 있는 분량을 추정한다.[4] 그러면 고객은 전체 스토리 카드 중에서 우선순위가 가장 높은 스토리들을 선택하여 첫 번째 이터레이션에 할당한다. 여기서 고객은 할당한 스토리들의 작업량 전체 합이 개발자들이 추정한 작업량을 넘지 않도록 유의한다. 이렇게 첫 이터레이션에 스토리를 할당하고 나면 고객은 이어지는 이터레이션에도 같은 방법으로 스토리를 할당한다.

고객은 이터레이션을 몇 개쯤 진행하고 나서 이들을 모아 릴리즈를 정의한다. 릴리즈 계획은 해당 릴리즈 기간 동안 어떤 스토리들이 어떤 순서로 개발될 것인지를 정확하게 반영하지 못하는 경우가 많다. 릴리즈 계획은 개발이 어떠한 모양으로 진행될 것인지에 대한 초기 가정이라 할 수 있으며, 이터레이션 계획에서 우선순위의 변경이 반영될 것이다. 우선순위의 변경은 개발 팀의 실제 작업 진행률을 알게 되거나 개발자들이 각 스토리의 실제 비용을 더 잘 알게 됨에 따라 발생한다.

이터레이션을 시작할 때에는 개발 팀과 고객이 이터레이션을 계획한다. 이 과정은 이터레이션 기간 동안 완료할 수 있는 최우선의 스토리를 선택하고, 해당 스토리를 완료하기 위해 필요한 구체적인 작업 내용들을 식별하는 것이다.

---

[4] 역자 주: 이터레이션 동안의 작업량을 추정하는 것은 초기 속도 추정을 의미한다.

리팩터링

리팩터링(Fowler 1999[5], Wake 2003)은 노출되는 동작을 변경하지 않으면서 코드를 개선함으로써 코드를 재구성하고 재작성하는 것을 말한다. 시간이 경과함에 따라 코드의 질은 점점 떨어지게 마련이다. 어떤 목적에 맞게 개발된 메서드가 있는데, 특정 조건을 만족시키기 위해 이 메서드를 조금 수정했다고 하자. 그러면 이미 특정 조건을 처리하고 있으므로, 다른 특이한 조건이 생기면 메서드는 또 수정될 것이다. 이런 식으로 진행하다 보면 어느새 이 메서드는 수정하기에 너무 벅찬 상태가 될 것이다.

[5] 역자 주: 한국어판은 『리팩터링』(대청)이다.

XP는 리팩터링에 대해 지속적으로 주의를 기울일 것을 주장한다. 프로그래머가 코드를 수정하고 나면 언제든지 수정한 코드를 리팩터링해야 한다. 프로그래머에게 리팩터링은 권장사항이 아닌 필수사항이다. 이렇게 함으로써 코드에 내재되어 천천히 드러나는, 그러면서도 해결하기 어려운 결함들을 방지할 수 있다.

리팩터링은 XP에서 사전 설계를 대체하기 위해 필요한 기술 중의 하나다. 코딩을 시작하기 전에 기능의 동작 방식 등의 추측을 통해 시스템 전체를 사전 설계하는 데 시간을 소비하는 대신, XP에서는 현재까지 완료된 요구사항들을 그대로 만족시키면서 리팩터링을 통해 설계를 향상시킨다.

테스트

XP에서는 테스트에 초점을 둔다. XP 프로젝트에서는 개발자들이 자동화된 단위 테스트를 작성하며, 고객이 인수 테스트를 작성한다. 인수 테스트는 고객이 직접 혹은 개발자들의 도움을 받아 자동화하기도 한다. 많은 XP 개발자가 조기에 자주 테스트하는 것이 이롭다는 것을 경험으로 알고 있다. 개발자들이 기존에 가졌던 테스트에 대한 반감도 사라졌다. XP에서 단위 테스트는 실행 코드를 호출하는 테스트 코드를 작성하는 것으로 쉽게 자동화되기 때문이다. 테스트 코드 작성 그 자체도 여전히 프로그래밍의 일부다.

기존의 개발 방식은 코드를 작성한 다음 테스트를 작성하는 것이다. (그나마 작성하지 않는 경우도 많다.) 이 방식은 한번 코드가 작성되어 정상적으로 동작하는 것처럼 보이면 사람의 본성이 코드를 가혹하게 테스트하지 않게 만들기 때문에 문제가 된다. 그래서 많은 개발자들이 자신들의 코드를 얌전하게 테스트하고서 테스트를 마쳤다고 부른다. (나 역시 그런 개발자였기 때문에 잘 안다.) XP는 '테스트 주도 개발'이라는 실천법을 통해 테스트를 사전 작업으로 도치시킴으로써 상황을 바꾼다(Beck 2003[6], Astels 2003).

테스트 주도 개발에서는 테스트를 코드보다 먼저 작성한다. 개발자들은 '테스트-코드-테스트-코드'로 진행되는 짧은 주기(몇 분 단위)를 따라 개발을 진행한다. 여기에는 오직 실패하는 테스트가 있을 때만 코드를 작성한다는 규칙도 적용된다. 그래서 개발자들은 실패하는 테스트를 먼저 작성한다. 프로그램을 실행하여 테스트가 실패하는 것을 확인한다. 그런 다음에야 프로그래머는 그 테스트를 통과하기 위한 코드를 작성한다.

테스트 주도 개발은 코드가 좋은 구조를 가지고 테스트 가능한 형태로 유지되는 것을 보증해 준다. 코드는 처음부터 유지보수와 마찬가지로 진행되기 때문에 결과적으로 유지보수가 쉬운 코드를 얻게 된다.

프로그래머가 하는 단위 테스트뿐만 아니라, 고객 테스트도 XP에서 중요한 요소다. 각 사용자 스토리를 대상으로 고객은 해당 스토리가 고객이 기대하고 가정한 모습에 맞게 개발되었는지 확인하기 위한 테스트를 정의해야 한다. 많은 경우 고객이 작성한 인수 테스트는 폭포수 모델의 요구사항 문서를 대체한다.

짝 프로그래밍

짝 프로그래밍은 XP의 실천법 중에서도 논쟁이 많은 것 중 하나다. 짝 프로그래밍은 프로그래머 두 명이 키보드와 모니터를 공유하여 같이 코드를 작성하는 것을 말한다. 한 명이 키보드를 담당하여 직접 코드를 타이핑하며 현재 진행 중인 몇 줄의 코드에 집중하는 동안 다른 프로그래머는 어떠한 방향으로 진행되어야 하는지 발생할 수 있는 문제는 없는지 좀더 넓

---

6) 역자 주: 한국어판은 『테스트 주도 개발: Test-Driven Development』(인사이트)이다.

은 시각으로 코드가 작성되는 것을 지켜보게 된다. 짝 프로그래밍을 할 때는 서로의 역할과 짝을 자주 바꾸어야 한다.

짝 프로그래밍은 아주 비효율적인 방법으로 들릴지도 모른다. 그러나 앨리스테어 코번과 로리 윌리엄즈(Alistair Cockburn and Laurie Williams 2001)의 연구에서 그렇지 않은 것이 밝혀졌다. 짝 프로그래밍을 할 경우 전체 프로그래밍 시간은 15% 증가하였지만 다음 장점이 드러났다.

- 낮은 결함 수
- 적은 코드량
- 짧은 문제 해결 시간
- 코드 전체에 대한 높은 이해도
- 개발자들의 업무 만족도 증가

짝 프로그래밍은 XP의 중요한 실천법이다. XP의 다른 실천법들은 훈련이 필요한 것이 많다. 예를 들어 좋지 않은 코드를 발견할 때마다 리팩터링을 한다거나, 실행 코드를 작성하기 전에 항상 테스트를 먼저 작성하기 위해서는 많은 훈련이 필요하다. 짝 프로그래밍을 하지 않는다면 '이번 한 번만……' 이라는 생각으로 리팩터링이나 테스트 작성을 건너뛰고 싶은 유혹을 뿌리치기가 쉽지 않을 것이다.

유지 가능한 페이스

XP 팀은 유지 가능한 페이스로 일하는 것을 미덕으로 본다. 이러한 믿음은 일관되게 활기찬 페이스로 일하는 경우가 장기간 유지하기 어려운 페이스로 일하는 경우보다 장기적으로 훨씬 성취도가 높다는 데서 기인한다. 그렇다고 하여 XP 팀이 정확히 주당 40시간만 일하고 곧장 퇴근한다는 것을 의미하지는 않는다. 유지 가능한 페이스라는 것은 팀마다 다르며, 팀 구성원마다 다를 수 있다.

짝 프로그래밍과 테스트 주도 개발은 개발하는 그 순간에 코드에 온 정신을 집중하도록 하기 때문에 아주 효과적인 실천법이라 할 수 있다. 하지만 이런 강도의 작업을 장기간 지속할 수 있는 사람은 별로 없다. 팀에 따라 매일 6시간은 짝으로 작업하고 나머지 시간은 다른 활동을 하는 것이 일반적이다.

XP 코치는 팀이 과도한 페이스로 활력을 모두 소진하고 있는지 모니터링할 책임이 있다. 만약 팀이 활력을 잃어가는 상황이 파악된다면 페이스를 늦추어 다시 유지 가능한 페이스로 일할 수 있도록 도와야 한다.

팀 코드 소유

시스템 전체 코드의 일부분을 개별 개발자들이 '소유' 하거나 모든 책임을 지는 것이 XP를 도입하지 않은 다른 팀에게는 일반적인 상황이다. 이러한 상황에서는 시스템의 각 부분이 특정 개발자에게 소유된다(그 개발자가 다른 프로젝트에 배치될 경우 주인 없이 남는 경우도 있다). 코드의 소유라는 관점에서는 "엘리(Eli)가 휴가에서 돌아올 때까지는 요금청구 코드를 손댈 수 없어."와 같은 말을 하게 된다. 심지어 엘리가 없는 동안 누군가가 코드를 수정하면, 엘리가 돌아와 '자신의 코드'를 수정한 사실에 화를 낼지도 모른다.

XP 팀은 코드 소유를 전혀 다른 방식으로 접근한다. 모든 코드는 모두의 소유다. 이러한 팀 소유 방식을 따르게 되면 어떤 개발자(개인 혹은 짝)도 아무 코드나 수정할 수 있다. 사실 리팩터링 실천법을 따르기 위해 개발자는 자신이 작성하지 않은 코드라 해도 수정하도록 되어있다.

개인 소유는 응집도가 높은 설계와 각 모듈의 책임이 잘 분배되도록 하기 위해 사용된다. XP에서는 이러한 짐을 테스트 주도 개발에서 맡는다. 견고한 단위 테스트 집합을 통해 변경 사항이 예상치 못한 부작용을 낳지 않음을 보증한다.

코딩 표준

XP 팀은 소스 코드를 집단 소유하기 때문에 모든 개발자가 코딩 표준을 따르는 것이 중요하다. 코딩 표준은 주요 규칙들을 정의하고 팀 구성원들이 코드를 작성할 때 따라야 하는 관례들을 담고 있다. 여기에는 변수나 메서드의 명명법과 소스 코드 레이아웃 등이 포함된다.[7]

구성원이 적고, 아주 친밀한 팀이라면 코딩 표준을 따로 문서화하거나 형식을 갖추지 않을 수도 있을 것이다. 팀 문화 형태로 코딩 표준을 형성하고 공유할 수 있을 것이다. 어느 정도 인원이 많아지면 대개는 코딩 표준을 문서화하는 것이 도움이 될 것이다. 그러나 문서화는 가능한 간결하고 핵심만을 정리해야 한다.

7) 역자 주: 코딩 표준에서의 주요 규칙들은 팀이 합의한 설계 규칙을 포함하며, 이것이 명명법이나 레이아웃 등보다 훨씬 중요한 역할을 한다.

단순한 설계

XP 팀은 고객이 요구하는 기능을 인도할 수 있는 한 가장 단순한 설계를 유지할 것을 목적으로 한다. 켄트 벡(2000)은 설계가 가장 단순한 형태임을 나타내는 네 가지 제약사항을 정의하였다.

1. 실행 코드와 테스트 코드가 프로그래머의 의도를 명확히 담고 있다.
2. 중복된 코드가 없다.
3. 시스템은 가장 적은 클래스들을 사용한다.
4. 시스템은 가장 적은 메서드들을 사용한다.

메타포

XP 팀은 전체 시스템을 대상으로 사용될 수 있는 메타포를 찾음으로써 단순한 설계를 가능하게 한다. 메타포는 참여자들이 시스템을 어떻게 생각하고 있는지 참조할 수 있는 틀을 제공한다. 예를 들어 어떤 프로젝트에서 우리가 찾은 메타포는 시스템이 칠판 같으며 시스템의 다른 부분들은 그 칠판에 기록하기 위한 것들이라는 내용이었다. 사용자가 시스템을 사용하고 나면 칠판의 내용을 저장하거나 지울 수 있었다. 이러한 메타포로 인해 시스템에 관하여 생각하는 것이 아주 단순해졌으며, 시스템의 동작을 이해하는 편리하고 단순한 방법을 제공해 주었다.

지속적인 통합

최근에 규모가 큰 전자상거래 업체의 경영진과 논의를 하게 되었다. 그는 개발자 여러 명이 작업한 내용을 통합하는 것이 거의 모든 소프트웨어 팀에 있어서 가장 큰 문제라고 말했다. 그는 개발 팀이 한 달에 한 번씩 통합하도록 하여 통합을 자주 하지 않을 경우 발생할 더 큰 문제들을 피할 수 있게 하였다. 나는 매일 통합하도록 하면 어떻게 될 것인지 물어보았다.

XP 팀은 답을 알고 있다. 그들은 적어도 매일 통합한다. 우리는 오래 전부터 일일 빌드와 연기 테스트의 이점을 잘 알고 있다(Cusumano and Selby 1995).[8] XP 팀은 더 나아가 코드를 지속적으로 통합한다. 예를 들어 한 개발자가 조금 수정한 코드를 소스 코드 저장소에 체크인하게 되면 빌드 시스템이 변경되었음을 알아차리고 전체 빌드를 시작한다. 빌드가 끝나면 자동화된 테스트들이 실행되고, 실패한 테스트가 있는 경우 개발자에게 이메일 등으로 테스트 실패 사실을 통지한다. 통합에서 발생한 문제는 발생한 즉시 해결된다.

8) 역자 주: 「daily build and smoke test」란 제목으로 스티브 맥코넬이 IEEE에 기고한 글이 유명하다.

현장 고객

다음과 같은 상황을 보자. 고객이 요구사항 문서를 작성하여 벽 너머로 프로그래머에게 던져주면, 프로그래머는 문서에 따라 코드를 작성하여 시스템을 벽 너머로 테스터에게 던져준다. 기존에는 이러한 상황이 일반적이었다. XP에서는 벽이 사라지고 고객이 개발 팀과 같은 자리에서 팀의 일부가 되는 상황을 바람직하게 본다. 고객은 스토리와 인수 테스트를 작성하며 수시로 발생하는 질문에 즉각적으로 답을 제시한다.

현장 고객은 사용자 스토리를 성공적으로 도입하는 데 필수적이다. 스토리를 사용하면 고객과 개발자가 대화를 많이 해야 하기 때문이다. 고객이 현장에 없다면 발생하게 되는 지연으로 인해 프로젝트의 진행을 예측하는 데 혼란이 야기될 것이다.

4가지 가치

XP에서는 실천법과 함께 의사소통, 단순함, 피드백, 용기의 4가지 가치를 중요시한다. XP는 의사소통의 가치를 강조하지만, 모든 의사소통을 동일하게 취급하지는 않는다. 직접 이야기를 나누고, 응답하고, 제스처를 보이거나 화이트보드에 그림을 그리면서 설명할 수 있는 대면(face-to-face) 의사소통을 가장 중요하게 여긴다. 문서를 통한 의사소통은 덜 중요하게 여긴다. XP는 짝 프로그래밍과 같은 실천법으로써 의사소통의 가치를 강조한다.

단순함의 가치는 XP 팀이 문제를 해결할 때 내일 일어날 거라고 예상하는 문제보다는 오늘 당면한 문제에 집중하기 위함이다. XP 팀은 현재 이터레이션에 할당된 기능을 개발하는 데 필요한 것 이상의 기능을 지원하기 위해 시스템을 설계하지 않는다. '제대로 동작하는 가장 단순한 것(the simplest thing that could possibly work)'을 하는 데 초점을 둔다.

XP 팀은 피드백의 가치를 중요시한다. 피드백이 빨리 이뤄질수록 더 좋다. XP 개발자들은 짝 프로그래밍을 하는 동안 파트너의 잠재적 문제를 지적함으로써 피드백을 주고 받는다. 자주 실행하는 자동화된 테스트를 통해 피드백을 받는다. 지속적으로 (적어도 매일) 통합하는 과정에서 피드백을 받는다. 고객은 팀의 구성원으로 개발자들과 같은 공간에 자리함으로써 팀과 끊임없는 상호작용과 인수 테스트를 작성하면서 피드백을 제공한다.

마지막으로 XP 팀은 용기의 가치를 중요시한다. 예를 들어 코드를 리팩터링하기 위한 용기가 필요하다. 자동화된 테스트를 유지함으로써 이러한 용기를 낼 수 있다. 전 시스템에 걸친 핵심 아키텍처 없이 프로젝트를 진행할 수 있는 용기가 필요하다. 메타포를 이용하고 리팩터링과 테스트 주도 개발을 실천함으로써 단순한 설계를 유지할 수 있기 때문에 이러한 용기를 낼 수 있다.

5가지 원칙

XP는 가치와 실천법을 이어주는 5가지 기본 원칙(principle)을 내세운다.

5가지 원칙은 신속한 피드백, 단순함을 가정, 점진적 변화, 변화 수용, 고급 작업 수행이다(Beck 2000). 12가지 실천법 중에서 11가지만 실천하는 경우 XP를 한다고 말할 수 있는가 하는 논쟁은 XP가 처음 소개된 이후 줄곧 이어져왔다. 짝 프로그래밍을 하지 않는 팀이 XP를 하는 것인가? 단순한 설계 실천법을 지키지만 초기 몇 주간 모델링을 실시하는 팀이 XP를 하는 것인가?

나의 대답은 '그렇다' 이다. 앞의 팀들이 다음에 설명하는 XP의 원칙을 따르고 있다면 XP를 한다고 말할 수 있다.

- 고객에게 신속한 피드백을 제공하고 피드백으로부터 배운다.
- 단순함을 지지하고 항상 복잡한 해답을 찾기 전에 단순한 해답을 먼저 시도해 본다.
- 작고 점진적인 변화를 통해 소프트웨어를 개선한다.
- 적응을 잘 한다는 점을 인식하고 변화를 수용한다.
- 소프트웨어가 최고 품격을 지속적으로 보일 수 있도록 고집한다.

위와 같이 행하는 팀이라면 설령 한 두 가지 실천법을 빠뜨린다 하더라도 분명히 XP를 하는 것이다.

요약

- XP 고객 역할은 사용자 스토리를 작성하고, 각 스토리에 대해 인수 테스트를 작성하며, 개발 팀과 같은 공간에 자리할 책임이 있다.
- XP 프로젝트에서 프로그래머와 테스터의 차이는 분명하지 않다. 프로그래머는 자신이 작성한 코드에 대한 단위 테스트를 작성하며, 테스터는 인수 테스트를 자동화한다.
- XP 프로젝트에는 코치와 프로젝트 관리자가 필요하다. 프로젝트 관리자는 가능하면 별도의 인물이 맡도록 하며, 팀의 방향을 유지하고

장애 요소들을 제거하는 책임을 가진다.

XP는 다음 12가지 실천법을 포함한다.

- 작은 릴리즈
- 계획 게임
- 리팩터링
- 테스트
- 짝 프로그래밍
- 유지 가능한 페이스
- 집단 코드 소유
- 코딩 표준
- 단순한 설계
- 메타포
- 지속적인 통합
- 현장 고객

XP는 다음 4가지 가치를 중요시한다.

- 의사소통
- 단순함
- 피드백
- 용기

XP 는 다음 5가지 주요 원칙을 내세운다.

- 신속한 피드백
- 단순함을 가정

- 점진적 변화
- 변화 수용
- 고급 작업

부록 B

연습문제 해답

1장 개요

1.1 사용자 스토리를 구성하는 세 가지는 무엇인가?

답: 카드, 대화, 확인.

1.2 고객 팀에는 누가 포함되는가?

답: 고객 팀에는 소프트웨어가 대상 고객의 요구를 만족시킬 수 있는지 확인해 줄 수 있는 사람들이 포함된다. 여기에는 테스터, 제품 관리자, 실제 사용자, 상호작용 설계자 등이 포함된다.

1.3 다음 중 좋지 않은 스토리는 무엇인가? 이유는 무엇인가?

답: 표 B.1 참고.

표 B.1 연습문제 1.3의 답

스토리	답
1) 사용자는 Windows XP와 Linux에서 시스템을 구동할 수 있다.	좋은 스토리다.
2) 모든 그래프와 차트는 서드파티 라이브러리를 이용한다.	좋지 않은 스토리다. 사용자는 그래프 그리기, 차트 생성 기능 등이 어떻게 구현되는지에 대해 신경 쓰지 않는다.
3) 사용자는 50번까지 '실행취소' 할 수 있다.	좋은 스토리다.

스토리	답
4) 소프트웨어는 6월 30일까지 출시된다.	좋지 않은 스토리. 이 제약사항은 릴리즈를 계획할 때에 고려해야 하는 것이다.
5) 소프트웨어는 Java로 개발한다.	좋지 않은 스토리다. 그러나 제품에 따라 다르다. 제품이 Java 프로그래머를 대상으로 하는 클래스 라이브러리라면, 언어는 고려 대상이 된다.
6) 사용자는 드롭다운 리스트(drop-down list)에서 국가를 선택할 수 있다.	좋은 스토리긴 하나 크기가 조금 작다.
7) 시스템은 Log4J를 이용하여 모든 오류 메시지를 파일에 기록한다.	좋지 않은 스토리다. 로깅 매커니즘으로 Log4J가 사용될 것이라는 것은 명시하지 않아야 한다.
8) 사용자가 15분 동안 저장하지 않으면 작업 내용을 저장할 것인지 물어본다.	좋은 스토리다.
9) 사용자는 'XML로 내보내기' 기능을 선택할 수 있다.	좋은 스토리다.
10) 사용자는 XML로 데이터를 내보낼 수 있다.	좋은 스토리다.

1.4 요구사항에 대해 대화를 나누는 것은 요구사항을 문서화하는 것에 비해 어떠한 장점이 있나?

답: 작성된 문서는 정확한 것으로 취급되어 수정이 어렵다. 사용자 스토리는 카드에 작성되어 대화 재개를 위한 매개체 역할을 수행하므로, 매우 정확할 거라는 믿음을 갖지 않게 만든다. 무언가를 문서로 작성한다고 해서 고객이 원하는 것을 얻을 거라고 보장할 수는 없다. 기껏해야 '작성된' 것을 얻을 뿐이다. 빈번한 대화, 특히 해당 기능의 개발 시점이 다가올 때, 그리고 개발이 진행되는 동안 이루어지는 대화는 개발자와 고객 사이에 이해도를 크게 높인다.

1.5 왜 테스트를 작성할 때 스토리 카드의 뒷면을 이용하는가?

답: 카드 뒷면에 테스트를 적는 것은 고객이 스토리에 대한 기대 사항과 가정을 개발자에게 전달할 수 있는 훌륭한 방법이다.

2장 스토리 작성하기

2.1 다음 각 스토리의 좋고 나쁨을 표시하고, 이유를 설명하라.

답: 표 B.2 참고.

표 B.2 연습문제 2.1의 답

스토리	답
1) 사용자는 시스템에 빨리 숙달할 수 있어야 한다.	이 스토리는 수정해야 한다. '빠르다' 또는 '숙달하다' 가 어느 정도인지 정의되어 있지 않다.
2) 사용자는 이력서 내용에서 주소를 수정할 수 있다.	이 스토리는 다소 작아 보인다. 그러나 개발자들이 이 스토리를 구현하는 데 걸리는 시간에 따라 적절한 크기일 수도 있다.
3) 사용자는 이력서를 여러 개 추가, 수정, 삭제할 수 있다.	이 스토리는 여러 스토리가 합쳐진 것이므로 여러 개로 나누어야 한다.
4) 시스템은 정규 변량(normal variable) 이차 함수 분포에서 안장점(saddle point)의 근사값을 계산할 수 있다.	고객은 이 스토리의 의미를 잘 알고 작성했을 수 있다. 그러나 개발자들이 이 스토리를 이해하지 못한다면 고객은 개발자들이 이해할 수 있게 재작성할 필요가 있다 (아니면 적어도 충분한 대화를 나누어야 한다).
5) 실행 중에 발생하는 모든 오류는 일관되게 로그로 기록되어야 한다.	이 스토리는 괜찮다.

2.2 '사용자는 자동화된 취업 정보 검색 에이전트를 만들고 수정할 수 있다' 는 에픽을 적절한 크기의 스토리로 나누어라.

답: 이 스토리는 적어도 두 개로 나누어야 한다. 하나는 자동화된

취업 정보 검색 에이전트를 생성하는 것이고, 다른 하나는 에이전트를 수정하는 것이다. 그러나 스토리를 구현하는 데 얼마나 오래 걸릴 것인가에 따라 다른 방법으로도 나눌 수 있다. 여기 한 가지 방법을 제시한다.

- 사용자는 자동화된 취업 정보 검색 에이전트를 생성할 수 있다.
- 사용자는 자동화된 취업 정보 검색 에이전트의 검색 매개변수를 수정할 수 있다.
- 사용자는 자동화된 취업 정보 검색 에이전트의 실행 시점을 조정할 수 있다.
- 사용자는 자동화된 취업 정보 검색 에이전트의 실행 결과가 출력되는 형태를 수정할 수 있다.

3장 사용자 역할 모델링

3.1 이베이(eBay) 웹 사이트를 둘러보라. 여러분은 어떤 사용자 역할들을 식별할 수 있는가?

답: 여러분의 리스트에는 다음과 비슷한 역할들이 포함되어야 한다. 일시 판매자, 소규모 판매자, 주 판매자, 소규모 구매자, 주 구매자, 기업 판매자, 제조업자, 지불 처리인, 수집가, 클럽 일원, 소프트웨어 개발자, 제휴 회사, 모바일 판매자, 모바일 구매자.

3.2 앞의 문제에서 찾은 역할들을 통합하고 역할 카드를 배치해 보라. 여러분의 답에 대해 설명하라.

답: 나는 판매자들을 통합하여 일반적인 '판매자' 역할을 두고, 그 아래 특화된 판매자들로서 '소규모 판매자', '주 판매자', '기업 판매자'를 두었다. 비슷하게, 구매자들을 통합하여 일반적인 '구매자' 역할을 만들고, '소규모 구매자', '주 구매자', '수집가' 역할을 특화된 형태로 구분하였다. 그 외 '지불 처리인'과 '제휴 회사'를

남겨 두고, 판매자 구매자를 구분하지 않고 일반적인 '모바일 사용자' 역할을 남겨 두었다.

3.3 가장 중요한 사용자 역할에 대해 등장인물을 묘사해 보라.

답: 브렌다(Brenda)는 '주 구매자'다. 그녀는 적어도 하루에 한 번은 사이트를 방문하며, 보통 한 주에 하나 이상 물품을 구매한다. 그녀는 일반적으로 영화와 책을 구매하지만, 정원관리와 주방일과 관련된 물품들도 구매하는 편이다. 그녀는 부동산 중계업자며 우리 사이트를 이용하는 데 불편함을 느끼지 않지만, 새로운 소프트웨어를 배우는 일은 다소 귀찮아 하는 편이다. 그녀는 보통 집에서 전화 연결을 통해 사이트에 접속하지만 때로는 사무실에서 좀더 빠른 연결 회선을 통해 접속하기도 한다.

4장 스토리 수집하기

4.1 설문을 통해서만 요구사항을 수집할 경우 어떤 문제가 예상되는가?

답: 설문조사는 시간이 오래 걸리기 때문에 프로젝트가 길어질 수 있다. 또한 누군가 설문조사 결과를 수집해 분석을 해야 할 것이고, 당연히 잘못된 분석을 수행할 여지가 있다. 설문조사는 양방향 커뮤니케이션을 제공하지 못하므로, 팀이 설문조사 결과를 제대로 이해했는지에 대한 피드백을 받기가 매우 힘들다.

4.2 다음 질문을 개방형, 문맥 무관 형태로 바꾸어 보아라.

- 사용자는 비밀번호를 입력해야 합니까?
- 시스템은 사용자의 작업 내용을 자동으로 저장해야 합니까?
- 다른 사용자가 저장한 데이터베이스 내용 항목을 볼 수 있어야 합니까?

답: 이 질문들을 바꾸어 말하는 방법은 여러 가지다. 다음은 몇 가지 예를 제시한 것이다.

- 시스템이 민감한 데이터를 어떻게 보호해야 하는지 기술하라.
- 시스템을 사용하는 도중 고장 난다면 사용자는 어떻게 할 것 같은가?
- 어떤 사용자가 저장한 데이터에 대한 다른 사용자의 접근 허용 정도에 대해 이야기해 보라.

4.3 개방형 질문, 문맥 무관 질문이 좋은 이유는 무엇인가?

답: 문맥 무관 질문은 그 답을 가정하지 않기 때문에 응답자가 '올바른' 답을 해야 한다고 느끼지 않는다. 개방형 질문은 응답자로부터 '예', '아니오'의 단순한 대답 이상의 구체적인 대답을 얻어낼 수 있다. 개방형 질문, 문맥 무관 질문은 응답에 영향을 미치지 않고, 좀더 넓은 범위의 답을 얻을 수 있게 하므로 가장 좋은 질문 형태다.

5장 대리 사용자와 일하기

5.1 사용자들의 관리자를 대리 사용자로 이용하면 어떤 문제가 생길 수 있나?

답: 비록 사용자들의 관리자가 현재 해당 소프트웨어를 사용하고 있다고 해도 대부분의 사용자들과는 요구사항이 다르다. 더욱 좋지 않은 것은 관리자가 이전에 소프트웨어를 사용한 경험이 있는 경우 그의 시스템에 대한 지식은 구식이라는 점이다.

5.2 해당 분야 전문가를 대리 사용자로 이용하면 어떤 문제가 생길 수 있나?

답: 첫 번째 문제는 해당 분야 전문가가 시스템의 사용자가 아닐 수도 있다는 점이다. 시스템의 사용자라고 하더라도 전문가는 보통 사용자와는 다른 방식으로 시스템을 사용할 것이다. 두 번째 문제는 비록 시스템이 전문가에게는 완벽한 시스템이라 할지라도 보통

사용자에게는 그리 유용하지 않은 시스템이 되어 버릴 수 있다는 점이다.

6장 사용자 스토리 인수 테스트

6.1 누가 테스트를 명세하고, 누가 이를 도와주는가?

답: 고객이 테스트를 명세한다. 테스트를 실제로 구현하는 것은 개발자나 테스터와 함께 작업할 수 있지만, 스토리가 제대로 개발되었는지를 검증하는 데 사용될 테스트를 명세하는 일은 고객이 직접 해야 한다.

6.2 왜 스토리에 대한 코딩을 시작하기 전에 테스트를 먼저 명세해야 하는가?

답: 테스트는 코딩하기 전에 명세해야 한다. 그 이유는 새로운 기능에 관하여 고객이 무엇을 가정하고 있는지 대화를 나누는 데 테스트가 유용하고 효과적인 방법이기 때문이다.

7장 좋은 스토리를 위한 지침

7.1 '구직자는 모집 중인 채용 공고를 검색할 수 있다'가 한 이터레이션에 맞지 않을 정도로 크다고 가정하자. 이 스토리를 어떻게 나눌 수 있을까?

답: 위치, 키워드, 직급, 급여 등의 지원되는 검색 매개변수에 따라 스토리를 나눌 수 있을 것이다. 또한 검색 결과를 출력하는 데도 다양한 방법이 있을 수 있다. 초기 스토리는 검색된 일자리의 목록을 간단히 출력하는 형태가 될 것이다. 여기에 결과를 좀더 자세히 출력하기 위해 스토리를 추가할 수 있다. 예를 들어 각 일자리에 관하여 더 자세한 정보를 출력하거나, 사용자가 일자리 정렬 순서를 조정할 수 있게 하거나, 출력되는 항목들을 선택할 수 있게 하거나,

일자리에 대한 더 자세한 정보를 제공하는 페이지로 가는 링크를 제공하는 등의 스토리를 추가할 수 있을 것이다.

7.2 다음 스토리 중에서 크기가 적당하고 닫힌 스토리로 볼 수 있는 것은 무엇인가?

답: 표 B.3 참고.

▶ 표 B.3 연습문제 7.2의 답

스토리	답
1) 사용자는 자신의 설정 정보를 저장할 수 있다.	시스템에 따라 닫힌 스토리일 수도 있고, 아닐 수도 있다. 설정 사항을 저장하는 것이 사용자가 원하는 바라면 이 스토리는 닫힌 것이라고 말할 수 있다. 크기도 조금 작아 보이긴 하지만, 시스템이나 스토리 개발 팀에 따라 적당한 크기일 수 있다.
2) 사용자는 결제를 위한 기본 신용카드를 변경할 수 있다.	이 스토리는 닫힌 스토리며 크기가 적당하다.
3) 사용자는 시스템에 로그온할 수 있다.	이 스토리는 닫혀 있지 않고 크기도 너무 작다.

7.3 '사용자는 자신의 이력서를 게시할 수 있다' 는 스토리를 어떻게 개선할 수 있을까?

답: 작성된 문장만 보면 사용자가 이력서를 여러 개 게시할 수 있는지가 명확하지 않다. 이에 관한 사항은 나중에 대화 도중 결정될 것이지만, 가능하면 스토리를 좀더 명확하게 적어 두는 것이 좋다. 다음은 수정된 스토리다. '구직자는 이력서를 하나 이상 게시할 수 있다.'

7.4 '소프트웨어는 사용하기 쉬워야 한다' 는 제약사항을 어떻게 테스트할 것인가?

답: 이를 테스트하기 위해서는 먼저 '사용하기 쉽다' 는 것이 무엇

을 의미하는지가 정의되어야 한다. 숙련된 사용자가 최소한의 키 입력으로 일반적인 작업들을 완료할 수 있다는 것을 의미하는가? 아니면, 신규 사용자가 빠르게 일정 수준의 소프트웨어 사용능력을 획득할 수 있다는 것을 말하는가? 대부분의 경우에는 후자를 의미할 것이다. 그렇다면 다음과 같이 작성할 수 있다.

- 신규 사용자가 일자리를 검색하고 시스템에 가입한 후 자신의 이력서를 게시하는 일을 30분 내에 할 수 있다.

이러한 종류의 테스트는 일일 야간 빌드(nightly build)에서 실행하기는 힘들지만, 가끔 실시하는 사용 편의성 테스트에서 신규 사용자들이 소프트웨어를 사용하는 모습을 관찰함으로써 검증할 수 있다.

8장 사용자 스토리 추정

8.1 추정 회의에서 프로그래머 세 명이 스토리를 추정하고 있다. 각각 2점, 4점, 5점으로 추정하였다. 어떤 추정치를 이용해야 하는가?
답: 추정치가 비슷해질 때까지 계속 논의해야 한다.

8.2 추정치 삼각측량의 목적은 무엇인가?
답: 삼각측량을 하면 각 스토리의 추정치를 다른 여러 스토리와 함께 비교해 추정치의 정확성을 높일 수 있다. 2점의 스토리는, 1점의 스토리보다 두 배 정도 크고, 4점의 스토리에 비해서는 반 정도의 크기여야 한다.

8.3 속도를 정의하라.
답: 속도는 개발 팀이 한 이터레이션에서 완료한 스토리들의 스토리 점수 합이다.

8.4 A팀은 지난 2주 길이 이터레이션에서 스토리 점수 43점을 완료했다. 다른 프로젝트를 진행 중인 B팀은 A팀보다 두 배 많은 개발자

가 참여하지만, 지난 2주 길이 이터레이션에서 역시 43점의 스토리 점수를 완료했다. 어떻게 이럴 수 있나?

답: 스토리 점수는 다른 팀과 비교할 수 없다. 이 문제에서 제공하는 정보만으로는 팀 A가 팀 B에 비해 생산성이 두 배라고 말하기 힘들다.

▌ 9장 릴리즈 계획

9.1 팀의 초기 속도를 추정하는 방법 세 가지는 무엇인가?

답: 과거 프로젝트의 값을 사용하거나, 추측하거나, 초기 이터레이션을 수행해 보고 그 이터레이션의 속도를 사용할 수 있다.

9.2 이터레이션 길이가 일주일이고, 네 명의 개발자로 구성된 팀이 있다. 팀의 속도가 4일 때 스토리 점수 27점의 프로젝트를 완료하는 데 기간이 얼마나 걸리는가?

답: 속도가 4고 스토리 점수가 27인 프로젝트는 7번의 이터레이션이 필요하다.

▌ 10장 이터레이션 계획

10.1 다음의 스토리를 작업으로 나누어 보아라. '사용자는 호텔에 대한 상세 정보를 볼 수 있다.'

답: 여러 가지 방법이 있겠지만, 여기에 한 가지 예를 들겠다.

- 웹 페이지들의 모양을 디자인한다.
- 호텔 및 객실 사진을 보여주는 HTML 페이지를 코딩한다.
- 호텔의 약도를 보여 주는 HTML 페이지를 코딩한다.
- 편의시설 및 제공되는 서비스를 보여 주는 HTML 페이지를 코딩한다.

- 호텔의 약도를 어떻게 생성할 것인지 파악한다.
- 데이터베이스로부터 정보를 추출하기 위한 SQL 문을 작성한다.
- 등등.

11장 속도 측정 및 모니터링

11.1 스토리 점수 1점으로 추정한 스토리를 완료하는 데 실제로는 2일이 걸렸다. 이터레이션 속도를 계산할 때 몇 점으로 처리하는가?

답: 1점으로 계산한다.

11.2 이터레이션 소멸 차트에서는 알 수 없지만 일일 소멸 차트로부터 얻을 수 있는 정보는 무엇인가?

답: 일일 소멸 차트는 한 이터레이션 동안의 팀 진행 상황을 보여준다. 계획된 모든 일들이 그 이터레이션의 종료 시점까지 완료될 것인가를 가늠하는 데 이 정보를 사용할 수 있다. 모든 일이 완료될 것 같지 않다는 것이 확실해지면, 팀과 고객은 현 이터레이션에서 어떤 작업들을 뒤로 미루어야 할 것인지를 논의한다.

11.3 그림 11.7로부터 이끌어낼 수 있는 결론은 무엇인가? 프로젝트 일정은 어떻게 될 것으로 추측되는가? (단축/초과/정상)

답: 팀은 첫 이터레이션에서 기대한 것보다 더 빠른 속도로 출발했다. 그들은 두 번째와 세 번째 이터레이션에서 속도가 더 증가하고 그 다음에 안정화될 거라고 예상했다. 그들은 두 번째 이터레이션을 마쳤을 때 이미 세 번째 이터레이션을 마친 후 얻을 것으로 예상했던 속도에 도달했다. 이 시점에서 그들은 일정을 앞서가고 있는 상태다. 그러나 두 이터레이션밖에 진행하지 않은 상태이므로 너무 단정적인 결론을 내려서는 안 된다.

11.4 표 11.3에서 이터레이션 속도는 얼마인가?

답: 16. 부분적으로 완료된 스토리는 속도를 계산할 때 포함하지 않는다.

11.5 이터레이션 소멸 차트가 상승 경향을 보이는 것은 어떤 환경 요인이 작용한 것인가?

답: 새로운 작업이 추가되는 속도가 기존의 작업들이 완료되는 속도보다 빠를 경우, 또는 팀이 나중에 수행할 작업량을 너무 낮게 추정했다고 판단했을 경우에 이터레이션 소멸 차트는 상승 경향을 보인다.

11.6 표 11.4의 빈 칸을 채워라.

답: 표 B.4는 완성된 표다.

▶표 B.4 연습문제 11.6의 답

	이터레이션 1	이터레이션 2	이터레이션 3
시작 시점의 스토리 점수	100	76	34
이터레이션 동안 완료	35	40	36
추정치 변경	5	-5	0
추가된 스토리 점수	6	3	2
종료 시점의 스토리 점수	76	34	0

12장 스토리가 아닌 것

12.1 사용자 스토리와 유스케이스의 주요 차이점은 무엇인가?

답: 사용자 스토리는 보통 유스케이스보다 더 작은 범위를 다룬다. 사용자 스토리는 유스케이스만큼 자세한 내용을 포함하지 않는다. 사용자 스토리는 그것이 개발되는 이터레이션 이후에도 유용하게 사용될 수 있도록 만들어진 것이 아니다. 반면에 유스케이스는 종종 프로젝트의 결과물로 계속 남아 있다.

12.2 사용자 스토리와 IEEE 830 요구사항 명세서의 주요 차이점은 무엇인가?

답: IEEE 830 스타일의 요구사항 문장은 솔루션의 속성에 초점을 맞추는 반면, 사용자 스토리는 사용자의 목적에 초점을 맞춘다. IEEE 830 요구사항 명세서는 팀이 사용자 스토리에서처럼 반복적

으로 개선해 나가는 방식으로 요구사항을 작성하는 것이 아니라, 사전에 모든 요구사항 문장들을 작성하도록 만든다. 따라서 작성된 문장들이 정확한 의미를 담을 수 있도록 주의해야 한다. 사용자 스토리는 자세한 사항들을 명확히 하는 데 대화만한 것이 없다는 것을 강조한다.

12.3 사용자 스토리와 상호작용 설계 시나리오의 주요 차이점은 무엇인가?

답: 상호작용 설계 시나리오는 사용자 스토리보다 훨씬 자세한 내용을 담고 있으며, 보통 페르소나와 시스템을 굉장히 자세히 기술한다. 또한 시나리오는 종종 사용자 스토리보다 훨씬 범위가 넓은 내용을 기술한다.

12.4 프로젝트 시작 시점에 모든 요구사항을 기술하는 것이 왜 불가능한가?

답: 프로젝트를 시작할 때 모든 요구사항을 기술하려는 시도는 피드백을 얻어 개선해 나가는 선순환의 중요성을 무시한다. 사용자가 시스템을 직접 보고 사용하게 되면, 새로운 요구사항들이 떠오른다.

12.5 사용자의 목적에 대해 생각하는 것은 개발하려는 소프트웨어의 특징에 대해 나열하는 것에 비해 어떤 이점이 있는가?

답: 단순히 속성을 나열하는 것은 문서를 읽는 사람에게 제품에 대한 전반적인 이해도를 스토리와 대화가 제공하는 만큼도 제공하지 못한다. 또한 작업이 제품의 속성 목록에 의해 진행되면, 우리가 일을 마쳤을 때 말할 수 있는 바는 만들어진 제품이 목록 상의 모든 속성을 가지고 있다는 것이다. 이것은 만들어진 제품이 모든 사용자의 목적을 만족시킨다고 말하는 것과는 다르다.

13장 왜 사용자 스토리인가?

13.1 사용자 스토리를 사용하여 요구사항을 표현하는 것의 네 가지 장점은 무엇인가?

답: 사용자 스토리는 구두 대화를 강조하고, 모든 사람이 이해할 수 있으며, 계획 수립에 적합한 크기고, 반복적인 개발을 지원하며, 세부사항을 뒤로 미룰 수 있게 해주고, 기회주의적 설계를 지원하며, 참여적 설계를 장려하고, 암묵적 지식을 구축할 있게 해준다.

13.2 사용자 스토리를 사용하는 두 가지 단점은 무엇인가?

답: 대규모 프로젝트에서 수백, 수천 개의 스토리를 구조화하기는 힘들다. 그래서 요구사항 추적성을 만족하기 위해 추가 문서를 작성해야 할 수도 있다. 그리고 직접 의사소통을 통해 암묵적 지식을 구축할 수 있다는 장점이 있으나, 대화만으로 대규모 프로젝트에서 문서를 대체할 수는 없다.

13.3 참여적 설계와 실험적 설계의 주요 차이점은 무엇인가?

답: 참여적 설계에서는 사용자들이 시스템의 동작을 설계하는 팀의 일원이 된다. 반면에, 실험적 설계에서는 사용자들이 연구와 관찰의 대상일 뿐 설계와 관련된 모든 결정은 소프트웨어 설계자들이 내린다.

13.4 '여러 페이지로 구성된 보고서는 모두 번호를 매겨야 한다' 는 요구사항 문장에서 잘못된 점은 무엇인가?

답: '번호를 매겨야 한다' 는 부분의 의미가 명확하지 않다. 이 부분은 프로그래머가 이 기능을 코드로 구현해야 하지만, 반드시 그럴 필요는 없다는 의미인가? 페이지에 번호를 매겨야 한다는 것은 페이지 내에 공간이 있을 때만 그렇게 하라는 의미인가?

14장 스토리 냄새 카탈로그

14.1 팀이 지속적으로 다음 이터레이션을 계획하는 데 어려움을 겪는다면 어떻게 해야 하는가?

답: 여러 가지 많은 이유가 있겠지만, 너무 많은 스토리가 서로 의존하고 있는 게 아닌지, 혹은 스토리가 너무 작거나 너무 큰 것이 아닌지를 확인해 보도록 하라.

14.2 만약 지속적으로 스토리 카드의 공간이 부족하다는 것을 느낀다면 팀은 어떻게 해야 하는가?

답: 크기가 작은 스토리 카드를 사용하면 스토리 내용으로부터 세부사항들을 배제한다는 원칙을 강제할 수 있으므로 더 작은 스토리 카드를 사용해 본다.

14.3 고객이 우선순위 부여를 어려워 하게 만드는 것에는 무엇이 있는가?

답: 스토리들이 잘못된 크기로 작성되었거나(너무 크거나 너무 작다), 사용자 혹은 고객의 가치를 명확하게 표현하지 못하고 있을 수 있다.

14.4 여러분이 스토리를 너무 많이 나누고 있다는 것을 어떻게 알 수 있는가?

답: 본능적인 느낌을 따르도록 하라. 스토리들이 초기에 의도적으로 에픽으로 작성된 경우나, 한 이터레이션에 들어가기에 너무 클 경우에는 여러 개로 나누어도 좋다. 그러나 기타 다른 이유로 인해 스토리들을 자주 나눈다면, 그 경우에는 너무 많이 나누고 있다고 할 수 있다.

15장 스크럼에서 사용자 스토리 사용하기

15.1 점진적 프로세스와 반복적 프로세스의 차이점을 기술하라.

답: 반복적 프로세스는 계속적인 정련 작업을 통해 진행되는 프로

세스다. 점진적 프로세스는 소프트웨어를 여러 부분으로 나누어 각 부분을 개별적으로 개발하고 전달하는 프로세스다.

15.2 제품 백로그와 스프린트 백로그는 어떠한 관계인가?

답: 스프린트를 시작할 때 제품 백로그의 항목들이 스프린트 백로그로 이동된다.

15.3 잠재적으로 출시 가능한 증가분이라는 것은 무엇을 의미하는가?

답: 각 스프린트를 마칠 때 스크럼 팀은 잠재적으로 출시 가능한 증가분을 생성할 책임이 있다. 이것은 소프트웨어가 테스트까지 마치고 사용자에게 전달될 수 있어야 한다는 것을 의미한다.

15.4 작업에 우선순위를 부여하는 일과 스프린트 동안 수행할 작업들을 선별하는 일은 누구의 책임인가?

답: 제품 소유자가 작업에 우선순위를 부여한다. 수행할 작업은 팀이 선택한다. 당연히 팀은 우선순위가 높은 항목 중에서 작업을 선택한다.

15.5 일일 스크럼에서 각 팀원은 어떤 질문에 대답해야 하는가?

답: 어제 무엇을 했는가? 오늘 무엇을 할 것인가? 장애요소는 무엇인가?

16장 그 밖의 주제

16.1 천 명의 동시 사용자를 지원할 수 있는 시스템에 대한 요구사항은 어떻게 기술할 것인가?

답: 이것은 제약사항으로 기술하고 적절한 테스트들을 덧붙여야 한다. 시스템에 따라 한 이터레이션에서 백 명의 동시 사용자로 테스트를 시작하여, 점진적으로 천 명의 사용자로 늘리는 방안을 생각해 볼 수 있다.

16.2 여러분은 인덱스 카드와 소프트웨어 시스템 중 어느 것을 선호하는가? 그 이유는 무엇인가?

답: 인덱스 카드는 로우테크의 단순함으로 인해 많은 프로젝트에서 적절히 사용할 수 있다. 또한 작성 공간이 제한되므로 스토리를 간결하게 유지할 수 있다. 그리고 테이블 위에 놓고 섞거나 벽에 붙이기 쉬우므로 계획을 할 때도 편리하게 사용할 수 있다. 그러나 팀원들이 떨어져 있다거나 추적성에 대한 기준이 엄격한 팀에서는 소프트웨어를 이용하는 것이 더 편리할 것이다.

16.3 반복적 프로세스가 애플리케이션의 사용자 인터페이스에 미치는 영향은 무엇인가?

답: 시스템을 반복적으로 정련하는 것은 사용자가 시스템을 배우는 것을 어렵게 만들 수 있다. 메뉴가 변경되거나 동일한 기능의 위치가 변경된 경우 사용자는 시스템을 새로 배워야 한다.

16.4 일반적인 애자일 프로젝트와 다르게 사용자 인터페이스를 사전에 고려하는 것이 유리한 시스템의 예를 들어 보아라.

답: 많은 예가 있지만, 그 중 몇 가지를 열거하면 다음과 같다.

- 사용편의성이 강조되는 성숙산업(mature industry)의 상용 제품
- 초보 사용자를 겨냥한 소프트웨어
- 자주 사용되진 않지만 짧은 기간에 많이 사용되는 소프트웨어 (세금 정산 관련 소프트웨어 등)
- 저시력 사용자나 운동장애 사용자를 위한 소프트웨어

R e f e r e n c e s

참고문헌

▌ 책과 참고자료

Adolph, Steve, Paul Bramble, et al. *Patterns for Effective Use Cases*. Reading, Mass.: Addison-Wesley, 2002.

Antn, Annie I., and Colin Potts. "The Use of Goals to Surface Requirements for Evolving Systems," in Proceedings of the 20th International Conference on Software Engineering (ICSE 98), April 1998: 157-166.

Astels, Dave. *Test Driven Development: A practical guide*. Upper Saddle River, N.J.: Prentice Hall, 2003.

Beck, Kent. *Extreme Programming Explained: Embrace change*. Boston: Addison-Wesley, 2000.

―――. *Test Driven Development*. Reading, Mass.: Addison-Wesley, 2003.

Beck, Kent, and Martin Fowler. *Planning Extreme Programming*. Reading, Mass.: Addison-Wesley, 2000 : 『테스트 주도 개발』, 인사이트.

Beedle, Mike, et al. "SCRUM: A Pattern Language for Hyperproductive Software Development." In Neil Harrison et al. (Eds.), *Pattern Languages of Program Design 4*. Addison-Wesley: 1999, pp. 637-651.

Boehm, Barry. "A Spiral Model of Development and Enhancement." *IEEE Computer 28*, no. 5 (May 1988): 61-72.

──. *Software Engineering Economics*. Englewood Cliffs, N.J.: Prentice-Hall, 1981.

Bower, G. H., J. B. Black, and T. J. Turner. "Scripts in Memory for Text." *Cognitive Psychology 11* (1979): 177-220.

Carroll, John M. "Making Use a Design Representation." *Communications of the ACM 37*, no. 12 (December 1994): 29-35.

──. *Making Use: Scenario-based design in human-computer interaction*. Cambridge, Mass.: The MIT Press, 2000.

──. "Making use is more than a matter of task analysis." *Interacting with Computers 14*, no. 5 (2002): 619-627.

Carroll, John M., Mary Beth Rosson, George Chin Jr., and Jrgen Koenemann. "Requirements Development in Scenario-Based Design." *IEEE Transactions on Software Engineering 24*, no. 12 (December 1998): 1156-1170.

Cirillo, Francesco. "XP: Delivering the Competitive Edge in the Post-Internet Era." At www.communications.xplabs.com/paper2001-3.html. XP Labs, 2001.

Cockburn, Alistair. *Writing Effective Use Cases*. Upper Saddle River, N.J.: Addison-Wesley, 2001: 『유스 케이스 바로쓰기』, 피어슨에듀케이션코리아.

Cockburn, Alistair, and Laurie L. Williams. "The Costs and Benefits of Pair Programming." In Giancarlo Succi and Michele Marchesi (Eds.), *Extreme Programming Examined*. Upper Saddle River, N.J.: Addison-Wesley, 2001.

Cohn, Mike. "The Upside of Downsizing." *Software Test and Quality Engineering 5*, no. 1 (January 2003): 18-21.

Constantine, Larry. "Cutting Corners." *Software Development* (February 2000).

———. "Process Agility and Software Usability: Toward lightweight and usage-centered design." *Information Age* (August-September 2002).

Constantine, Larry L., and Lucy A.D. Lockwood. *Software for Use: A practical guide to the models and methods of usage-centered design.* Reading, Mass.: Addison-Wesley, 1999.

———. "Usage-Centered Engineering for Web Applications." *IEEE Software 19*, no. 2 (March/April 2002): 42-50.

Cooper, Alan. *The Inmates Are Running the Asylum.* Indianapolis: SAMS, 1999.

Cusumano, Michael A., and Richard W. Selby. *Microsoft Secrets: How the world's most powerful software company creates technology, shapes markets, and manages people.* New York: The Free Press, 1995.

Davies, Rachel. "The Power of Stories." XP 2001. Sardinia, 2001.

Djajadiningrat, J.P., W. W. Gaver and J. W. Frens. "Interaction Relabelling and Extreme Characters: Methods for exploring aesthetic interactions." *Symposium on Designing Interactive Systems 2000*, 2000: 66-71.

Fowler, Martin. "The Almighty Thud." *Distributed Computing* (November 1997).

Fowler, Martin, et al. *Refactoring: Improving the design of existing code,* Reading, Mass.: Addison-Wesley, 1999 : 『리팩토링』, 대청.

Gilb, Tom. *Principles of Software Engineering Management.* Reading, Mass.: Addison-Wesley, 1988.

Guindon, Raymonde. "Designing the Design Process: Exploiting opportunistic thoughts." *Human-Computer Interaction 5*, 1990.

Grudin, Jonathan, and John Pruitt. "Personas, Participatory Design and

Product Development: An Infrastructure for Engagement." In Thomas Binder, Judith Gregory, and Ina Wagner (Eds.), *Participation and Design: Inquiring into the politics, contexts and practices of collaborative design work, Proceedings of the Participatory Design Conference 2002:* 2002: 144-161.

IEEE Computer Society. *IEEE Recommended Practice for Software Requirements Specifications.* New York, 1998.

Jacobson, Ivar. *Object-Oriented Software Engineering.* Upper Saddle River, N.J.: Addison-Wesley, 1992.

Jacobson, Ivar, Grady Booch, and James Rumbaugh. *The Unified Software Development Process.* Reading, Mass.: Addison-Wesley, 1999.

Jeffries, Ron. "Essential XP: Card, Conversation, and Confirmation." *XP Magazine* (August 30, 2001).

Jeffries, Ron, Ann Anderson, and Chet Hendrickson. *Extreme Programming Installed.* Boston: Addison-Wesley, 2000 : 『Extreme Programming Installed XP: 도입을 위한 실전 입문』, 인사이트.

Kensing, Finn, and Andreas Munk-Madsen. "PD: Structure in the Toolbox." *Communications of the ACM 36*, no. 6 (June 1993): 78-85.

Kovitz, Ben L. *Practical Software Requirements: A manual of content and style.* Greenwich, Conn.: Manning, 1999.

Kuhn, Sarah, and Michael J. Muller. "Introduction to the Special Section on Participatory Design." *Communications of the ACM 36*, no. 6 (June 1993): 24-28.

Lauesen, Soren. *Software Requirements: Styles and techniques.* London: Addison-Wesley, 2002.

Lundh, Erik, and Martin Sandberg. "Time Constrained Requirements Engineering with Extreme Programming: An experience report." In Armin Eberlein and Julio CesarSampaiodoPrado Leite (Eds.),

Proceedings of the International Workshop on Time Constrained Requirements Engineering, 2002.

Newkirk, James, and Robert C. Martin. *Extreme Programming in Practice*. Upper Saddle River, N.J.: Addison-Wesley, 2001.

Parnas, David L., and Paul C. Clements. "A Rational Design Process: How and why to fake it." *IEEE Transactions on Software Engineering 12*, no. 2 (February 1986): 251-7.

Patton, Jeff. "Hitting the Target: Adding interaction design to agile software development." Conference on Object Oriented Programming Systems Languages and Applications (OOPSLA 2002). New York: ACM Press, 2002.

Poppendieck, Tom. *The Agile Customer's Toolkit.* In Larry L. Constantine (Ed.), *Proceedings of for USE 2003.* Rowley, Mass.: Ampersand Press: 2003.

Potts, Colin, Kenji Takahashi, and Annie I. Antn. "Inquiry-Based Requirements Analysis." *IEEE Software 11*, no. 2 (March/April 1994): 21-32.

Robertson, Suzanne and James Robertson. *Mastering the Requirements Process.* Reading, Mass.: Addison-Wesley, 1999.

Schuler, Douglas, and Aki Namioka (Eds.). *Participatory Design: Principles and practices.* Hillsdale, N.J.: Erlbaum, 1993.

Schwaber, Ken, and Mike Beedle. *Agile Software Development with Scrum.* Upper Saddle River, N.J.: Prentice Hall, 2002.

Stapleton, Jennifer. DSDM: *Business Focused Development.* Reading, Mass.: Addison-Wesley, 2003.

Swartout, William, and Robert Balzer. "On the Inevitable Intertwining of Specification and Implementation." *Communications of the ACM 25*, no. 7 (July 1982): 438-440.

Wagner, Larry. "Extreme Requirements Engineering." *Cutter IT Journal 14*, no. 12 (December 2001).

Wake, William C. *Extreme Programming Explored*. Reading, Mass: Addison-Wesley, 2002.

———. "INVEST in Good Stories, and SMART Tasks." At www.xp123.com, 2003a.

———. *Refactoring Workbook*. Reading, Mass.: Addison-Wesley, 2003b.

Weidenhaupt, Klaus, Klaus Pohl, Matthias Jarke, and Peter Haumer. "Scenarios in System Development: Current practice." *IEEE Software 15*, no. 2 (March/April 1998): 34-45.

Wiegers, Karl E. *Software Requirements*. Redmond, Wash.: Microsoft Press, 1999:『Software Requirements 2/E (성공적인 프로젝트 수행을 위한 소프트웨어 요구사항)』, 정보문화사.

Williams, Marian G., and Vivienne Begg. "Translation between software designers and users." *Communications of the ACM 36*, no. 6 (June 1993): 102-3.

■ 웹 사이트

www.agilealliance.com
www.controlchaos.com
www.foruse.com
www.mountaingoatsoftware.com
www.userstories.com
www.xprogramming.com
www.xp123.com

Acknowledgments

감사의 말

이 책을 검토하고 고견을 보내준 많은 분께 감사 한다. 특히 Marco Abis, Dave Astels, Steve Bannerrman, Steve Berczuk, Lyn Bain, Dan Brown, Laura Cohn, Ron Crocker, Ward Cunningham, Rachel Davies, Robert Elllsworth, Doris Ford, John Gilman, Sven Gorts, Deb Hartmann, Chris Leslie, Chin Keong Ling, Phlip, Keith Ray, Michele Sliger, Jeff Tatelman, Anko Tijman, Trond Wingård, Jason Yip, 그 밖의 많은 익명의 검토자에게 감사한다.

이 책을 공식적으로 검토해 준 Ron Jeffries, Tom Poppendieck, William Wake에게도 진심으로 감사의 말을 전한다. Ron은 솔직하고 기민하게 (agile) 일하도록 도와주었고, Tom은 전에 고려하지 않았던 참신한 아이디어들에 눈을 뜨게 해주었다. William은 주제를 벗어나지 않도록 해주었으며 INVEST 두문자어를 만들어 주었다. 이 책은 이들의 값진 제안으로 인해 이루 말할 수 없을 만큼 향상되었다. 이들과 함께 작업한 것은 정말 영광이다.

『Testing Extreme Programming』의 저자인 Lisa Crispin에게도 감사한다. Lisa는 Addison-Wesley와 즐겁게 일했던 경험을 얘기해 주며 내가 이 책을 쓸 수 있도록 용기를 북돋아 주었다. 그녀의 격려가 없었다면 이 책을 시작하지도 못했을 것이다.

내가 아는 대부분의 내용은 지난 9년간 Tod Golding와 논의하면서 얻은

1) 역자 주: 감사의 말에서 인명은 편의상 영문 그대로 표기했다. 본문에서는 소리나는 대로 한글로 표기하고, 처음 등장할 때는 괄호 안에 영문을 함께 표기했다.

것이다. Tod와 나는 각자가 알고 있는 내용에 대해 동의할 때가 많았지만, 논쟁을 나눔으로써 항상 더 많이 배울 수 있었다. 그 동안 그가 가르쳐준 모든 것에 대해 늘 빚을 지고 있는 심정이었다. 이 책의 많은 부분이 그와 대화하면서 훨씬 풍부해졌다.

Alex Viggo와 XP Denver[2] 커뮤니티의 모든 분께 감사한다. 이 책의 많은 아이디어는 그곳에서 초안으로 발표했던 것이다. 종이 카드 대신 소프트웨어를 어떻게 사용하고 있는지에 대해 알려준 Mark Mosholder와 J. B. Rainsberger에게도 감사의 말을 전한다. Adele Goldberg와 함께 『Succeeding With Objects』를 쓴 Kenny Rubin에게도 감사한다. 그들이 책을 통해 보여준 자신감을 보고 나도 몇 년의 공백을 뛰어넘어 다시 책을 쓸 수 있었다.

사용자 스토리와 스크럼(Scrum)을 도입한 Fast401k[3]의 창립자인 Mark와 Dan Gutrich에게 마음에서 우러나오는 감사의 말을 전한다. 콜로라도 최고의 팀이 되기 위해 함께 일했던 Fast401k의 모든 동료에게도 감사한다.

나 없이 지낸 가족에게 어떻게 감사하다는 표현을 해야 할지 모르겠다. 멋진 Savannah와 Delaney 공주님에게 감사한다. 그리고 아름답고 사랑스러운 아내 Laura에게 정말 감사한다.

Addison-Wesley의 팀원들에게는 큰 빚을 졌다. Paul Petralia는 작업하는 과정 전체를 즐겁게 해주었다. Michele Vincenti는 작업이 멈추지 않도록 해주었으며, Lisa Iarkowski는 프레임메이커(FrameMaker)로 작업하는 나를 헤아릴 수 없이 도와주었다. Gail Cocker는 삽화를 훨씬 보기 좋게 만들어 주었다. Nick Radhuber는 모든 것들이 잘 마무리되도록 해 주었다.

마지막으로, 훌륭한 통찰을 보여주고 귀중한 시간을 할애해 주었으며 그의 시그너쳐 시리즈(Signature Series)에 이 책을 포함해 준 Kent Beck에게 깊은 감사를 전한다.

---

[2] 역자 주: 덴버 지역의 애자일 커뮤니티로 http://www.xpdenver.org에서 접할 수 있다. 이곳은 현재 Robert C. Martin의 ToughtWorks, Object Mentor 및 Rational, O'Reilly 등의 많은 회사가 지원하는 대규모 커뮤니티이며, Alex Viggo는 이 커뮤니티의 운영자로 활동한다.

[3] 역자 주: 저자는 Fast401k의 이사로 활동하였다. Fast401k는 인터넷 기반의 '401(k) 플랜'을 위한 레코드 보관 및 관리 솔루션을 제공하는 선구자적인 업체다. '401(k) 플랜'이란 미국세법 401(k) 절에 언급된 퇴직 고용자를 위한 기업 연금 제도다.

Index

찾아보기

|ㄱ|
개발 팀 34
개발 팀 관리자 95, 105
개발자 책임
    대리 사용자와 일하기 106
    사용자 스토리 작성 214
    사용자 스토리 추정 142
    사용자 역할 모델링 75
    속도 측정 및 모니터링 180
    스토리 냄새 카탈로그 225
    스토리 수집 90
    스토리 작성 61
    이터레이션 계획 166
    인덱스 카드와 소프트웨어 255
    인수 테스트 117
    릴리즈 계획 157
개방형 질문 81
경쟁 제품 분석 106
계획 속도 172
고객 34
고객 책임
    대리 사용자와 일하기 106
    릴리즈 계획 157
    사용자 스토리 작성 215
    사용자 스토리 추정 142

    사용자 역할 모델링 75
    속도 측정 및 모니터링 181
    스토리 냄새 카탈로그 225
    스토리 수집 91
    스토리 작성 62
    이터레이션 계획 167
    인덱스 카드와 소프트웨어 255
    인수 테스트 117, 295
고객 팀 36
    스토리 작성 37
    조직 104
과거 데이터에서 초기 속도 가져오기 154
관찰 84
교육 담당 및 기술 지원 100
권돈
    기회주의적 개발지원 210
그물질 77
극단적 인물 73
기대값 최대화 150
기반구조 우선순위 매기기 51
끝어내기 77

| ㄴ |
나선형 개발 모델 150
능동태로 작성 127

| ㄷ |
닫힌 스토리 121
대리 사용자 93~107
   개발 팀 관리자 95, 105
   개발자 책임 106
   고객 99, 106
   고객 책임 106
   교육 담당 및 기술 지원 100
   마케팅 그룹 98, 105
   비즈니스 분석가 또는 시스템 분석가 101
   사용자들의 관리자 94, 105
   영업사원 96, 106
   이전 사용자 98
   조심할 점 101
   해당 분야 전문가 97, 106
대화 vs 문서화 320
델파이 기법 135
독립적이다 47~49
등장인물 72
   South Coast Nautical Supplies 프로젝트 266, 269

| ㄹ |
래리 콘스탄틴 98
레이철 데이비스 31
   사용자 스토리와 유스케이스 195
로리 윌리엄즈
   짝 프로그래밍의 장점 311
로버트 마틴 114, 122
론 제프리즈 31
루시 록우드 98

리스크 높은 스토리 150
릴리즈 계획 38, 45, 145~158, 279, 291, 308
   계획 생성 155
   릴리즈 일정 146
   보류 기능 147
   선택 기능 147
   속도 추정 291
   스토리 우선순위 부여 147, 279, 291, 292
   스토리 점수에서 예상 기간 산정 153
   시작 146
   완료된 릴리즈 계획 293
   이터레이션 계획 308
   이터레이션 길이 152, 291, 307
   인수 테스트 309
   자동화된 단위 테스트 309
   타임박스 307
   초기 속도 154
   필수 기능 147
   희망 기능 147
   MoSCoW 규칙 147

| ㅁ |
마이커 마틴 114
마케팅 그룹 98, 105
마틴 파울러
   완전주의 208
명령적 프로세스 78
목적 스토리로 시작 119
문맥 무관 질문 81

| ㅂ |
반복적 프로세스 44
배리 붐 135, 150
번호 매기기 128

보류 기능 147, 292
복잡한 스토리 56
복합적인 스토리 56
브레인스토밍
  초기 사용자 역할 찾기 66
비기능 요구사항 243~244
비용 39
비용과 우선순위 149
비즈니스 분석가 101

| ㅅ |

사용성 테스트 115
사용자 스토리
  결혼선물 목록 189
  계획수립에 적합한 크기 206
  기술 용어 44
  기회주의적 개발 지원 209
  나누기 40, 56
  반복적 프로세스 44, 207
  비용 39
  사용자 인터페이스 9, 125
  설명 31
  세 가지 측면 30
  세부사항 추후 고려 가능 209
    시한부 프로젝트 209
  스크럼에서 사용 227
  암묵적 지식 구축 212
  에픽 33
  예제 31
  우선순위 매기기 147
  장점 43
  정의 30~32
  주석 34
  참여적 설계유도 211
  추정 133~143
  크기 33
  테스트 서술 35
  특징
    구두 의사소통 202, 295
    Bower, Black, Turner 206
    수명 193, 195
    이해용이 205
    콘스탄틴과 록우드 205
  사용자 스토리와 사용자 인터페이스
    두 개를 작성하라 251
    애자일 사용례 중심설계 249
    세 그룹으로 스토리 분류 250
    콘스탄틴과 록우드 249
사용자 역할 63~76
  브레인스토밍 66
  사용자 스토리에 포함 126
  속성 70
  식별 322
  조직화 67
  통합 68
  한 명의 사용자로 표현 67
  다듬기 70
사용자 역할 모델링 37, 63~76
  극단적 인물 73
  다듬기 70
  등장인물 72
  브레인스토밍 66
  속성 70
  절차 65
  조직화 67
  초기 사용자 역할 찾기 66
  통합 68
  현장 사용자 74
사용자 역할 카드 66
  예제 71
사용자 인터뷰 80
  개방형 질문과 문맥 무관 질문 81
사용자 인터페이스 59
  지침 125
사용자 인터페이스 테스트 115

사용자 태스크포스 102
사용자들의 관리자 94, 105
사용자에게 가치 있다 52~53
삼각측량 137, 327
선택 기능 147, 292
설문 83
성공 요인 분석 105
성능 테스트 115
세부사항 32~35, 49
　개발 팀과 고객이 협의 34
　너무 많은 세부사항 50
　뒤로 미루기 44
　테스트로 사용 51
소렌 로센 121
속도 38, 45, 138, 293
　계산 171
　계획 속도 172
　실제 속도 172
　어림잡기 154
　이터레이션 소멸 차트 173
　초기 속도 154
　측정 169~171
슐러와 나미오카
　참여적 설계유도 211
스크럼 36, 227
　기본지식 229
　반복적, 점진적 프로세스 227
　Cosmodemonic Biotech 사례 239
　슈웨버와 비디 227
　스크럼 팀 229
　스토리 사용 227
　스토리 추가 237
　스프린트 검토 회의 233
　스프린트 계획 회의 231
　스크럼의 주요규칙 233
　일일 스크럼 회의 234
스토리 ➡ 사용자 스토리
스토리가 아닌것

사용자 스토리와 유스케이스 요약 195
　범위 195
　수명 195
사용자 스토리와 유스케이스의 차이 190~195
　인수 테스트 192
　수명 193
　목적이 다름 194
　시나리오 190, 195
　유스케이스 190
　IEEE 830 스타일 요구사항 185, 188
스토리 나누기 49, 120
스토리 냄새 카탈로그
　고객이 우선순위 부여하기 어려움 222
　고객의 참여 회피 224
　금도금 218
　너무 앞서 생각 221
　　요구사항 공학에 익숙한 팀 221
　너무 상세한 스토리 220
　너무 작은 스토리 217
　사용자 인터페이스 관련사항 조기 포함 220
　상호 의존적인 스토리 218
　스토리를 너무 많이 나누기 222
스토리 보관 252
스토리 수집 77~91
　관찰 84
　기법 80
　끌어내기와 잡아내기 77
　다양한 수준으로 상세화 79
　사용자 인터뷰 80
　설문 83
　스토리 작성 워크숍 85
스토리 작성 워크숍 85, 269
　기여 유도 89
　초점 89

스토리 작성 47~62
　나누기 49, 56
　너무 많은 세부사항 50
　독립적이다 47~49
　복잡한 스토리 58
　복합적인 스토리 56
　부가적인 세부사항 49
　사용자에게 가치 있다 52~53
　스토리 크기 55
　의존성이 높은 스토리 48
　작은 스토리 55~59
　추정 가능 53~55
　테스트 가능 59
　합치기 48, 59
　협상 가능 49~51
스토리 점수 133, 138, 141
스토리 주도 프로세스 36
스토리 추적
　소프트웨어 제품 245
　　Select Scope Manager 246
　　VersionOne 245
　　XPlanner 246
　결함 추적 시스템 246
　위키 246
　사례
　　ClickTactics 246
　　Diaspar Software Service 247
스토리 카드
　단서 128
　뒷면 35
　뒷면에 메모 작성 109
　뒷면에 테스트 작성 41
　번호 매기기 128
　주 목적 128
스토리와 버그 리포트의 관계 254
스토리 크기
　정확성 141
스토리 합치기 48

스토리 의존성 47
스티브 버죽
　요구사항 분석 190
스트레스 테스트 115
스파이크 54
　다른 이터레이션에 할당 58
스프린트 229
스프린트 백로그 229, 232
시나리오 구성요소 190, 195
시스템 분석가 101
시스템 역할 68
신용카드 유효성 검사 114
실제 속도 172

| ㅇ |

애자일 프로세스 162
애자일 사용례 중심설계
　콘스탄틴과 록우드 249
앨리스테어 코번
　짝 프로그래밍의 장점 311
　유스케이스 190, 195
에픽 33, 141
　종류 56
여러 대리 사용자 이용 106
역할 모델링 절차 65
역할 속성 70
역할 카드 66
영업사원 96, 106
예제 257~289
　South Coast Nautical Supplies 257
　사용자 스토리 31
　사용자 역할 259, 269
　　고객 식별 260
　　등장인물 추가 266
　　역할 모델링 64
　　초기 역할 식별 260

통합하고 세분화 261
　스토리 작성 269
　　보고서 열람자 관련 스토리 275
　　비항해 선물 구매자 관련 스토리 274
　　초급선원 관련 스토리 274
　　몇 가지 관리자 스토리 276
　　론 선장 관련 스토리 273
　　스토리 초기목록 269
　　스토리 작성 워크숍 85, 269, 279
　　테레사 관련 스토리 269
　　확장성 278
　스토리 추정
　　고급 검색 283
　　사용자 계정 285
　　이상적 작업일 292
　　첫 스토리 280
　　추정치 마무리 286
　　평가점수를 매기고 서평 작성 284
완벽한 요구사항은 불가능
　톰 파펜딕 205
완전주의
　마틴 파울러 208
요구사항 그물질 77
요구사항 분석
　스티브 버죽 190
　캐롤 188, 196
우선순위 매기기
　기반구조 151
　리스크 높은 스토리 150
　스토리 정렬 147
　혼합된 우선순위 149
우선순위 변경 160
워드 커닝햄 114
윌리엄 웨이크 47
유스케이스
　사용자 인터페이스 193

　시나리오 190, 196
　앨리스테어 코번 190, 195
　유스케이스 요약 195
　이바 야콥슨 190
　Unified Process(UP) 190
의사소통
의존성이 높은 스토리 48
이상적 작업일 292
이전 사용자 98
이터레이션 37
이터레이션 계획 38, 45, 159~167
　스토리 토의 160
　이터레이션 계획 회의 절차 159
　작업 단위 나누기 161
　책임 맡기 164
　추정과 승인 164
이터레이션 길이 37
　선택 152
　일정한 길이 유지 153
이터레이션 소멸 차트 173
익스트림 프로그래밍 36, 135, 303, 305
　개요 305
　역할 305
　팀 59
　12가지 실천법 307
　4가지 가치 315
　5가지 원칙 315
인덱스 카드를 소프트웨어로 대체한 이유 246
인수 테스트 41, 45, 109~117, 295
　개발자 책임 117
　고객 책임 117, 295
　고객이 명시 112, 295
　대화 295
　테스트 종류 115~117
　테스트는 프로세스의 일부 112
　FIT 113

South Coast Nautical Supplies 예제
    검색 테스트 295
    도서 구입 298
    마지막 스토리 302
    사용자 계정 299
    시스템 관리 300
    장바구니 테스트 296
    제약사항 테스트 301
일일 소멸 차트 177
일일 스크럼 회의 229, 234

| ㅈ |

작업 단위 나누기 161, 163
잡아내기 77
정확성 141
제약사항 122, 273
제임스 그레닝
    사용자 스토리와 유스케이스 192
제임스 뉴커크 122
제품 개발 로드맵 145
제품 백로그 229, 230
조기 출시 103, 106
조슈아 케리브스키 134
존 캐롤
    요구사항 분석 188, 196
좋은 스토리
    여섯 가지 특성 47
    지침 119~130
        고객이 작성 127
        능동태로 작성 127
        다른 형식 126
        닫힌 스토리 121
        목적 스토리로 시작 119
        사용자 역할 포함 126
        사용자 인터페이스 배제 125
        스토리 나누기 120
        스토리 카드 번호 매기기 128
        스토리 크기 123
        제약사항 기록 122
        한 명의 사용자 127
주석 34
중심 극한 이론 145
짝 프로그래밍 140
짧은 이터레이션 153

| ㅊ |

초기 속도 154
    과거 데이터에서 가져오기 154
초기 스토리 37
추정 133~143
    방법 135
    삼각측량 137
    스토리 점수 133, 138
    짝 프로그래밍 140
    팀 전체가 함께 134
추정 가능 53~55
충실도 낮은 프로토타입 85
    던져 버려! 88

| ㅋ |

커넥션풀 32
케이크 자르기 120
켄트 벡 145
    결혼선물 목록 189
    테스트 주도 개발 310
콘스탄틴과 록우드
    사용자 스토리 특성 205
    애자일 사용례 중심 설계 249
쿤과 밀러
    참여적 설계유도 211
크고 눈에 띄는 차트 179

| ㅌ |

타임박스 54
테마 145
테스트
  두 단계 프로세스 109
  버그 확인 116
  사용성 테스트 115
  사용자 인터페이스 테스트 115
  성능 테스트 115
  스토리 카드 뒷면 46
  스트레스 테스트 115
  인수 테스트 41
  초기에 작성 41
  코딩하기 전에 작성 110
  FIT 113
테스트 가능 59
테스트 먼저 작성 110
테스트 불가능한 스토리 60
테스트 주도 개발 310
톰 길브 150
톰 파펜딕
  너무 상세한 스토리 220
  완벽한 요구사항은 불가능 205

| ㅍ |

파나스와 클레멘츠
  기회주의적 개발 지원 209
폭포수 프로세스 36
프로세스 36~38
프로젝트 실패 29
프로젝트 예측 30
프로젝트 챔피언 식별 105
필수 기능 147, 292

| ㅎ |

합동 설계 86

해당 분야 전문가 97, 106
해당 분야 지식 부족 54
현장 사용자 76
협상 가능 49~51
혼합된 우선순위 149
희망 기능 147, 292

| 영문 |

Kent Beck 145, 189, 306, 310
BigMoneyJobs 웹 사이트 31, 54
Bower, Black, Turner
  사용자 스토리 특징 206
Cosmodemonic Biotech 239
Ward Cunningham 113
Diaspar Software Service 248
  FitNesse 위키 사용 가이드 247
Extreme Programming(XP) 36, 135,
                              303, 305
Extreme Programming Explored 47
FIT 113
FitNesse 113, 247
Ron Jeffries 31
Joint Application Design(JAD) 86
Robert Martin 113, 122
MoSCoW 규칙 147
James Newkirk 122
OA 소프트웨어 99
Scrum 36, 227
Select Scope Manager 36, 246
Unified Process(UP) 190
VersionOne 245
XPlanner 246